John Bayley erzählt von seinem Leben mit der bekannten Schriftstellerin und Philosophiedozentin Iris Murdoch, mit der er 43 Jahre verheiratet war. Die Ehe ist von einer vertrauensvollen Zuneigung und einer gelassenen Verbundenheit geprägt, die auch Entfremdung und Irritationen aushält. Schließlich erkrankt Iris. Konzentrationsfähigkeit und Gedächtnis lassen nach, sie wird panisch ängstlich. Aufopfernd und geduldig pflegt ihr Mann die Alzheimer-Patientin bis zu ihrem Tod im Jahr 1999. Eine zutiefst anrührende Geschichte von Vertrauen und Achtsamkeit, Tragik und Komik, Verlust und Trauer – und der wunderbaren Kraft der Liebe.

«Und der Leser stellt mit Erstaunen fest, daß er nicht Voyeur eines Schicksals, sondern Zeuge eines kleinen Wunders geworden ist; wie es zwei miteinander aushalten, bis zum Schluß.» *Der Tagesspiegel*

John Bayley, geboren 1925, war Professor für Englisch an der Oxford University. Er ist ein bedeutender Literaturwissenschaftler, Schriftsteller und Kritiker und lebt mit seiner zweiten Frau in Oxford.

JOHN BAYLEY

ELEGIE FÜR IRIS

Aus dem Englischen
von Barbara Rojahn-Deyk

DEUTSCHER TASCHENBUCH VERLAG

Mai 2002
2. Auflage Juli 2002
Deutscher Taschenbuch Verlag
www.dtv.de

Titel der Originalausgabe: ›Elegy for Iris‹
St. Martin's Press, New York

Umschlagkonzept: Balk & Brumshagen
Umschlagbild: Plakat-Motiv des Films ›Iris‹ von Richard Eyre
mit Judi Dench und Kate Winslet.

Satz: Kösel, Kempten
Druck und Bindung: Druckerei C. H. Beck, Nördlingen
Gedruckt auf säurefreiem, chlorfrei gebleichtem Papier
Printed in Germany · ISBN 3-423-08560-6

Für Peter Conradi und James O'Neill

DAMALS

1

Ein heißer Tag. Windstill, schwül. Nach normalen englischen Maßstäben wirklich heiß, unerträglich heiß. Nicht daß England diesbezüglich noch Maßstäbe hätte. Die globale Erwärmung, natürlich. Aber wenn man alt wird, dann erscheint es einem ja immer so, als gäbe es keine Maßstäbe mehr, das ist nichts Neues. Die Hundstage. Und alles ist vor die Hunde gegangen.

Trübe Gedanken für einen Vergnügungstrip oder das, was früher einmal einer war. Schon seit vielen Jahren gönnen wir uns an wirklich heißen Tagen im Sommer einen besonderen Genuß. Wir fahren von Oxford aus mit dem Auto ein oder zwei Meilen die Umgehungsstraße entlang und biegen unvermittelt auf den Seitenstreifen ab – ein ziemlich kitzliges Unterfangen bei schnell fließendem Verkehr. Gelegentlich werden wir von Fahrern, die plötzlich scharf bremsen mußten, angehupt oder -geschrien, aber wir sind schon auf dem hubbeligen Grasstreifen zum Stehen gekommen, haben den Wagen abgeschlossen und sind durch ein Loch in der Hecke gekrochen.

Ich kann mich noch gut an das erste Mal erinnern. Fast fünfundvierzig Jahre ist das her. Damals waren wir mit unseren Fahrrädern unterwegs, und auf der noch nicht ausgebauten Straße herrschte wenig Verkehr. Außerdem wußten wir auch nicht so ganz genau, wo der Fluß war, dachten nur, daß er dort irgendwo sein müßte. Mit dem Elan relativer Jugendlichkeit kämpften wir uns durch hohes Gras und Ried, bis wir fast hineinfielen. Im Schutz der Schilfhalme rissen wir uns die Kleider vom Leib und ließen uns wie Wasserratten in den Fluß gleiten. Ein Eisvogel schoß an unseren Nasen vorbei, als wir ganz still in dem dunklen, träge strömenden Wasser lagen. Kurz nachdem wir aus dem Fluß gekrochen waren und uns gerade mit Iris' Halbunterrock abtrockneten, kam ein großer Vergnügungsdampfer dicht am Ufer vorbeigetuckert. Der Steuermann mit seiner weißen Mütze blickte angestrengt nach vorne. Der Wassergeruch, der von den Wurzeln des hohen Schilfs aufstieg, vermischte sich mit dem Duft von Tabakrauch.

Den Halbunterrock besitze ich immer noch; gerade neulich habe ich ihn wiederentdeckt. Er lag zusammengeknüllt hinten in einer Schublade, ganz steif von den pulvrigen Spuren getrockneten Schlamms. Er ist vor Alter gelblich geworden, und seinen Saum ziert ein zerknittertes, ehemals blaues Band. Kann eine Frau unserer Tage, die mich geheiratet hat, tatsächlich ein solches Kleidungsstück getragen haben? Es sieht aus wie etwas, das noch aus der Garderobe Marie Antoinettes stammt. Ich habe Iris den Unterrock damals nicht zurückgegeben, und ich glaube, sie hat ihn einfach vergessen.

Wir hatten an jenem Tag den Kopf sowieso mit anderen Dingen voll. Wir waren zum Mittagessen eingeladen und mußten die Verabredung unbedingt einhalten. Wir radelten zurück nach Oxford und die Woodstock Road hinunter, und danach war uns genauso heiß wie vorher, als wir durch das dichte, grüne Gestrüpp gekrochen waren und den Fluß entdeckt hatten. Schweißtriefend und bemüht, irgendwie unsere Haare und Kleidung zu richten, klingelten wir an einer Wohnungstür in Belsyre Court. Während wir warteten, sahen wir uns mit ausdruckslosen Gesichtern an und brachen dann gleichzeitig in lautloses Kichern aus.

Unser Gastgeber, der sich um das Mittagessen kümmerte, brauchte ziemlich lange, um uns zu öffnen. Er war ein brillanter junger Arzt mit grünen Augen namens Maurice Charlton. In noch jüngeren Jahren hatte er am Hertford College Klassische Philologie unterrichtet und galt als einer der besten Lehrer der ganzen Universität.

Er war so gut, daß er seinen Posten nach drei Jahren aufgab und sich der Medizin zuwandte. Jetzt hatte er eine Forschungsstelle am Radcliffe Hospital inne. Angeblich war er in Iris ziemlich verliebt. Deswegen hatte er sie auch zum Essen eingeladen. Sie hatte ihm gesagt, daß sie den Vormittag mit mir verbringen würde (wir hätten vor, mit dem Fahrrad nach Cassington zu fahren, um die Kirche dort zu besichtigen), und gefragt, ob sie mich mitbringen könne.

Er ertrug es mannhaft und hatte ein köstliches Mittagessen zubereitet. Die Wohnung gehörte nicht ihm, sondern einem reichen, älteren Don in Balliol, zu dem er möglicherweise ein zweideutiges Verhältnis unterhielt oder vielleicht auch nicht. Er schien die Wohnung jederzeit benutzen zu können, denn sein Freund wohnte meistens im College, wenn er sich nicht gerade in Italien oder Griechenland aufhielt.

Das Leben an der Universität schien vor etwa fünfzig Jahren zwar eingeengter und förmlicher zu sein, gleichzeitig aber auch gemütlicher und entspannter. Für uns damals lag darin kein Widerspruch. Wir befolgten die öffentlichen Regeln, fast ohne uns ihrer bewußt zu sein, und führten gleichzeitig unser privates Leben. Wir arbeiteten sehr hart – oder wenigstens Iris tat es. Ich selbst war von Natur aus eher träge.

Maurice Charlton arbeitete wahrscheinlich noch viel härter als wir, oder besser gesagt, als wir beide zusammen. Aber er war völlig entspannt, seine grünen Augen blitzten, und kaum daß er uns sah, legte er auf ganz reizende Weise eine Art stillschweigendes Einverständnis, eine Art Komplizenschaft an den Tag – er hatte etwas getan, wir hatten etwas getan. Dieses Gefühl der Intimität, so als könnten wir drei jeden Augenblick zu unartigen Kindern werden, wurde noch verstärkt durch die düstere Würde der Wohnung mit ihren seltenen Büchern, ihrem gediegenen Mobiliar, ihren Gläsern. Ich kann mich noch genau an die Weingläser mit den langen, grünen Stielen erinnern, aus denen wir eine Menge sehr kühlen Rheinwein tranken. Ich glaube, es war der Weißwein, den man damals für gewöhnlich trank.

Heute bewundere ich Charlton für seine Haltung. Es müßte ihm aufgegangen sein, daß Iris und ich nicht gerade eine Kirche zusammen besichtigt hatten, aber er nahm es gelassen und ermunterte uns auch irgendwie, ihn mit einzubeziehen. Wir erzählten ihm, daß wir die Kirche in Cassington nie erreicht hätten, es sei viel zu heiß gewesen. Wir seien ganz erschöpft zurückgeradelt und fänden es wunderbar, im Kühlen zu sitzen und Wein zu trinken. Etwas in der Art sagten wir beide und vermieden es, uns dabei anzusehen. Iris sprang auf und ging zu Maurice hin, um ihn zu küssen, und dieser spontane Akt war genau das Richtige und brachte uns alle drei zum Lachen, wobei wir zwei Männer sowohl mit als auch über Iris lachten, als sie sich entzückt in der dunklen und auf, wie mir schien, recht märchenhafte Weise prächtigen Wohnung umsah, als sei sie Alice im Wunderland an der Schwelle zu neuen Abenteuern.

Während wir so saßen, lachten und aßen (ich erinnere mich noch an Hummer und eine köstliche Knoblauchmayonnaise, die unser Gastgeber gemacht hatte), war ich mir die ganze Zeit meiner nassen Hosentasche bewußt, in der sich – zusammengerollt – Iris' Unterrock befand. Ich hoffte nur, daß der Eßzimmerstuhl nicht naß werden würde, der mit Damast oder dergleichen bezogen war. Im Verlauf des ausgelassenen Essens schienen wir immer mehr einer Familie zu gleichen. Vom Wein auf hinreißende Weise benebelt, nahm ich Iris als liebe Schwester wahr, die ihren beiden Brüdern zugetan war und beiden gleich nahestand. Maurice benahm sich wie ein Bruder, aber wie er da so gütig lächelnd am Kopfende des Tisches saß, hatte er auch etwas von einem Patriarchen.

Maurice Charlton starb sehr früh, an Krebs, glaube ich, vor mehr als zwanzig Jahren. Mir ist, als hätte er nie geheiratet, aber da kann ich mich irren. Zweifellos hat er damals Iris mit seinen grünen Augen angesehen, als ob er sie sehr mochte. Es ist möglich, daß er Hintergedanken gehabt hatte, als er sich die Wohnung auslieh und das Essen zubereitete, und daß meine Anwesenheit seine Pläne für den Nachmittag zunichte machte. In dem Fall bewundere ich sein Benehmen aus der zeitlichen Entfernung um so mehr. Er meisterte die Situation, die für ihn durchaus enttäuschend gewesen sein mochte, mit Bravour.

Ich erwähne jenes Mittagessen mit Maurice Charlton und jenen verzauberten Sonntagvormittag, an dem Iris und ich zum ersten Mal miteinander schwimmen gingen, nicht, weil die Ereignisse von besonderer Bedeutung gewesen wären, sondern weil ich mich noch so lebhaft an sie erinnere. Obwohl ich mit Charlton ein paarmal zusammengetroffen bin und ihn bewundert habe, bin ich, soweit ich weiß, nie wieder bei einem privaten Anlaß mit ihm zusammengekommen. Er blieb und arbeitete weiterhin in Oxford, aber wir verloren den Kontakt, weshalb ich auch nicht weiß, wie sein Leben später verlief, nur daß er ein berühmter Mann war, als er starb. Es war typisch für meine damaligen Beziehungen zu Iris, daß ich kaum eine Ahnung hatte, was es sonst noch für Menschen in ihrem Leben gab und was sie ihr bedeuteten. Das war wahrscheinlich auf den Egoismus zurückzuführen, der mit dem Überschwang der ersten Liebe einhergeht. Denn ich hatte mich tatsächlich zum ersten Mal verliebt, obwohl ich nicht mehr ganz so jung war. Iris war vierunddreißig, Maurice Charlton ungefähr genauso alt. Ich war achtundzwanzig. Der Altersunterschied, der in der Schule von großer und in späteren Jahren von geringer Bedeutung ist, bestimmte die Atmosphäre bei diesem Essen nur zum Teil, denn da waren wir wie eine Familie, und in einer Familie findet man Altersunterschiede selbstverständlich.

Aber, wie ich schon sagte, ich hatte zu dem Zeitpunkt kaum eine Ahnung, was es sonst noch für Menschen in

Iris' Leben gab und was sie ihr bedeuteten. Was Iris betraf, so hielt sie damit nicht absichtlich hinter dem Berg, glaube ich, sondern ganz instinktiv, denn in allen möglichen Bereichen menschlicher Beziehungen galt Verschwiegenheit. Heutzutage streben wir eine «offene» Gesellschaft an, oder behaupten es wenigstens, und zwar als Steigerung unserer Klassenlosigkeit und Demokratie. Ich glaube nicht, daß wir in den Fünfzigern bewußt undemokratisch waren, aber wir hielten Privatleben für eine Selbstverständlichkeit. Das galt besonders für Oxford, wo es noch immer sehr traditionell zuging, wo man mit einer großen Zahl von Leuten auf freundschaftlichem Fuß stehen konnte, sie fast täglich im College, beim Essen im Speisesaal oder in Vorlesungsräumen und Laboratorien traf, ohne die geringste Ahnung zu haben, wie sie in häuslicher oder gesellschaftlicher oder sexueller Beziehung gestellt waren. Man war vielleicht manchmal neugierig, denn das Unbekannte hat immer seinen Reiz, aber im allgemeinen blieb die Privatsphäre anderer eine von allen akzeptierte, wohltuende Terra incognita.

So paradox es klingt, aber meine Gefühle für Iris weckten nicht etwa mein Interesse für ihr Privatleben, sondern machten mich, zumindest am Anfang, eher noch gleichgültiger. Iris war für mich ein wunderbares, für sich allein existierendes Wesen, das ich ungefähr sechs Monate zuvor zum ersten Mal gesehen hatte. Sie kam langsam und ziemlich mühsam an einem Fenster des St. Antony College vorübergeradelt, wo ich wohnte. Ich versuchte gerade zu arbeiten und sah müßig hinaus auf das wechselnde Bild in der Woodstock Road, die jetzt unerträglich verkehrsreich ist, aber damals eine vergleichsweise ruhige Durchgangsstraße war, und da erblickte ich die Frau auf dem Fahrrad (sie kam mir sofort eher wie eine Frau als wie ein Mädchen vor) und fragte mich, wer sie war und ob ich sie je kennenlernen würde. Vielleicht verliebte ich mich. Ganz gewiß war es die Einfalt der Liebe, daß ich mich kurz der Phantasievorstellung überließ, sie sei ein völlig unbeschriebenes Blatt, sie fahre einfach mit dem Fahrrad umher und warte auf mein Erscheinen. Sie war keine Frau mit einer Vergangenheit oder einer unbekannten Gegenwart.

Für mich war sie eine Frau ohne Vergangenheit und ohne Gegenwart.

Sie sah sowohl abwesend als auch verstimmt aus. Vielleicht wegen des Wetters, denn es war feucht und es nieselte. Vielleicht weil ihr Fahrrad alt und klapprig und schwergängig war. Vielleicht weil sie mich noch nicht kennengelernt hatte? Sie hielt den Kopf gesenkt, als führe sie nachdenklich einem Ziel entgegen, ob nun einem emotionalen oder einem intellektuellen. Ich weiß noch, wie eine Freundin launig und vielleicht ein wenig boshaft sagte, nachdem sie Iris kennengelernt hatte: «Sie ist wie ein kleiner Stier.»

In gewisser Weise stimmt das, obwohl ich sie nie so gesehen habe, denn natürlich habe ich sie nie objektiv gesehen. Aber falls jeder von uns einem bestimmten Tier – als Emblem unserer Persönlichkeit – ähnelt, dann kann ich mir vorstellen, daß Iris in der Tat ein kleiner Stier sein könnte. Nicht unfreundlich, aber ebenso resolut wie unberechenbar, wenn er mit gesenktem Kopf auf einen zukommt und einen von unten herauf anblickt.

In ihrem ersten veröffentlichten Roman *Unter dem Netz* (*Under the Net*) heißt es von der Heldin, daß sie keinen ihrer Freunde wissen läßt, wie eng sie den übrigen verbunden ist. Die meisten kennen einander gar nicht. So war es auch bei Iris. Natürlich machte die Heldin des Romans Unterschiede, Iris jedoch nicht. Wenn Fans ihr schrieben, pflegte sie ihnen immer zu antworten. Sorgfältige, lange, intelligente Briefe, die an eine Person und nicht bloß an einen Fan gerichtet waren. Es handelte sich um echte Briefe, obgleich sie die Person, der sie schrieb, nie kennengelernt hatte und vermutlich auch nie kennenlernen würde. Jetzt muß ich versuchen, ihren Fans zu antworten, und es ist kein Wunder, daß ich es so nicht kann, obwohl ich bei der Lektüre ihrer Briefe und angesichts ihrer Haltung der heiß verehrten Autorin gegenüber langsam verstehe, warum einer von ihnen, nachdem Iris ihm geantwortet hatte, sofort zurückschrieb, er habe das Gefühl, sie seien «Freunde fürs Leben» geworden.

Wie so vieles, was mit unseren Gefühlen zu tun hat, hat der Egoismus der Liebe etwas Absurdes, etwas Rührendes allerdings auch. Es war ganz gewiß absurd, daß ich es damals für selbstverständlich hielt, daß Iris ein rein geistiges Wesen war, sozusagen. Daß sie sich einzig der Philosophie und ihrer Arbeit widmete, in ihrem kleinen Zimmer im College ein nonnenhaftes Leben führte und nichts von der Verstellung und all den Fragen und Plänen und Intrigen wußte, die ich für meine Person selbstverständlich fand. Sie war ein höheres Wesen, und ich wußte, daß höhere Wesen einfach nicht so dachten und fühlten wie ich.

Außerdem war an der Art, wie ich sie dann tatsächlich kennenlernte, nachdem ich sie an meinem Fenster hatte vorbeiradeln sehen, etwas beinahe Übernatürliches. Am folgenden Tag traf ich auf der Straße vor der Examination School, wo Vorlesungen gehalten wurden, Miss Griffiths, eine winzige Frau, die gerade ihren sich im Wind blähenden, schwarzen Talar auszuziehen versuchte, um aufs Fahrrad zu steigen und nach Hause zum St. Anne's College zu fahren. Sie hatte eine Vorlesung über *Beowulf* gehalten. Miss Griffiths hatte eine Schwäche für mich, und zwar seit meiner mündlichen Prüfung, bei der sie mir zu meiner schriftlichen Arbeit über Chaucers *Knight's Tale* gratuliert hatte, obwohl sie mich dann ertappte, als es um eine nicht so wichtige Frage der altenglischen Syntax ging. Nachdem ich mein Examen bestanden hatte, verfolgte sie meine Karriere, wenn man es denn so nennen kann, mit wohlwollendem Interesse, und als ich jetzt vorüberging, hielt sie mich am Arm fest und erkundigte sich, wie es laufe. Nun war es so, daß so gut wie gar nichts lief, denn ich hatte keine ordentliche Anstellung und wohnte nur geduldeterweise im neu gegründeten St. Antony's College, wo ich bei ein paar überschwenglichen Franzosen und Amerikanern, die dort Naturwissenschaften oder Politikwissenschaft studieren wollten, als Tutor und Berater fungieren sollte.

St. Antony's war zu jener Zeit ein Studienobjekt für sich, aber für mich war es im Rückblick vor allem deswegen interessant, weil es so dicht beim St. Anne's College lag, eine Einrichtung, die damals noch einzig und allein für weibliche Studierende bestimmt war, während inzwischen – wie in die meisten anderen Colleges – die Koedukation auch dort Einzug gehalten hat. Aus Ehrerbietung für das ältere und ranghöhere Mitglied des Englischen Seminars ging ich an jenem Morgen ein Stückchen neben Miss Griffiths her, die noch keine Neigung zeigte, auf ihr Fahrrad zu steigen und davonzufahren. Ich glaube, sie hatte Lust, ein wenig in Erinnerungen an das Examen und die mündliche Prüfung zu schwelgen (wie die meisten Universitätslehrer war sie, was ihre Fähigkeiten als Prüfer anbetraf, eitel) und sich mit dem Vergnügen des Großzügigen daran zu erinnern, wie sie die guten Aspekte meines Chaucer-Aufsatzes erkannt hatte, mir aber mit dem Vergnügen des Überlegenen in Erinnerung zu rufen, welche Fehler mir in der altenglischen Grammatik unterlaufen waren. Nachdem sie all das getan hatte, fragte sie mich plötzlich, ob ich Lust hätte, am Abend auf einen Drink zu ihr ins College zu kommen. Ich nahm mit Freuden an.

Obwohl ich von St. Antony's aus bloß über die Straße hätte zu gehen brauchen, hatte ich St. Anne's noch nie betreten, das ich für rein weibliches Territorium hielt, für Männer und männliche Studierende praktisch verboten. So ganz unrecht hatte ich damit auch nicht. Heute mag es zwar unwahrscheinlich klingen, aber es gab damals ziemlich strenge Vorschriften, die das Verhalten von Männern regelten, welche tollkühn genug waren und sich trauten, diese weiblichen Hochburgen zu besuchen.

Sie durften den öffentlichen Teil des College nicht verlassen, und den Mädchen war es untersagt, sie in ihren Zimmern zu empfangen. Aber mich interessierte das sowieso alles nicht. Studenten wie ich, die man gegen Ende des Krieges noch eingezogen hatte, waren älter als die neue Generation der Studenten, die wir auf Grund des nach dem Krieg herrschenden Mangels an Lehrpersonal sogar manchmal unterrichten mußten. Oxford kam mir damals wie eine Schule vor, und ich nahm von seinen jüngeren Bürgern – mit Ausnahme der wenigen, die ich unterrichtete – keine Notiz. Der Ort, wo ich Zuflucht und Entspannung suchte, war das Kino, und damals waren Kinos noch Kinos. Nachmittags ähnelten sie Kirchen voller Tabakrauch, in denen Pärchen und reglose, einsame Kino-Enthusiasten saßen. Von Zeit zu Zeit leuchtete die Glut einer Zigarette auf und erhellte die Dunkelheit.

Der Gedanke, bei der ulkigen, verhutzelten kleinen Miss Griffiths – ich nehme an, daß sie nur wenig über vierzig war, aber wenn ich überhaupt an ihr Alter dachte, dann kam es mir methusalemisch vor – etwas zu trinken zu bekommen, war entschieden erfreulich. Drinks waren Drinks in jenen Tagen, so wie Kinos Kinos waren, und ich hatte gehört, daß Miss Griffiths – Elaine, wie ich sie später nennen durfte – einen ordentlichen Gin bevorzugte. Außerdem konnte es nur gut sein, mit einer dienstälteren Lehrkraft des Englischen Seminars, dem eines Tages anzugehören mein erstrebtes Ziel war, gesellschaftlichen Umgang zu pflegen.

Alle diese vernünftigen Überlegungen verflogen, als ich mich an jenem Abend um sechs Uhr bei Miss Griffiths einfand. Sie beendete gerade eine Tutorenstunde, und als ich an die Tür klopfte, kam ein junges Mädchen im Talar einer Studentin heraus und schlug beim Anblick eines dort stehenden Mannes sittsam die Augen nieder. Ich schaute sie kaum an, denn durch die offene Tür hatte ich die Radfahrerin – die Frau? das Mädchen? die Dame? –

erblickt, die mit einem gutgefüllten Glas in der Hand dastand und mit jemandem redete, den ich nicht sehen konnte.

Sie sah anders aus als die Frau auf dem Fahrrad, und das war nur natürlich. Dies war ein geselliges Beisammensein, und sie trug keinen alten Regenmantel. Ihr kurzes, dunkelblondes Haar, das ihr als unordentlicher Pony in die Stirn fiel, war zerzaust und sah ebenso gesund wie fettig aus, so wie heute noch. In späteren Jahren sollte ich es ihr dann gelegentlich schneiden und waschen, aber in jener weit zurückliegenden Zeit hatte sie keine Lust, sich damit abzugeben. Überhaupt habe ich das Gefühl, daß die Frauen damals – auf jeden Fall die Akademikerinnen – sehr viel weniger Wert auf ihr Äußeres legten als die Frauen heute, wo Mädchen zwar wie Vogelscheuchen aussehen können, dies aber nur, weil sie den festen Vorsatz dazu gefaßt haben. Schlampigkeit kam gleich nach Ernsthaftigkeit, zumindest in Universitätskreisen. Es war jedoch selten, daß Frauen in jenen Kreisen Hosen trugen. Iris hatte einen abgetragenen, schmuddeligen Tweedrock an, der ein gutes Stück zu lang war und wenig elegant aussah. Ich stellte fest, daß sie kurze, kräftige Beine hatte, die in braunen Baumwollstrümpfen steckten. Nylons waren in den frühen fünfziger Jahren noch ungewöhnlich.

Diese Frau sah jedenfalls ernsthaft aus, und es dämmerte mir, daß meine Frau auf dem Fahrrad – und das war sie ganz eindeutig – irgend etwas mit der Universität zu tun haben mußte. Sofort erfaßte mich ein Gefühl der Niedergeschlagenheit. So, wie ich mir bei ihrem ersten Anblick vorgestellt hatte, daß sie weder eine Vergangenheit mit anderen noch eine Zukunft ohne mich haben könnte, so wollte ich jetzt nicht glauben, daß sie etwas so Banales wie eine Dozentin sein könnte. Es ordnete sie ein, und das mißfiel mir, selbst wenn es durch mich selbst geschah. Gleichzeitig fand ich ihre allgemeine Erscheinung ermutigend, vor allem ihren völligen Mangel an allem, was für mich in jenen Tagen Sex-Appeal ausmachte. Das wäre für diese Frau viel zu konventionell gewesen. Sie war keine hübsche junge Frau im landläufigen Sinn, was die Tatsache, daß ich in sie verliebt war, sehr viel aufregender machte. Außerdem war es mir aus einem anderen und, wie mir augenblicklich klar wurde, ziemlich niedrigen Grund nur allzu recht: Da ihr alle offensichtlichen weiblichen Reize fehlten, war es unwahrscheinlich, daß sie anderen Männern gefiel.

Warum ich anfänglich so überzeugt davon war, daß Iris keinerlei sexuelle Anziehungskraft besaß, bleibt ein absolutes Rätsel. Andere Leute – beiderlei Geschlechts – dachten keineswegs so. Meine naive und heute unerklärliche Annahme, daß sie nur mir und sonst niemandem gefallen könne, hinderte mich daran zu bemerken, wie furchtbar, ja wie fast teuflisch attraktiv alle anderen sie fanden. Sie verstanden einfach mehr von diesen Dingen, nehme ich an.

«Ah, da sind Sie ja, John. Ich darf Sie doch John nennen, nicht wahr?» Miss Griffiths stieß das für sie typische kleine Kichern aus. «Ich möchte Sie Miss Ady und Miss Murdoch vorstellen. Iris, das hier ist einer unserer vielversprechenderen jungen Leute in der Englischen Abteilung. Hatte sehr gute Ergebnisse in der Abschlußprüfung. In der altenglischen Grammatik habe ich ihn allerdings erwischt. Nicht seine allerstärkste Seite, fürchte ich. Aber er hat einen großartigen Essay über *The Knight's Tale* geschrieben.»

Dieser verdammte Chaucer. Sollte ich das jetzt ewig zu hören kriegen? Iris Murdoch sah mich freundlich an, sagte: «Hallo» und unterhielt sich weiter mit Miss Ady. Miss Griffiths reichte mir ein Glas, aus dem ich voller Verzweiflung sofort einen ordentlichen Schluck nahm. Ich hustete und spürte, wie ich puterrot wurde. Es war starker Gin und trockener Wermut, die englische Entsprechung eines amerikanischen Martinis – damals natürlich ohne Eis. Obwohl ich mich in meiner Soldatenzeit an starken Alkohol gewöhnt hatte, hatte ich ihn während meiner Studentenzeit kaum angerührt. Ich mochte ihn nicht mehr so besonders, und außerdem war er zu teuer. Iris und ihre Freunde tranken eine Menge, und für mich war es der erste Drink von vielen.

Es ärgerte mich, daß mich Miss Griffiths als einen der «jungen Leute» in der Englischen Abteilung bezeichnet hatte. So jung war ich nun auch wieder nicht. Waren denn diese Frauen so viel älter? Denn jetzt sah ich, und zwar trotz des peinlichen Zustands, in dem ich mich befand, mit einer gewissen Befriedigung, daß ich der einzige Mann im Raum war. Es waren vier oder fünf Frauen anwesend, und auf Grund meiner Verlegenheit und meines Hustenanfalls sahen mich jetzt alle freundlich an. Sie fanden es offensichtlich ganz normal, daß ich als junges Küken keinen Schimmer hatte und daß es sich für sie als kultivierte Frauen der universitären Welt geziemte, nett zu mir zu sein.

Aber unterhalten wollten sich alle offensichtlich nur mit Iris. Ich blieb mit Miss Griffiths allein, die ebenfalls mit sehnsüchtigem Ausdruck zu Iris hinübersah, was mich sogar in diesem peinlichen Augenblick überraschte.

Ich hatte natürlich nicht die geringste Ahnung, daß St. Anne's damals eine emotionale Brutstätte war. Die Dozentinnen waren eigentlich keine eingefleischten Lesbierinnen, viele waren verheiratet oder verheiratet gewesen und hatten nicht nur ein akademisches, sondern auch ein häusliches Leben. Es waren nette, kluge, gelehrte Frauen, die hart arbeiteten und sehr gewissenhaft waren, aber unter der Oberfläche brodelten die Gefühle. Später gewann ich den Eindruck, daß sie sich gegenseitig ansteckten, so daß sich diese heftigen Gefühle ausbreiteten wie ein Bazillus oder eine Mode. Einige Zeit danach hörte ich, wie die Romanschriftstellerin Elizabeth Bowen, die mit Iris eng befreundet war, eine Bekannte als eine «altmodische Lesbierin der besten Art» bezeichnete. Elizabeth Bowens unnachahmliches Stottern beim L ließen die Bemerkung sowohl vornehm als auch komisch klingen. Die Frauen in St. Anne's waren nicht ausgesprochen vornehm, aber was ihren Charakter anging, so waren ihre Gesinnung und ihr Verhalten absolut einwandfrei. Was sie auch füreinander empfinden mochten, ihren Studentinnen gegenüber behielten sie es für sich. Auch ließen sie diese grundsätzlich zufrieden. Darauf hat mir Iris – viel später – ihr Wort gegeben. Der geringste Hinweis, daß eine von ihnen entweder bei einer ihrer Schutzbefohlenen einen Annäherungsversuch gemacht oder die Schwärmerei einer Studentin ermutigt hätte, wäre auf generelle Mißbilligung gestoßen.

Jedenfalls waren meine Vorstellungen von Sex damals recht simpel, und ich nahm an, jeder müsse entweder das eine oder das andere sein. Als mir nach der Party dann langsam aufging, daß alle dort Anwesenden offensichtlich in Iris verliebt waren, erfüllte mich ein Gefühl der Verzweiflung. Wenn alle so für sie empfanden, mußte sie dann nicht notwendigerweise auch für die anderen so empfinden? Oder doch wenigstens für eine oder zwei von ihnen? Iris war, wie ich später begriff, viel zu liebenswürdig, um die Zuneigung eines anderen, selbst wenn es sehnsüchtige Zuneigung war, zurückzuweisen, aber wenn eine Frau ihrer Zuneigung einen zu physischen Ausdruck verlieh, verwies sie sie in ihre Grenzen.

Miss Griffiths bemächtigte sich ihrer Kollegin vom Englischen Seminar, einer Dame mit einem klingenden polnischen Namen, stellte mich ihr vor und machte sich dankbar davon, um sich zu der kleinen Gruppe um Iris zu gesellen. Ich sah, wie die elegante Miss Ady – dunkelhaarig und mit wunderschönen Augen – Iris spielerisch aufs Handgelenk klopfte, während sie irgend etwas hervorhob, vielleicht etwas, was mit ihrem Unterricht zu tun hatte, denn Miss Ady lehrte, wie ich hinterher entdeckte, Politikwissenschaft und Volkswirtschaftslehre, während Iris für die Philosophie zuständig war. Die polnisch klingende Dame, die eine schwarze Jacke mit leuchtend rotem Futter trug und mir genauso elegant erschien, gab den bei der Party herrschenden Ton heiterer Frivolität auf und fragte mich mit eindringlichem Ernst und, wie ich meinte, einem fremdländischen Akzent nach meiner «Forschung». Meine Antwort fiel nicht sehr überzeugend aus, weder in meinen Augen noch, wie es schien, in den ihren. Ihr Blick war verzeihend, aber auch ein wenig vorwurfsvoll, schien mir.

Statt mich mit dem Menschen zu unterhalten, in den ich mich verliebt hatte, oder wenigstens richtig mit ihm bekannt gemacht zu werden, schien es mir einzig und allein bestimmt zu sein, bei dieser mir vom Himmel geschickten Einladung auf eine weitere Lehrkraft meiner Abteilung den Eindruck ausgesprochener Mittelmäßigkeit zu machen. Später fand ich heraus, daß Miss Griffiths Kollegin, sowohl bei ihren Studenten wie bei ihren Kollegen für ihr strenges Gebaren bekannt, eine ebenso gütige wie aufopfernde Lehrerin war. Während des Krieges hatte sie einen polnischen Offizier geheiratet, kam selbst aber aus Yorkshire und trug irgendeinen handfesten Namen wie Sidebotham. Sie zog es jedoch vor, den romantischeren Namen ihres Mannes beizubehalten, von dem sie inzwischen getrennt lebte.

Es gelang mir auf dieser Party nicht ein einziges Mal, mit Iris zu sprechen, obwohl ich mich im späteren Verlauf des Abends, und nachdem zwei oder drei weitere Männer eingetroffen waren, in Iris' Nähe herumtrieb und mit allen anderen Anwesenden einige Worte wechselte. Nach ein paar weiteren trockenen Martinis hatte ich das Gefühl, durchaus einen guten Eindruck machen zu können, aber die Gelegenheit ergab sich nicht, und Iris entschuldigte sich und ging, lange bevor sich die Party unter großer Heiterkeit auflöste.

Der Glücksgott schien jedoch ausgesprochen nachsichtig zu sein. Angesichts meiner Unfähigkeit, aus dem unerwarteten Zusammentreffen, das er arrangiert hatte, Kapital zu schlagen, machte er sich geduldig ein zweites

Mal ans Werk. Als ich drei Wochen später von einem Ehepaar, das einen Freund von mir kannte, den ich seit Jahren nicht mehr gesehen hatte, zum Abendessen eingeladen wurde, entdeckte ich, daß Iris der einzige andere Gast war. Aber schon bald hatte ich das Gefühl, daß ich wieder keinen Erfolg haben würde. Obwohl Iris freundlich und nicht im geringsten schüchtern war, gab sie einem bei der Unterhaltung nicht die geringste Hilfestellung. Ich sprach Themen an, warf, wie ich hoffte, interessante Fragen auf, aber sie lächelte nur freundlich und reagierte nicht. Wie so viele Philosophen in Oxford hatte auch sie die Angewohnheit, das Gesagte in tiefem Schweigen zu überdenken, so daß oft eine fast sibyllinische Stille eintrat. Sie drehte mein armes, kleines Argument hin und her, als wollte sie fragen: Was genau bedeutet das? Und wenn sie zu dem Schluß kam, daß es sehr wenig bedeutete, war sie zu höflich, um es auszusprechen. Jedenfalls wollte es absolut zu keinem begeisterten Gedankenaustausch kommen. Es tröstete mich zu sehen, daß es unserem Gastgeber, einem lebhaften Dozenten der Rechtswissenschaft, der eindeutig hoffte, Iris über die Moden und Themen in der zeitgenössischen Philosophie aushorchen zu können, nicht besser erging. Gleichzeitig ärgerte mich, daß er sie offenbar so gut kannte, daß er sich oft auf Scherze oder Gedanken berufen konnte, die ihnen beiden vertraut waren, oder auf vergnügte Zeiten, die sie mit ihm und seiner Familie verbracht hatte. Meine einsame Radfahrerin hätte mit diesen Leuten nicht so bereitwillig ihre Ferien verbringen dürfen, fand ich, von Eifersucht erfaßt (und eifersüchtig sollte ich in den kommenden Monaten noch oft werden). Ich begriff allmählich, daß Iris vieles getan hatte – während der vielen Jahre, in denen ich sie nicht gekannt hatte, notwendigerweise getan hatte – was ich nicht gutheißen konnte, was nicht zu dem Bild paßte, das meine Phantasie so voreilig von ihr entworfen hatte.

Ganz plötzlich und noch recht früh am Abend sagte Iris, sie müsse jetzt aufbrechen. Unsere Gastgeber sahen enttäuscht aus. Zum ersten Mal gelang es mir, die Gelegenheit beim Schopf zu packen, und ich sagte bedauernd, daß auch ich gehen müsse. Das nahmen unsere Gastgeber schon gleichmütiger hin, denn es war ihnen um Iris gegangen, auf deren Bleiben sie fast schon gierig versessen gewesen waren. Das überraschte mich, denn als Gast hatte diese sich, wie mir schien, recht wenig, ja eigentlich gar keine Mühe gegeben, auch wenn sie, offenbar ganz ohne es zu wollen, Güte und Freundlichkeit ausgestrahlt hatte. Aber weder die Schmeicheleien unseres Gastgebers noch seine Versuche, Iris für seine Ideen zu interessieren und sie dazu zu bringen, ihre eigenen darzulegen, hatten sie aus ihrer Reserve locken können. Diese Beobachtung verschaffte mir einige Befriedigung.

Nachdem wir uns verabschiedet hatten und die Haustür hinter uns zugemacht worden war, schlossen wir unsere Räder auf und fuhren zusammen in die feuchte, milde Nacht Oxfordshires hinaus. Meine Beleuchtung war in Ordnung, aber ihre Lampe wurde schwach, flackerte und stand im Begriff auszugehen. Höflich bat ich sie, auf der Innenseite zu fahren und sich so dicht wie möglich bei mir und meinem Licht zu halten. Schweigend fuhren wir weiter, und ich glaubte, sie wolle nur das Schweigen brechen, als sie mich auf ihre freundliche Art fragte, ob ich jemals daran gedacht hätte, einen Roman zu schreiben. Die Frage kam völlig unerwartet, aber ausnahmsweise hatte ich diesmal eine Antwort parat. Ja, das hätte ich. Ich sei sogar gerade dabei, einen zu schreiben oder zu versuchen, einen zu schreiben.

Das stimmte nicht ganz. Aber es stimmte beinahe, und ich beschloß augenblicklich, während wir so dahinfuhren, es noch am gleichen Abend wahr werden zu lassen. Die Frau meines Professors, eine reizende, schüchterne Frau, deren Vater ein bekannter Kritiker gewesen war, hatte mich vor ungefähr einem Monat dasselbe gefragt. Ich hatte ihr so ziemlich die gleiche unaufrichtige Antwort gegeben, und um mich zu ermutigen, hatte sie mit einem sanften Lächeln vorgeschlagen, daß wir beide versuchen sollten, einen Roman zu schreiben. Sie hätte nichts dagegen, es selbst einmal zu probieren, sagte sie. Lachend hatten wir einen Pakt geschlossen. Wir wollten sehen, wer zuerst fertig sein würde. Seitdem hatte ich versucht, ein paar Ideen zu sammeln, und mir war auch ein Anfang für das erste Kapitel eingefallen, getan hatte ich jedoch noch nichts.

Aber warum hatte mir Miss Murdoch diese Frage gestellt? Wahrscheinlich nur, um mir entgegenzukommen und mich dazu zu bringen, von mir zu reden, dachte ich, denn sie als Philosophin konnte sich kaum für dieses Thema interessieren, das lag doch auf der Hand. Wahrscheinlich las sie nie Romane, war viel zu beschäftigt mit höheren Dingen. Ich sagte etwas Abschätziges in dieser Richtung und wollte im nächsten Augenblick kaum meinen Ohren trauen. Miss Murdoch sagte, daß sie schon einen Roman geschrieben habe, der in Kürze erscheinen werde.

Ich war von Ehrfurcht und Bewunderung ganz überwältigt. Dieses ungewöhnliche Geschöpf hatte also wie beiläufig einen Roman geschrieben, ihn in den Pausen ihres bewegten Lebens, zwischen Unterricht und Philosophieren, sozusagen aus dem Ärmel geschüttelt. Wovon mochte er wohl handeln? Ich wagte es, sie danach zu fragen. «Sie dürfen es aber niemandem erzählen», sagte sie, indem sie anhielt und einen Fuß auf den Boden stellte. Sie sah mich voll an, und ihr Ton war leicht, aber auch sehr ernst. «Ich will nicht, daß es jemand anderes erfährt.»

Ich versprach es hoch und heilig. Ich würde ihr Geheimnis keiner Menschenseele verraten. Ich war außer mir vor Freude, daß sie mir dieses Geheimnis anvertraut hatte. Aus irgendeinem wundersamen Grund hatte sie offenbar nicht nur absolutes Vertrauen zu mir, obwohl wir uns kaum kannten, sondern sie mußte auch schnell und souverän entschieden haben, daß ich genau der Richtige war – derjenige, der es erfahren sollte. Wieso das? Ich konnte nur staunen und wahrnehmen, daß mir das Herz vor Dankbarkeit und Freude hüpfte. Und natürlich vor Liebe. Als wir dort, auf unsere Fahrräder gelehnt, so auf der dunklen Straße standen, hatte ich wirklich das Gefühl, daß diese so wunderbar intuitive und scharfsichtige Frau tief in mich hineingeblickt hatte, daß ihr gefiel, was sie sah und es ihres vollen Vertrauens für würdig hielt. Daß sie vielleicht sogar liebte, was sie sah? War es denkbar, daß sie von meiner Liebe wußte und daß sie wie ein Philosoph nach vernünftiger Abwägung zu dem Schluß gekommen war, daß sie mich auch liebte?

Als ich sie besser kennenlernte, hatte ich bald Anlaß, mich zu fragen, ob sie das Geheimnis ihres Romans in Wirklichkeit nicht einer ganzen Reihe von Leuten enthüllt hatte. Maurice Charlton schien davon zu wissen und die Johnsons (der Rechtswissenschaftler und seine Frau) ebenfalls. Die meisten ihrer Londoner Freunde wußten mit ziemlicher Sicherheit auch davon. Obendrein hatten einige von ihnen das Buch sogar schon gelesen – im Manuskript, in Iris' eigener Handschrift! Die Johnsons kannten es, wie sie unverzüglich durchblicken ließen, als sie merkten, daß sich zwischen Iris und mir eine freundschaftliche Beziehung entwickelte und daß ich Iris auch außerhalb ihres Hauses traf. Denn natürlich ist es äußerst ärgerlich, wenn dein Freund deine anderen Freunde kennenlernt, ohne es dich wissen zu lassen, wie La Rochefoucault gesagt haben könnte.

Iris handelte hier aus einem zutiefst menschenfreundlichen Impuls heraus. Sie wollte ihre Freunde separiert halten, mit jedem für sich befreundet sein. Und sie wollte, daß die andern in der gleichen spontanen und direkten Beziehung zu ihr standen. Keine Gruppen, keine Cliquen. Keine Unterhaltung zweier über einen dritten.

Dieser Wunsch, daß jede ihrer Freundschaften etwas Besonderes für sich sein solle, so unschuldig wie im Garten Eden, war für Iris sehr wichtig. Denn da das, was sie für jeden ihrer Freunde empfand, völlig echt und ohne Falsch war, konnte es mit keinem anderen Menschen etwas zu tun haben. Es gab bei ihren Freundschaften keine Abstufungen, keine Vergleiche. Jede war ein Ganzes für sich.

Ich hatte sie einfach mißverstanden. Zweifelsohne weil ich sie liebte. Wie alle Liebenden vermutlich wünschte ich mir, etwas Besonderes im falschen Sinne zu sein, wollte «derjenige, welcher» sein. Als sie mir sagte, sie wolle nicht, daß jemand anders von dem Roman erfahre, fühlte ich mich auserwählt, herausgehoben. Dabei war es für sie eine gewohnheitsmäßige Vorsichtsmaßregel, fast eine Formel. Ihre Freunde durften es wissen, sollten es wissen. Aber sie wollte nicht, daß darüber geredet wurde, weder unter ihnen noch in einem größeren Kreis.

Natürlich funktionierte diese Vorsichtsmaßregel nur auf einer höheren Ebene – als praktische Maßnahme war sie wirkungslos. Das wurde mir klar, als ich feststellte, daß viele von Iris' Bekannten über ihren Roman sprachen. Ich ärgerte mich nicht darüber und war auch nicht im geringsten desillusioniert. Ich liebte Iris so sehr (so sagte ich mir jedenfalls), daß ich klar und in aller Gefaßtheit erkannte, daß sie mich ganz und gar nicht liebte. Daß sie mir von ihrem Roman erzählt hatte, war ein Akt der Freundlichkeit gewesen, da sie gemerkt hatte, daß ich mich für so etwas interessierte. Gerade weil sie mich nicht liebte, hatte sie mir davon erzählt, und nicht umgekehrt. Sie war nicht einmal ein klein bißchen verliebt. Wir waren Freunde geworden, das war alles.

Freundschaft bedeutete ihr sehr viel. Daß sie ihre Freunde so strikt voneinander getrennt hielt, zeigte, wie sehr sie sie schätzte. Mir bedeutete Freundschaft nichts oder nur sehr wenig. Für mich gab es nur kontextspezifische Beziehungen, wie es die Sozialpsychologen nennen, glaube ich. In der Schule und beim Militär hatte ich Menschen getroffen, deren Gesellschaft mir zur jeweiligen Zeit am jeweiligen Ort angenehm war. Ich kam gar nicht auf die Idee, mich zu fragen, ob oder wie sehr ich sie als Freunde schätzte. Wenn die Situation eine andere wurde, wurden auch meine Bekannten andere, so daß ich niemanden hatte, den man als «alten Freund» hätte bezeichnen können. Der Gedanke, daß Iris wünschen oder doch zumindest bereit sein könnte, mich als einen ihrer Freunde zu betrachten, hatte für mich nicht den geringsten Charme.

Nichtsdestoweniger sollte es genau so sein und nicht anders. Wir trafen uns ungefähr einmal alle vierzehn Tage. Das Telefon mochten wir beide nicht (das war etwas an ihr, was ich sehr bald entdeckte), weshalb wir uns verständigten, indem wir uns Briefchen schrieben. Solche Briefchen überbrachte der College-Bote, was als «Brieftaubenpost» bekannt war. Ich mochte zwar keine Pubs, aber das war der einzige Ort, den ich für ein Treffen vorschlagen konnte. Iris mochte sie und hatte ihre Lieblingspubs, wie ich bald feststellte. Ich ging auch nicht gerne essen, denn Restaurants waren in Oxford zu der Zeit teuer, jedenfalls in Relation zu meinem dürftigen Einkommen, und für gewöhnlich schlecht. Manchmal aßen wir in Imbißstuben oder dergleichen, und ich entwickelte mich zu einem trübsinnigen Kenner ihrer Unzulänglichkeiten.

Ich vermute, daß wir uns kennenlernten und daß wir viel redeten, aber ich kann mich nicht mehr erinnern, worüber. Ich weiß, daß es nie wieder einen so elektrisierenden Augenblick gab wie damals, als wir mit unseren Fahrrädern angehalten hatten, sie mir im Dunkeln gegenübergestanden und mir gesagt hatte, ich solle niemandem etwas von ihrem Roman erzählen. Nachdem wir dann wieder aufgestiegen waren, erkundigte ich mich zaghaft nach dem Inhalt. Wovon handelte ihr Roman? Wie war sie dazu gekommen, ihn zu schreiben? Sie antwortete nicht direkt, sondern – und das war viel aufregender – sagte mit Nachdruck, wie wichtig es sei, daß eine Geschichte etwas für jeden enthalte, wie sie sich ausdrückte. Es war eine Entdeckung, die sie gemacht hatte. Ich war überrascht, gleichzeitig aber auch beeindruckt von der Einfachheit des Gedankens und der Art, wie sie darüber sprach, langsam, nachdenklich und äußerst eindringlich.

«Ein bißchen wie Shakespeare», meinte ich.

«Ja, vielleicht.»

Ich habe oft über diesen Augenblick nachgedacht und mich gefragt, ob ihre Worte wirklich diese tiefe Bedeutung gehabt hatten oder ob ihre Wirkung Teil jener knisternden Atmosphäre gewesen war, die entsteht, wenn man sich verliebt. Das heißt, ich kann hier nur von mir sprechen. Was sie betrifft, so galt und gilt noch immer: Ihre Worte waren ernst, nüchtern und wahr. Sie wollte mit ihren Romanen die unterschiedlichsten Leser erreichen, auf verschiedenen Wegen und mit verschiedenen Mitteln – mit einer aufregenden Geschichte, mit deren Tempo und Komik, deren Ideen und philosophischen Implikationen, mit der geheimnisvollen Atmosphäre ihrer ureigenen, von ihr, der Autorin, geschaffenen Welt, der Welt, die sie bereits vor Augen gehabt haben mußte, als sie ihre ersten Schritte als Romanschriftstellerin ins Auge faßte und plante.

Im Frühsommer veranstaltete St. Antony's College einen Tanzabend, eine viel schlichtere Angelegenheit als die großen Collegebälle, die am Ende des Sommertrimesters stattfinden und bis zum Morgen dauern. Für eine dieser Veranstaltungen hätte man damals für zwei Personen gut und gerne dreißig Pfund Eintritt bezahlen müssen. Heutzutage sind die Karten natürlich noch viel teurer. Die Tanzerei in St. Antony's dagegen kostete nicht viel mehr als ein paar Guineen. Obwohl ich weder ein geübter noch ein begeisterter Tänzer war, beschloß ich, trotzdem hinzugehen und Iris zu fragen, ob sie mich begleiten wolle. Ich kaufte die Karten mit dem Gedanken, daß ich sie vielleicht weiterverkaufen konnte, wenn es sein mußte. Aber zu meinem Erstaunen und nur bedingt zu meiner Freude nahm Iris die Einladung ohne zu zögern an. Das führte zu einer weiteren Reihe gefühlsmäßiger Komplikationen. Auch praktische Probleme konnten durchaus daraus entstehen. Andere Männer, zum Beispiel meine Kollegen in St. Antony's, würden sie zum Tanzen auffordern. Angenommen, einer von ihnen würde sich in sie verlieben oder sie sich in ihn? (Ich kam damals nicht auf die Idee, daß sie ihr Herz ebensogut an eines der anwesenden Mädchen verlieren könnte.)

Es gab aber noch andere praktische Probleme, die viel dringlicher waren. Wohin sollte ich sie vor dem Tanz, bei dem es sich um eine schlichte Veranstaltung von neun bis Mitternacht handelte, zum Essen ausführen? Ich war sehr knapp bei Kasse, fand aber, daß es schon etwas einigermaßen Anständiges sein mußte, nicht bloß ein Pub oder eine Imbißstube. Schließlich wählte ich das Regency Restaurant, welches sich in der *Oxford Mail* als das Restaurant mit dem «vermutlich besten Essen in Oxfordshire» anpries. Dieser delphische Ausspruch konnte, wenn man genau darüber nachdachte, kaum widerlegt werden, aber darüber dachte ich natürlich nicht nach. Um halb sieben ging ich, um Iris im College abzuholen, und wartete vor ihrem Zimmer, nachdem ich angeklopft und eine Stimme mich gebeten hatte, mich eine Sekunde zu gedulden. Während ich das tat, überlegte ich, wie sie aussehen, was sie anhaben würde. Ich nahm an und hoffte eigentlich, daß es etwas Dunkles, wenn möglich Schwarzes sein würde, wie es zu einer Frau reiferen Alters und ernster Veranlagung paßte, die sie, wie ich immer noch annahm und hoffte, war. Waren es nicht diese ihre – angeblichen – Qualitäten, die mich so sehr angezogen hatten, als ich sie zum ersten Mal auf ihrem Fahrrad sah?

Die Tür ging auf. Vor mir stand eine Erscheinung in feuerrotem Brokat oder dergleichen. Irgendwie war ich schockiert – geblendet, aber gleichzeitig auch entsetzt. Alle meine Tagträume, meine Illusionen und vorgefaßten Meinungen über die Frau auf dem Fahrrad schienen sich blitzschnell davongemacht zu haben und in einer Vergangenheit verschwunden zu sein, in der ich mich selbst viel lieber auch noch befunden hätte, wäre mir eine Wahl möglich gewesen. Aber ich hatte keine Wahl. Die Frau vor mir war genau dieselbe wie die auf dem Fahrrad. Ihr Gesicht erschien mir immer noch lieb und freundlich, nicht im üblichen Sinn hübsch oder attraktiv, auch wenn es mit seinen einfachen Zügen und seiner Stupsnase ein auf seine Weise starkes Gesicht war. Und für mich war es immer auch ein geheimnisvolles Gesicht. Aber in diesem Augenblick sah ich es so, wie die andern es sahen. Sie selbst war zwar keineswegs konventionell, aber ihre Aufmachung jetzt war es. Das enttäuschte mich zutiefst, denn was sie anhatte, war das, was jede Frau tragen würde – jede törichte Frau, die nicht genug Geschmack hatte, um ihre Kleidung sorgfältig zu wählen.

Aber daran war nun nichts mehr zu ändern. Iris schien mit ihren Gedanken woanders zu sein, vielleicht bei ihrem Gesicht, das sie jetzt mit Puder betupfte, oder bei ihren Haaren oder bei irgend etwas, das mit ihrer Unterwäsche nicht stimmte. Sie wand sich und zupfte unruhig an ihrem Kleid herum, als sei sie unvertraut mit dem, was darunter war, und fühle sich daher unbehaglich. Oder vielleicht beschäftigte sie der Gedanke, was sie jetzt woanders mit anderen Freunden tun könnte. Sie schien mit ihren Gedanken überall zu sein, nur nicht bei mir, und sich meiner so wenig bewußt zu sein wie damals, als sie an meinem Fenster vorbeigefahren war. Sie sah mich nicht an, aber als wir das Haus verließen, nahm sie geistesabwesend meine Hand, was mich ungefähr so aufheiterte wie ihre unbeholfenen Bewegungen kurz zuvor.

Das Restaurant war eine einzige Katastrophe. Ich kann mich nicht mehr erinnern, was wir aßen, aber es war scheußlich, und der Kellner war ebenso trübsinnig wie hochnäsig. Er schien mit seinen Gedanken ganz woanders zu sein, so wie vorher Iris, als ich sie abgeholt hatte. Selbst die Flasche Rotwein, die wir tranken, war miserabel. Aber im Verlauf dieses gräßlichen Abendessens – außer uns waren nur noch wenige Gäste da – schien sich unsere Laune aus irgendeinem Grund auf verblüffende Weise zu bessern. Wir fingen an, zu kichern und uns im Flüsterton über die wenigen anderen, düster dreinblickenden Gäste zu unterhalten. Als wir mit dem Essen fertig waren, entschuldigte sich Iris und ging zur Toilette, während sie es mir überließ, die Rechnung zu bezahlen. Was ich tat und noch ein enormes Trinkgeld hinzufügte, das der Kellner gar nicht zur Kenntnis nahm, als er an den Tisch kam. Das machte mich ganz mutlos, denn irgendwie hatte ich auf ein freundliches Wort gehofft und die wohlwollende Frage vielleicht, wohin wir denn gingen. Der finstere Kellner nahm einfach das Geld an sich und verschwand wieder, genauso geistesabwesend und mit anderen Dingen beschäftigt wie zuvor. Vielleicht hatte ihn seine Frau gerade verlassen. Wenn das Regency Restaurant «vermutlich» das beste Essen in Oxfordshire hatte, dann hatte es mit Sicherheit die schlechteste Bedienung.

Ich blieb allein zurück und konnte in Muße die grünen und weißen Streifen der Tapete betrachten, ein Muster, das damals sehr in Mode war und das ich seitdem immer gehaßt habe. Iris blieb eine Ewigkeit fort. Als sie schließlich zurückkehrte, war sie wieder verwandelt. Jetzt sah sie wie eine Puppe aus, wie eine Watteau-Puppe aus Porzellan mit nicht im geringsten dazu passenden Schulmädchenhaaren. Sie hatte ihren Mund dick mit Lippenstift angestrichen und preßte ihn jetzt amateurhaft auf ein Stück Papier aus ihrer Handtasche. Ich bemerkte, daß etwas Handgeschriebenes darauf stand, und fragte mich, ob es vielleicht ein Liebesbrief war, die dringende Botschaft eines Bewunderers. Aber wenigstens steckte sie das Stück Papier nicht zurück in ihre Tasche, sondern knüllte es nur zusammen und ließ es auf dem Tisch liegen.

Draußen nieselte es. Als ich endlich ein Taxi aufgetrieben hatte, war es schon bald zehn durch. Die Tanzerei war bereits voll im Gange, als wir in St. Antony's ankamen.

Ich hatte mich inzwischen mit dem Gedanken abgefunden, daß ich mit jemand ganz anderem tanzen ging – mit einem Mädchen, das seinen Mund unfachmännisch mit einer leuchtend roten Paste beschmiert hatte, die die Lippen dick und unschön aussehen ließ. Nicht daß ich sie je besonders beachtet hätte. Dieses fremde Mädchen würde meinen Kollegen in St. Antony's und ihren Freunden zweifellos gefallen. Das wäre dann wenigstens etwas, dachte ich, denn ich selbst verspürte keinerlei Verlangen, den ganzen Abend mit ihr zu tanzen. Ich wünschte mir jetzt nur noch, daß die Geschichte möglichst schnell vorbei sein würde, und ich war sehr froh, daß um Mitternacht Schluß sein sollte.

St. Antony's war früher einmal ein anglikanisches Nonnenkloster gewesen, das so um 1870 erbaut worden war. Eine steile Steintreppe führte hinunter in die Krypta, die unterhalb der ehemaligen Privatkapelle der Nonnen lag und jetzt die Bibliothek war. Dort sollte der Tanz stattfinden. Als wir hinabgingen, trat sich Iris auf ihr langes Kleid, stolperte und rutschte auf dem Hinterteil unelegant ein paar Stufen hinunter. Leute vor und hinter uns kamen herbeigestürzt, um mir zu helfen, sie aufzuheben. Ich ertappte mich bei dem häßlichen Gedanken, daß sie sich vielleicht den Knöchel verstaucht hatte – nicht schlimm, aber doch so, daß sie für den Abend außer Gefecht gesetzt war. Sie würde keine Lust haben, nur zuzuschauen, und ich könnte sie nach Hause bringen. Vielleicht könnten wir uns in ihrem Zimmer weiterunterhalten.

Aber Iris hatte sich nicht im geringsten weh getan. Sie stand auf und lächelte, während die andern sie unter Scherzen und Gelächter abklopften. Was unsere Mittänzer anbetraf, war das Eis bereits gebrochen. Auf dem Weg zur Tanzfläche waren wir von einem Haufen Leute umgeben, die alle mit uns oder miteinander schwatzten. Ich machte den einen oder anderen mit Iris bekannt. Sie schien bereits neue Freunde gefunden zu haben, und sie war jetzt nicht mehr still und reserviert. Ich machte ein paar unsichere Bewegungen, die so etwas wie eine Aufforderung zum Tanz sein sollten, und wir stellten uns in der entsprechenden Halbumarmung auf.

Ich war in der Tat ein unsicherer Tänzer. Beim Militär hatte ich manchmal in Nachtklubs – wenn ich schon mehr als nur ein bißchen betrunken war – ganz gerne getanzt. Aber hier schien es zwischen den verschiedenen Teilen unserer Körper keinerlei Übereinstimmung zu geben. Iris lächelte mir ermutigend zu, ließ mich aber gleich darauf stehen und fing an, allein mit den Armen in der Luft herumzuwedeln und die verschiedensten Tanzfiguren auszuführen. Es sah linkisch und ziemlich affektiert aus, aber gleichzeitig auch rührend naiv. Sie verstand ganz offensichtlich genausowenig vom Tanzen à deux wie ich. Aber als wir ein paar Sekunden später versehentlich ein anderes Tanzpaar streiften und der Mann sich lächelnd umdrehte und den Arm um sie legte, schien sie sofort mit ihm zu harmonieren, und das Paar schwebte in vollkommenem Gleichklang davon. Das Mädchen, mit dem der Mann vorher getanzt hatte, sah kein bißchen erfreut aus, aber es blieb ihm nichts anderes übrig, als mich anzulächeln, als wir begannen, irgendwie herumzukreisen. Ich hatte das Gefühl, daß der Abend für mich bereits eine schlechte Wendung genommen hatte und daß mit einem Erfolg, wie immer er auch aussehen mochte, nicht mehr zu rechnen war.

Die Kapelle spielte einen Tusch und legte dann eine Pause ein. Iris, die vergnügt und entspannt wirkte, kam augenblicklich zu mir zurück. Sie erkundigte sich nach meinem Zimmer im College, das sie noch nicht kannte. Ich fragte sie, ob sie Lust hätte, es sich kurz anzusehen, und dachte dabei an die Flasche Champagner, die ich vormittags gekauft und jetzt zusammen mit zwei Gläsern in meinem Schrank stehen hatte. Sie meinte, ja, sehr gerne. Als wir die Steintreppe hinaufgingen, nahm ich ihren Arm, damit sie nicht noch einmal fiel. Mein Zimmer war klein und spartanisch und enthielt nur ein Bett, einen Schrank, einen Tisch und einen Holzstuhl. Aber es gab ein Gasöfchen, das ich jetzt anmachte. Ich holte die Flasche und die Gläser aus dem Schrank, und dann lagen wir uns in den Armen.

Es schien das Natürlichste von der Welt zu sein, genauso wie kurz vorher, als ich beim Heraufkommen ihren Arm genommen hatte, oder wie es das für sie gewesen war, als sie beim Verlassen des Hauses im St. Anne's College kurz meine Hand ergriffen hatte. Wir dachten nicht mehr ans Tanzen, saßen vielmehr bis zwei Uhr morgens in meinem Zimmer zusammen und redeten ohne Unterlaß. Ich hatte gar nicht geahnt, daß ich so reden konnte, und sie hatte es von sich bestimmt auch nicht angenommen. Es war ein nicht enden wollendes, kindliches Schwatzen, und wir legten beim Reden die Gesichter aneinander. Ich glaube, Iris war es nur gewöhnt, sozusagen richtig zu sprechen – überlegt, mit Pausen, das Gesagte modifizierend, ihre Worte abwägend. Eben wie eine Philosophin und Lehrerin. Jetzt plapperte sie wie ein Kind. Und ich auch. Wir hielten uns umschlungen, küßten uns und rieben unsere Nasen aneinander (ich sagte ihr, wie sehr ich ihre Stupsnase liebte) und kamen vom Hundertsten ins Tausendste, wobei wir beim Reden unsere ganz eigene Kindersprache erfanden. Gelegentlich rückte sie ein wenig ab und sah mich ungläubig lachend an – wir konnten es wohl beide nicht glauben. Sie schien einem tiefen Bedürfnis nachzugeben, dessen sie sich überhaupt nicht bewußt gewesen war, dem Bedürfnis nämlich, nicht nur den Winkelzügen und Rivalitäten des intellektuellen Lebens zu entgehen, sondern auch den Ängsten und der Faszination, den Machtkämpfen und Kapitulationen der Liebesbeziehungen unter Erwachsenen.

Sie wollte alles über meine Kindheit wissen und erzählte mir von ihrer eigenen. Sie war als Kind sehr glücklich gewesen und hatte an beiden Eltern gleichermaßen gehangen. Diese hatten sie offensichtlich abgöttisch geliebt, aber, wie mir schien, auf eine sehr vernünftige Art. Ihr Vater, der aus Belfast stammte, war ein kleiner Beamter, der jetzt kurz vor seiner Pensionierung stand. Sein Gehalt war immer sehr bescheiden gewesen, und er hätte es sich nie leisten können, sie auf eine gute Schule zu schicken, auch mit einem Stipendium nicht, wenn er sich nicht Geld geliehen hätte. Sonst ein vorsichtiger und besonnener Mann, legte er in diesem Fall die Unerschrockenheit eines Löwen an den Tag, und Iris traten die Tränen in die Augen, als sie mir von den Opfern erzählte, die ihre Eltern gebracht hatten. Wir waren jedoch zu glücklich und zu albern, um uns allzu lange bei den Realitäten der Kindheit aufzuhalten. Es war die Atmosphäre der Kindheit, die wir plötzlich zu teilen schienen, nachdem wir sie beide in der Gegenwart des anderen auf wundersame Weise wiederentdeckt hatten. Der Tanz und das Tanzen, unser Abendessen im Restaurant, alle diese Dinge kamen uns jetzt wie lächerliche Erwachsenenaktivitäten vor, die wir hinter uns gelassen hatten.

Ich verspürte den Wunsch, mit Nase und Lippen über ihre bloßen Arme zu fahren. Sie wollte, daß ich meine Smokingjacke auszog, damit sie bei mir dasselbe tun konnte.

«Wenn wir verheiratet wären, könnten wir das die ganze Zeit machen», sagte ich – ein ziemlich absurder Gedanke.

«Wir werden es so gut wie die ganze Zeit machen», erwiderte sie.

«Ja, aber wenn –»

Sie machte dem ein Ende, indem sie begann, mich richtig zu küssen. Eine lange Zeit hielten wir uns eng umschlungen. Die Flasche Champagner blieb ungeöffnet auf dem Tisch stehen.

Viele Jahre später mußte ich ihre Manuskripte und Papiere durchsehen auf der Suche nach Material, um das ihr Verlag gebeten hatte. In einem Heft mit Notizen für einen Roman fanden sich hinten eine Reihe von Eintragungen, wie es aussah, einige datiert, andere eher zufällige, spontane Betrachtungen, Bemerkungen über Bücher, Philosophen, Leute, die sie kannte und bei denen sie nur die Initialen verwendet hatte. Auch ein paar Bemerkungen über Studenten und Dinge, die ihr in deren Arbeiten aufgefallen waren. Unter dem 3. Juni 1954 fand sich die Eintragung: «Tanz in St. Antony's. Bin die Treppe hinuntergefallen und scheine mich in J. verliebt zu haben. Getanzt haben wir nicht viel.»

2

Wir wanderten im Schneckentempo über die langgestreckte Wiese zum Fluß hinunter. Es schien heißer denn je zu sein, obwohl es sich bezogen hatte und die Sonne nicht mehr so erbarmungslos vom Himmel brannte wie vorher. Das Heu war schon vor einiger Zeit eingefahren worden, die bräunliche Erde war ausgedorrt, und die Maulwurfshügel überall wirkten ganz fehl am Platz. Ihre Erde glich grauem Puder, und ich fragte mich, wie die Maulwürfe es schafften, Nahrung zu finden, wenn sie darin ihre Gänge gruben. Als wir uns dem Flußufer näherten, flogen zwei Krähen mit trägem Flügelschlag davon. Wie es heißt, werden Krähen sehr alt, und es drängte sich mir die müßige Frage auf, ob wir bei unseren Badebesuchen in all den Jahren immer dieselben beiden Vögel gesehen hatten.

Ich bedauerte, daß wir es in diesem Herbst nicht geschafft hatten, früher zu kommen, vor der Heuernte, als die Wiese noch voller Blumen – Skabiosen, Angelika und Margeriten – gewesen war. Es war keine saftige Flußwiese, vermutlich weil dicht unter ihrer Oberfläche ein Kiesbett lag. Nicht weit entfernt, an der Hauptstraße, befanden sich Kiesseen, aber diese Wiese war ein Schutzgebiet für irgendwelche Pflanzen und Vögel. Fischen war allerdings nicht verboten, und manchmal waren ein paar Angler da, Einzelgänger, die im Schilf fast nicht zu sehen waren.

Unser eigener kleiner Fleck war glücklicherweise selten besetzt und auch heute leer. Früher einmal hätten wir uns so schnell wie möglich unserer Kleider entledigt und wären still ins Wasser geglitten, so wie beim allerersten Mal. Jetzt war es ein ziemlicher Kampf, Iris auszuziehen.

Es war mir gelungen, ihr vor unserem Aufbruch ihren Badeanzug unterzuziehen. Heutzutage scheint sie den Hang zu haben, ihre Kleidung so selten wie möglich abzulegen. Selbst bei diesem scheußlich heißen Wetter kann ich sie nur mit Mühe dazu bringen, lange Hose und Pullover auszuziehen, bevor sie ins Bett geht.

Sanft aber energisch protestierte sie, als ich ihre äußeren Hüllen mehr oder minder gewaltsam abstreifte. In ihrem schäbigen, alten, einteiligen Badeanzug (eigentlich ein Zweiteiler, mit einem getrennten, kasackähnlichen Oberteil) und ihren heruntergerutschten Socken, die auszuziehen sie sich hartnäckig weigerte, so daß ich schließlich aufgab, sah sie linkisch und ängstlich aus. Eine Motorjacht kam langsam vorbeigetuckert. Ein elegantes Mädchen im Bikini sonnte sich an Deck, am Steuer stand ein junger Mann in weißen Shorts. Beide drehten sich mit leicht ungläubigem Gesicht nach uns um. Es hätte mich nicht überrascht, wenn sie in lautes, ungezogenes Gelächter ausgebrochen wären, denn wir mußten schon einen komischen Anblick geboten haben – ein älterer Herr, der sich krampfhaft bemühte, eine alte Dame auszuziehen, die immer noch eine weiße Haut und nicht zu ihrem Alter passendes blondes Haar besaß.

Alzheimerkranke sind nicht immer sanftmütig, ich weiß es wohl. Aber Iris ist in vieler Hinsicht immer noch die alte. Ihre Konzentrationsfähigkeit hat sie verloren, wie auch das Vermögen, zusammenhängende Sätze zu bilden und sich daran zu erinnern, wo sie ist oder war. Sie weiß nicht, daß sie neben ihren philosophischen Werken sechsundzwanzig bemerkenswerte Romane geschrieben hat, daß ihr alle bedeutenden Universitäten die Ehrendoktorwürde verliehen haben, daß sie den Titel einer Dame of the British Empire trägt… Wenn sie von einem Bewunderer oder Freund gebeten wird, einen ihrer Romane zu signieren, betrachtet sie das Buch voll freudiger Überraschung, ehe sie dann mühsam ihren Namen und, wenn sie kann, den des anderen schreibt.

«Für Georgina Smith.» «Meinem lieben Reggie» – sie braucht einige Zeit, aber die Buchstaben sind noch immer sorgfältig geschrieben und ähneln auf surreale Weise ihrer alten Handschrift. Sie ist immer bestrebt, anderen gefällig zu sein. Und die alte Sanftmut ist geblieben.

Als Iris erst einmal im Wasser war, wurde sie ein wenig vergnügter. Es war fast zu warm und kaum erfrischend. Aber seine alte, braune, langsam fließende Köstlichkeit war geblieben, und wir lächelten uns glücklich an, als wir geruhsam hin und her schwammen. Seerosenblätter mit gelegentlichen dicken, gelben Blüten schaukelten sanft, wenn ein Boot vorüberfuhr. Kleine, leuchtend blaue Libellen standen bewegungslos in der Luft. Das Wasser war tief und wurde immer kühler, je weiter wir uns vom Ufer entfernten. Aber wir schwammen nicht weit hinaus. Wenn ich nach unten blickte, konnte ich sehen, wie sich Iris' noch immer in den Socken steckenden Füße in der braunen Tiefe bewegten. Winzige Fische umschwammen ihren Körper und untersuchten ihn neugierig, und auch um mich herum konnte ich sie sehen und fühlen, wie sie sanft die bloße Haut abtasteten.

Früher wären wir, wenn der Fluß nicht sehr belebt war, sofort die hundert Meter hinüber und zurück geschwommen. Inzwischen war das zu mühsam und hätte möglicherweise jene allgegenwärtige Angst hervorgerufen, unter der Alzheimerpatienten typischerweise leiden und die sich auf denjenigen, der sich um den Kranken kümmert, überträgt. Nicht daß es gefährlich gewesen wäre. Iris schwimmt noch immer wie ein Fisch. Seit damals, als wir zum ersten Mal hier zusammen im Wasser waren, was jetzt vierundvierzig Jahre her ist, sind wir im Meer geschwommen, in Seen und Flüssen, in Teichen und Tümpeln, wann immer wir konnten und wo immer wir gerade waren.

Ich kann mich noch an eine Situation in Perth in Australien erinnern, wo wir von einer verkehrsreichen Fernstraße aus eine Betonschräge hinunterkraxeln mußten, um im Swan River zu schwimmen. Die berühmte Swan-Brauerei befand sich gleich oberhalb an der nächsten Biegung des breiten Flusses, und das an uns vorbeiströmende Wasser war, milde ausgedrückt, merkwürdig, aber wir genossen das Schwimmen. Wir sahen die Gesichter der Autofahrer über uns, die uns überrascht und vermutlich mißbilligend anstarrten. Das Hotel, in dem uns die Universität untergebracht hatte, besaß natürlich einen Swimmingpool, aber das wäre nicht dasselbe gewesen. Er war immer von drallen australischen Mädchen gesäumt, die sich sonnten. Wir benutzten ihn nie – ich glaube, wir waren zu schüchtern.

Iris mochte eigentlich nicht das Schwimmen an sich. Sie schwamm weder schnell noch geräuschvoll und beherrschte auch keinen anspruchsvollen Stil. Sie war einfach gern im Wasser, das war ihr das Wichtige. Zweimal wäre sie fast ertrunken. Ich mußte daran denken, als wir uns dem Ufer näherten, um wieder aus dem Wasser zu gehen, und spürte die Angst, die jetzt unser beider Leben überschattete. Hinauszukommen war immer schwieriger und weniger elegant gewesen als das Sich-hineingleiten-Lassen, aber früher hatte uns das nichts ausgemacht. Der Fluß war in der Nähe des Ufers genauso tief wie in der Mitte, das Ufer selbst unterspült. An unserer Stelle fiel es ein wenig ab, und hier und da zeigte die feuchte Erde die Hufabdrücke von Kühen. Ich zog mich zunächst hoch und wandte mich dann zu Iris um. Als sie meine Hände ergriff, verzog sich ihr Gesicht zu dem Ausdruck kindlicher Angst, den es jetzt so häufig annimmt, so daß auch ich von Sorge und Furcht erfüllt wurde. Angenommen, ihre Armmuskeln versagten und sie rutschte ins Tiefe zurück, wüßte nicht mehr, wie man schwamm, und bekäme Wasser in den Mund, den sie hilfeflehend geöffnet hätte. Mir wurde schlagartig klar, daß wir nie wieder hierher zum Baden kommen durften.

Der Augenblick der Panik ging vorüber. Damals, vor zehn oder fünfzehn Jahren, als wir mit dem Maler Reynolds Stone, einem Freund von uns, vor Chesil Bank in Dorset schwammen, war uns beiden diese Art Panik noch unbekannt. Die Stones wohnten ein paar Meilen vom Meer entfernt, und im Sommer pflegten wir hinunterzufahren, dorthin, wo sich die Küste in einem weiten Bogen von Portland Bill bis Bridport und weiter bis Lyme Regis schwingt. Die Flut hat dort einen gewaltigen Damm aus Kieselsteinen aufgetürmt, die, wie von Hand sortiert, in der Größe abgestuft sind von riesigen, glatten, runden Steinen am Portland-Ende bis zu feinem Kies zwölf Meilen weiter westlich. Bei Seegang ist es dort gefährlich, und selbst bei Windstille machen die Dünung und der Sog der Unterströmung den Strand zu einem gefährlichen Badeplatz. Der auf sanfte Weise furchtlose und außerdem zerstreute Reynolds Stone erwähnte nie eine Gefahr, ja war sich offensichtlich gar keiner bewußt. Wir gingen immer zusammen ins Wasser und lachten und redeten dabei. Und einmal geschah es, daß Iris den Rhythmus der Welle, die uns auf den Kieselstrand zurücktrug, falsch einschätzte und wieder hinausgetragen wurde, als diese verebbte. Reynolds sprach gerade über Piero della Francesca oder Cézanne, zwei Maler, die er am meisten bewunderte, und weder er noch ich merkten etwas. Ich hörte ihm zu, während wir vorsichtig über die Steine gingen, dorthin, wo unsere Kleider lagen. Ich wollte Iris mit einbeziehen und drehte mich um. Sie war nicht da. Aber gleich darauf war sie es, und ich half ihr über die Kieselsteine, während Reynolds dastand und sanft und unerschütterlich weitersprach.

Später erst erzählte sie mir von dem Augenblick ungläubiger Überraschung und tödlichen Schreckens, als sie sich zurück und unter die glatte Wasseroberfläche gezogen fühlte. Sie befand sich sofort tief unter Wasser, aber instinktiv hielt sie den Mund fest geschlossen, und gleich darauf brachte die nächste Welle sie ans Ufer. Wäre sie in Panik geraten und hätte Wasser geschluckt, hätte die heimtückische Unterströmung sie durchaus weiter hinaus- und hinunterziehen können, und dann hätte sie, obwohl sie eine sichere Schwimmerin war, in wenigen Sekunden ertrinken können.

Sie erzählte mir das erst, als wir im Bett waren, und da war sie nicht etwa ängstlich, sondern voller Neugier und einer Erregung, die sie mit mir teilen wollte. «Ich werde das in meinem nächsten Roman verwenden», sagte sie. Und das tat sie auch.

Nachdem sie bekannt geworden war, erwähnte sie den Roman, an dem sie jeweils gerade arbeitete, niemals in der Öffentlichkeit und auch nicht, soweit ich weiß, ihren Freunden gegenüber, ja, kaum einmal mir gegenüber. Wenn ich sie fragte, dann äußerte sie sich schon, aber ich gewöhnte mir bald ab, sie zu fragen. Zu den wahren Freuden der Ehe gehört die Einsamkeit. Eine Freude, die einem außerdem eine tiefe Sicherheit schenkt. Ich fuhr fort, in meinem Beruf zu arbeiten, das heißt, ich lehrte Englisch an der Universität und schrieb die eine oder andere literaturwissenschaftliche Untersuchung. Iris gab ihre Arbeit in St. Anne's bald auf (der emotionale Druck innerhalb dieser Gemeinschaft mochte etwas damit zu tun gehabt haben) und betrat ihre eigene, wunderbare Welt des Schöpfertums und des intellektuellen Dramas, der scharfsinnigen Reflexion und der schieren literarischen Spannung. Etwas für jeden, in der Tat – genauso, wie sie gesagt hatte, als wir damals spät am Abend mit unseren Rädern beieinanderstanden.

Hin und wieder erkundigte sie sich bei mir nach irgendwelchen technischen Details, die sie für einen Roman brauchte. Einmal wollte sie etwas über Pistolen wissen, was ich dank meiner militärischen Ausbildung leicht beantworten konnte. Manchmal wollte sie etwas über Autos oder über Wein wissen, oder sie fragte mich, was eine bestimmte Romanfigur passenderweise essen sollte. Der Held des Romans *The Sea, the Sea* benötigte sozusagen eine ganz spezielle Kost, und es machte mir Spaß, alle möglichen unwahrscheinlichen Kombinationen, für die er eine Schwäche haben könnte, vorzuschlagen – Haferkleie mit gekochten Zwiebeln, gebratener Knoblauch mit Sardinen, Dosenmangos mit Stilton. Einiges fand tatsächlich Eingang in den Roman, und als er den begehrten Booker-Preis bekam, meinte der berühmte Philosoph A. J. Ayer, Mitglied der Jury, in seiner Verleihungsansprache, daß ihm an dem Roman alles sehr gefallen habe – bis auf das Essen.

Nur zu einem einzigen von Iris' Romanen habe ich einen kleinen Abschnitt beigetragen, und das vor sehr langer Zeit. Es handelt sich um ihren vierten veröffentlichten Roman *Die Wasser der Sünde* (*The Bell*). Aus irgendeinem Grund, den ich vergessen habe, bat sie mich, das erste Kapitel zu lesen, von allen ihren Romananfängen der dunkelste, epigrammatischste. Sie benutzte nie eine Schreibmaschine, und in der ersten, handschriftlichen Version hieß es: «Dora Greenfield verließ ihren Mann, weil sie Angst vor ihm hatte. Ein Jahr später kehrte sie aus demselben Grund zu ihm zurück.» Ich war von der Prägnanz dieses Eingangssatzes entzückt, und manch einem späteren Leser dürfte es genauso gegangen sein, denn der Satz blieb im wesentlichen so wie hier zitiert. Beim Weiterlesen wurde ich sofort neugierig und wollte mehr über die junge Dora Greenfield und ihren Mann Paul erfahren, als die ersten Seiten hergaben. Sie waren – als Charaktere – so interessant, daß ich unbedingt wissen wollte, welche Entwicklungsmöglichkeiten in ihnen steckten. Ich deutete Iris etwas in diesem Sinne an, und sie meinte: «Na schön, dann schreib was für mich.» Ich glaube, daß sie vielleicht selber schon etwas von dem gefühlt hatte, was ich jetzt als Leser empfand. Unsere Sympathie und Intuition vermischten sich automatisch.

Zu der Zeit versuchte ich gerade eine literaturwissenschaftliche Untersuchung zu schreiben, die später den Titel *The Characters of Love* bekam. Ich stand ganz im Banne von Henry James, der im Gespräch mit einem Freund zu einer der Frauengestalten des Romans, an dem er gerade schrieb, angemerkt hatte, er könne bereits «eine strenge Prüfung» über sie ablegen. Im Hinblick auf einen solchen Charakter, so hatte er gemeint, müsse der Autor eine Vorwarnung geben, «eine frühe Andeutung der Blickrichtung». Im Gedanken daran und durch Iris' Vorschlag geschmeichelt, fing ich an, mir auszudenken, was zwischen Dora und ihrem Mann geschehen sein konnte, auch wenn dies dann im Roman selbst, dessen Story ich noch gar nicht kannte, nicht vorkam.

Meine Idee war, daß Paul als Ehemann sich insgeheim Kinder wünschte und sie brauchte, auch wenn er sich dessen nicht unbedingt bewußt war, während sie – um vieles jünger als ihr Mann – keine wollte. Trotzdem hatte sie das Zeug dazu, «umgehend eine rechthaberische Mutter» zu werden, die einzige Möglichkeit für sie, sich in ihrer Ehe Paul gegenüber zu behaupten. So wie die Dinge lagen, fand sie die Aussicht, «zwei zu werden», äußerst beunruhigend, obwohl sie in ihrer passiven Art nichts unternommen hatte, die Empfängnis zu verhindern. Ja, sie war zu ihrem Mann zurückgekehrt wie eine ängstliche Schlafwandlerin, die sich unbewußt noch immer darauf verläßt, daß ihre Angst «sie augenblicklich davonhuschen lassen würde wie ein kleines Tier». Gleichzeitig wollte sie ihn, weil sie Angst vor ihm hatte und weil sie wußte, daß er ihr ihre Angst nehmen konnte.

Ich schrieb etwas in dieser Art, und das Ergebnis ist in einem ziemlich langen Abschnitt auf Seite zehn der Erstausgabe nachzulesen. Die Stelle erinnert ein bißchen zu sehr an Henry James und sticht ein wenig von Iris' unnachahmlicher Originalität ab, aber vielleicht vermag sie doch, auf Alternativen und offene Fragen hinzuweisen, die zu behandeln nicht unbedingt in der Absicht des Romans liegt und seinen Rahmen sprengen würde. Das Thema des Buches ist das Verlangen und das Streben – auf welchem Weg auch immer – nach einem spirituellen Leben. Iris besaß ein wunderbares Gefühl dafür, wonach manche Menschen hungern und wie sie sich infolgedessen verhalten. Dazu konnte ich nichts beitragen, denn die Religiosität entzieht sich weitgehend meinem Verständnis. Das hat mich jedoch nie davon abgehalten, Iris' Romane mit leidenschaftlichem Interesse zu lesen – im allgemeinen erst nach ihrer Veröffentlichung. *Die Wasser der Sünde* (*The Bell*) – oder doch wenigstens der Anfang – war eine Ausnahme.

Meine Sympathie für das, was in Iris vorging oder vielleicht vorging, zusammen mit meiner Unfähigkeit, es zu verstehen oder mich hineinzudenken, muß sich schon recht früh entwickelt haben. Bei unserem Gedankenaustausch über den Anfang von *Die Wasser der Sünde* (*The Bell*) reichte die Sympathie allein völlig aus, und ich erinnere mich noch lebhaft an das für mich in diesem Augenblick ganz unerwartete Gefühl. Normalerweise war diese Sympathie etwas, was ich in unserer Ehe inzwischen als so selbstverständlich betrachtete wie Luft oder Wasser. Denn es hatte bereits jener eigenartige und wohltätige Prozeß eingesetzt, in dessen Verlauf ein Paar «enger und enger auseinanderrückt», wie der australische Lyriker A. D. Hope schreibt. Dieses Auseinandersein ist Teil der Nähe, vielleicht sogar ihre Bestätigung, ganz gewiß aber ein Zeichen vollkommenen Verstehens. Es ist ein Verstehen, das nichts Bedrohliches oder Kontrollierendes an sich hat, nichts von dem, was Ehepaare in Wirklichkeit meinen, wenn sie Vertrauten oder Beratern gegenüber sagen (oder angeblich sagen), daß ihr Partner sie nicht verstehe. Denn das heißt im allgemeinen, daß ein Partner den anderen nur zu gut versteht (oder beide einander) und es lieber nicht täte.

Noch viel weniger hat dieses Auseinandersein mit dem zu tun, was die Franzosen *solitude à deux* nennen – die freiwillige innere Abschottung eines Paares gegen alles außerhalb seiner Ehe. Die Einsamkeit, die ich in der Ehe zu schätzen gewußt habe (und Iris auch, wie ich glaube), gleicht ein wenig einem Spaziergang, den man allein und in dem Wissen unternimmt, daß man am nächsten Tag oder bald wieder in Gesellschaft des anderen gehen wird. Oder ebensogut auch nicht. Es ist eine Einsamkeit, die nichts, was außerhalb der Ehe ist, ausschließt und die das Gefühl für eine mögliche Vertrautheit mit Dingen oder Menschen in der Außenwelt schärft. Diese Sympathie im Auseinandersein braucht jedoch Zeit zum Wachsen, und sie ist ihrer Art nach etwas völlig anderes als jene berauschende Einsicht in die Fremdheit eines andren Wesens, die zu den aufregenden Erlebnissen des Sichverliebens gehört. Je besser ich Iris in der Anfangszeit unserer Beziehung kennenlernte, desto weniger verstand ich sie. Ja, sehr bald wollte ich sie auch gar nicht mehr verstehen. Ich hatte damals ganz andere Dinge im Kopf, um an eine solche Parallele zu denken, aber es war wie in einem jener Märchen (die Sorte, in der immer etwas Unheimliches mitschwingt und die auch nicht immer gut ausgeht), in welchem ein junger Mann ein wunderschönes Mädchen liebt, das seine Liebe erwidert, das aber immer in eine unbekannte und geheimnisvolle Welt entschwindet, von der es ihm nichts verraten will. Schließlich begeht er einen schrecklichen Fehler, und das Mädchen verschwindet für immer. Jetzt, in der Rückschau, kommt mir der Vergleich recht passend, wenn auch ziemlich phantastisch vor. Iris verschwand tatsächlich immerzu, um ihre Freunde zu «treffen» (anfänglich fragte ich mich beklommen, was das Wort *treffen* wohl alles beinhaltete), über die sie – im Gegensatz zu der Märchenfigur – ganz offen redete. Ich kannte ihre Namen, ich stellte sie mir vor, ich lernte sie nie kennen.

Und es schien so viele von ihnen zu geben. Menschen, die in gewissem Sinne in meiner Lage waren. Iris schien ihnen allen, jedem ganz persönlich, äußerst zugetan zu sein. Zweifellos auf die verschiedensten Arten. Ich konnte nur hoffen, daß sie mit keinem der anderen genauso redete wie mit mir, mit ihnen nicht so kindlich schwatzte, sie nicht küßte, wie sie mich küßte. Diese Iris war so anders als das ernste Wesen, welches ich auf dem Fahrrad gesehen hatte oder dem ich in dem gesellschaftlichen Rahmen einer Einladung begegnet war, daß ich mich manchmal fragte, was aus der Frau geworden war, in die ich mich verliebt hatte, wie ich damals annahm. Völlig absurd hatte ich mir unsere gemeinsame Zukunft als irgendwie genauso gedankenvoll, als eine wundervoll ernste Angelegenheit vorgestellt. Und da existierten natürlich nur wir beide, denn niemand auf der Welt war auch nur im geringsten an einem von uns interessiert – und das würde auch in Zukunft so bleiben. Wir würden einfach füreinander gemacht sein und auf dieser Basis leben.

Die glückliche, kindliche Frau, in die sie sich jetzt in meiner Gegenwart verwandelte, war entzückend, aber – wie ich manchmal wehmütig denken mußte – im Grunde auch so unwirklich wie die Geliebte im Märchen. Das konnte nicht die wahre Iris sein. Im nachhinein sehe ich jedoch nicht nur die Parallele zum Märchen, sondern begreife auch, daß ich Iris, ohne es zu wissen, eine alternative Möglichkeit bot, nach der sie verlangte – die verantwortungslose, sich eskapistisch in eine Phantasiewelt flüchtende (eskapistisch war ein in jenen Tagen oft gebrauchtes, von einem mißbilligenden Kopfschütteln begleitetes Wort) Persönlichkeit, von der sie nicht gewußt hatte, daß sie sie wollte oder brauchte. Und auch ich hatte nicht die geringste Ahnung, daß ich es war, der ihr das Verlangen erfüllte. Ich war verliebt, natürlich, ich war ganz sicher – und ich war in aller Unschuld davon überzeugt, daß dies das Wichtigste auf der Welt sei, und zwar für uns beide, obwohl Iris niemals erkennen ließ, daß auch sie so dachte. Die Iris, mit der ich dummes Zeug redete und herumtollte, die Frau, die so freudig dabei mitmachte, war hinreißend. Aber sie war nicht die «eigentliche» Iris Murdoch, die ernste, schwer arbeitende, verantwortungsbewußte Frau, wie sie von anderen Menschen gesehen und bewundert wurde.

Als dann unsere Beziehung selbst ernster wurde und wir merkten, daß wir unausweichlich auf eine Trennung zusteuerten oder auf eine Lösung, die wir weder antizipieren noch vorhersehen konnten, erwähnte Iris ein- oder zweimal den Mythos von Proteus. Es war dies die Antwort auf meine verzweifelte Bemerkung, daß ich sie nicht verstehe oder daß sie eine ganz andere Person werde, wenn sie mit den vielen anderen zusammen sei, von denen sie in meinen Augen einfach nicht loskam. «Denk an Proteus», sagte sie. «Halt mich einfach ganz fest, dann kann nichts passieren.» Proteus hatte die Gabe, sich in jede beliebige Gestalt zu verwandeln (in einen Löwen, eine Schlange, ein Ungeheuer, einen Fisch), aber als Herkules ihn trotzdem nicht losließ, mußte er sich schließlich ergeben und seine eigentliche menschliche Gestalt wieder annehmen.

Ich erwiderte dann niedergeschlagen, daß ich nicht Herkules sei und weder über die Muskelkraft noch die Konzentration des Helden verfüge. Dann mußten wir lachen und wurden für kurze Zeit wieder ganz die alten und so kindisch wie an dem Tag, an dem wir zum ersten Mal durchs Gebüsch gekrochen und heimlich in den Fluß geschlüpft waren.

Dieser Badeausflug markiert für mich einen Wendepunkt in unserer Beziehung, obwohl ich das damals noch nicht begriff und auch erst sehr viel später sagen konnte, was sich geändert hatte. An diesem Tag hatte sie mich nämlich zum ersten Mal mit einem ihrer Freunde zusammengebracht, und zwar mit Maurice Charlton.

Ich habe Iris nie gefragt, warum sie mich damals mitgenommen hat. Ich wäre nie auf den Gedanken gekommen. Und jetzt ist es natürlich zu spät. Iris kann sich weder an das Mittagessen, noch an die Fahrradtour, noch an das vormittägliche Schwimmen im Fluß erinnern. Und an Maurice Charlton auch nicht. Ich habe dieses Zusammensein gelegentlich erwähnt, und die einzige Reaktion war das übliche, rührend bemühte Interesse, mit dem sie mir zuhörte. Und doch glaube ich, daß sie Maurice Charlton oder andere Freunde aus dieser Zeit wiedererkennen würde, wenn diese plötzlich leibhaftig vor ihr stünden. Selbst wenn sich die Alzheimersche Krankheit schon lange festgesetzt und das Gedächtnis seine Funktionen völlig eingestellt hat, besitzt es noch ganz im Verborgenen die Fähigkeit, Dinge und Menschen zu identifizieren.

Eine Frau, die ich manchmal treffe und deren Mann ebenfalls an Alzheimer leidet, wollte mich einmal in einen lebhaften Erfahrungsaustausch verwickeln. «Als ob man an einen Leichnam gekettet ist, finden Sie nicht auch?» bemerkte sie fröhlich. Ich beeilte mich, ihr genauso humorig zuzustimmen, mochte aber trotzdem dieses spezielle Bild nicht aufgreifen. «Natürlich an einen sehr geliebten Leichnam», verbesserte sie sich und sah mich ein wenig spitzbübisch an, so als sollte ich dankbar dafür sein, daß ich in ihrer Gegenwart die Anstandsregeln, die unsere Situation erforderte, außer acht lassen konnte.

Aber ich war nicht im mindesten dankbar, ich war angewidert. Der Gedanke, daß Iris' Leiden irgend etwas mit der Krankheit zu tun haben könnte, an der der Ehemann dieser fröhlichen Dame litt, stieß mich ab. Sie war zweifellos heldenhaft, aber eben auf ihre Weise – und das blieb ihr unbenommen. Wie konnten unsere beiden Fälle verglichen werden? Iris war Iris.

Sorgen bringen die Menschen nicht notwendigerweise zusammen. Ich hatte nicht das geringste Gefühl einer Zusammengehörigkeit. Diese Dame wollte, einem Bedürfnis folgend, ihre Situation dramatisieren und mich dabei zu ihrem Mitspieler machen. Ich konnte mich jedoch nicht so beteiligen, wie sie es wünschte, obwohl ich aus Höflichkeit so tat. Ich fand, daß meine eigene Situation eine gänzlich andere war. Diese Reaktion ist bei Partnern von Alzheimerkranken durchaus nicht selten. Man braucht das Gefühl, daß der Ehepartner seine

Einzigartigkeit bewahrt hat, daß diese nicht in den – allen gemeinsamen – Symptomen der Krankheit untergegangen ist.

Aber das von der Frau benutzte Bild von der Leiche und der Kette blieb doch haften und hörte nicht auf, mich zu verfolgen. Es gibt eine Erzählung von Thomas Hardy mit dem Titel «On the Western Circuit», eine jener nüchtern-ironischen Geschichten, die der Autor offensichtlich gerne schrieb, in der ein junger Barrister einen Richter auf dessen Rundreise durch den Gerichtsbezirk begleitet und dabei ein junges Mädchen vom Lande kennenlernt. Sie verlieben sich ineinander, und sie erwartet ein Kind von ihm. Sie bittet die mitfühlende verheiratete Dame, bei der sie als Hausangestellte arbeitet, inständig, für sie Briefe an den jungen Mann zu schreiben, da sie selbst weder lesen noch schreiben kann. Die Dame entspricht auch ihrem Wunsch und verliebt sich auf Grund des Briefwechsels nun selbst in den jungen Mann. Er seinerseits ist von den vernünftigen und liebevollen kleinen Briefen des Mädchens so bezaubert, daß er, statt sich durch die Flucht aus seiner Zwangslage zu befreien, wie ursprünglich geplant, beschließt, sie zu heiraten. Das Resultat, obwohl vorhersehbar und für Hardy typisch, ist nichtsdestoweniger sehr bewegend. Die Hochzeit findet in London statt, und bei dem einzigen Zusammentreffen zwischen dem jungen Mann und der Arbeitgeberin des Mädchens (bevor diese nach Wessex zurückkehrt und ihr einsames und trostloses Eheleben wiederaufnimmt) erfährt er, wie es zu ihrer beider unfreiwilligen Vertrautheit gekommen ist. Die Liebesbriefe, die sie geschrieben hat, haben dazu geführt, daß er sie liebt und nicht das Mädchen. Das arme Geschöpf ist außer sich, als ihr Mann den Betrug entdeckt (er bittet sie, einem der Gäste ein kleines Dankesbriefchen zu schreiben), und er muß sein Leben von nun an mit einer ungeliebten Partnerin verbringen, beide aneinandergekettet wie zwei Galeerensklaven. Hardys trostlose Metapher mußte zweifellos ihm selbst wie auch seinem jungen Helden völlig angemessen vorgekommen sein.

Mir fiel die Geschichte wieder ein, als die Frau mit mir sprach. Unsere eigene Situation, so stand zu vermuten, war nicht mit der des jungen Mannes und des Mädchens zu vergleichen. Das Schicksal hatte uns nicht betrogen. Unsere Partner waren unseresgleichen, und so kannten wir sie seit vielen Jahren. Wir hatten miteinander gesprochen, einander zugehört, miteinander kommuniziert, bis dann die Kommunikation abnahm, stockte und so gut wie aufhörte. Keine Briefe mehr, keine Worte. Jemand, der an Alzheimer leidet, fängt viele Sätze an, für gewöhnlich mit einer ängstlichen, ewig gleichbleibenden Frage, aber die Sätze bleiben unvollendet, die Bedürfnisse unausgesprochen. Im allgemeinen sind sie vorhersehbar und leicht zu befriedigen, aber Iris bringt jeden Tag eine Menge solcher Fragen hervor, in denen es um «du weißt schon, der neulich» oder einfach um «der» geht. Sie aufzulösen kostet Zeit und Mühe. Oft bleiben sie völlig rätselhaft, beziehen sich vielleicht auf irgendeine nicht zu identifizierende Person, die aus der Vergangenheit emporgetaucht und ihr jetzt so gegenwärtig ist, als wäre sie erst gestern mit ihr zusammengetroffen. In solchen Augenblicken habe ich das Gefühl, daß mein Verstand und mein Gedächtnis ebenfalls aussetzen – als müßten sie hier etwas leisten, was einfach nicht in ihr Fach schlägt.

Wenn man jedoch nie aufhört, zu scherzen und Späße zu machen, kann man solche Augenblicke sehr oft auffangen. Humor scheint alles zu überleben. Ein Lachen, ein paar Knittelverse, die Bruchstücke eines Liedes, neckender Unsinn, dessen liebevoller Austausch früher ein Ritual war, rufen eine unvermutet positive Reaktion und ein plötzliches, strahlendes Lächeln hervor. So muß es sich in der Vergangenheit zwischen Forschern und Wilden abgespielt haben, als eine komische Pantomime der ersteren bei letzteren oft augenblickliches Verstehen und große Erheiterung hervorgerufen zu haben scheint.

Wenn Iris vergnügt ist, bei einem Drink oder im Auto, zwitschert sie voller Selbstvertrauen Unverständliches vor sich hin – in der glücklichen Überzeugung, daß ein lebhafter Gedankenaustausch stattfindet. In solchen Situationen ertappe ich mich dabei, daß ich meinen eigenen Bewußtseinsstrom produziere, mit albernen Sätzen und zusammengerührten Zitaten. «‹Der Tyrann auf der Chersones war der Freiheit bester Freund›», versichere ich ihr etwa mit einem feierlich bedeutungsvollen Blick. Woraufhin sie ernst mit einem verschwörerischen Lächeln nickt, als ob auch ihr die strahlende Zuversicht, die aus Byrons Zeile in «Die Inseln Griechenlands» («The Isles of Greece») spricht, viel bedeutete.

Die Art, wie wir miteinander kommunizieren, erinnert an Sonar. Jeder sendet dem anderen Schallimpulse zu und wartet auf ein Echo. Die verwirrenden Augenblicke, wenn ich nicht verstehe, was Iris sagt oder über wen oder was sie spricht (Augenblicke, die manchmal zu Tränen und Ängsten, aber, gottlob, niemals zu den aus Frustration geborenen Wutanfällen führen, die für viele Alzheimerpatienten so typisch sind), können manchmal entschärft werden, indem auch ich mich, lustig übertreibend, hilflos zeige, um ihr zu beweisen, wir haben etwas Gemeinsames: wir finden beide keine Worte.

In glücklichen Augenblicken scheint sie leichter Worte zu finden als ich. Sie ist dann wie eine der Schwalben damals, als wir auf dem Land wohnten. Sie saßen in einer langen Reihe auf dem Telefondraht vor unserem Schlafzimmerfenster und unterhielten sich angeregt. Sie beschlossen jede Zwitscherrede mit einem Wort, das wie «Weatherby» klang, eine gemeinsame Kennung in ansteigender Tonfolge. Wir nannten sie daher «Weatherby». Jetzt necke ich Iris, indem ich sage: «Du bist genau wie eine Weatherby, die vor sich hin schwätzt.» Sie läßt sich gerne aufziehen, aber wenn ich der Neckerei eine liebevolle Wendung gebe, indem ich hinzufüge: «Ich höre dir zu gerne zu», dann umwölkt sich ihr Gesicht.

Sie erkennt immer den Unterschied zwischen der Unbekümmertheit eines Scherzes oder einer normalen Neckerei und dem Ton der Zuneigung und liebevollen Fürsorge, der, wie ernst und aufrichtig er auch gemeint ist, immer unecht klingt.

Das alles mag sich recht schön anhören, aber in Wahrheit sind doch die meisten Tage für sie eine einzige Verzweiflung, obwohl man bei Verzweiflung an einen bewußt erlebten, eindeutigen Zustand denkt, während sie für Iris eine Leere ist, die sie durch das Fehlen jeder Dimension erschreckt. «Sie murmelt: «Ich bin doch blöd», oder «Warum hab ich denn nicht...», oder «Ich muß...», und ich versuche ihr zu erklären, wo das Problem liegt, um sie dann ganz schnell aufzufordern, mit mir zusammen einen dringenden Brief in den Briefkasten zu werfen oder einen Spaziergang um den Block zu machen oder mit dem Auto zum Einkaufen zu fahren. Etwas Dringendes, Praktisches, was die Illusion von Sinn und normalem Tagesablauf erweckt. Der Reverend Sidney Smith, ein wohlmeinender Pfarrer zur Zeit Jane Austens, pflegte Gemeindemitgliedern, die unter Depressionen litten und ihn deswegen um Hilfe baten, zu empfehlen, «im Leben nicht weit vorauszublicken, höchstens bis zum Mittagessen oder bis zum Tee.» Als sich bei Iris die Krankheit bemerkbar machte, habe ich ihr diesen Ausspruch immer wieder zitiert, so als stellte er eine Anleitung zu sinnvollem Handeln dar. Jetzt wiederhole ich ihn manchmal wie eine Beschwörung oder als einen Witz, der sie zum Lachen bringen kann, wenn er von irgendeinem Herumgealbere begleitet wird, etwa von einer pantomimischen Darstellung, wie man «nicht weit» vorausblickt. Er soll jetzt nicht mehr verstandesmäßig erfaßt werden, ruft aber wenigstens ein Lächeln hervor.

Das ist etwas, was den dauernden Versuch wert ist. Ihr Lächeln verwandelt ihr Gesicht, macht es wieder zu dem, was es einmal war, aber mit einem zusätzlichen Leuchten, das fast übernatürlich wirken kann. Das Gesicht eines an Alzheimer leidenden Menschen ist von wissenschaftlicher Seite als «Löwengesicht» beschrieben worden. Ein merkwürdiger Vergleich, möchte man meinen, aber in Wahrheit ein sehr passender. Das Gesicht nimmt mit der Zeit eine Ausdruckslosigkeit an, die einen in der Tat an den König der Tiere und die Darstellungen seines breiten, maskenhaften Gesichts in Malerei und bildender Kunst erinnert. Das Gesicht von Menschen, die an dieser Krankheit leiden, ist weder tragisch noch komisch, so wie es bei anderen Formen von Demenz durchaus erscheinen kann. Es ist kein Gesicht, das menschliche Gefühle, und sei es in noch so verzerrter Form, erkennen läßt. Das Gesicht des an Alzheimer Leidenden zeigt nur ein Nichtvorhandensein. Es ist eine Maske im wahrsten Sinne des Wortes.

Deshalb ist ein plötzliches Lächeln etwas so Außergewöhnliches. Aus dem Löwengesicht wird das Gesicht der Jungfrau Maria, in Malerei und bildender Kunst immer gelassen, mit einem Ernst, der solch einem Lächeln seine tiefste Bedeutung verleiht. Ein Scherz ist als einziges geblieben, als das Letzte, was noch den Weg ins Bewußtsein findet, wenn das Gehirn atrophiert ist. Und schließlich ist die Jungfrau Maria für den größten aller Scherze verantwortlich, für jene wunderbare Geschichte, die, im Laufe der Zeit ausgeschmückt, überall auf der Welt immer wieder erzählt wird. Kein Wunder, daß sie lächelt.

Das jüngste Lächeln auf Iris' Gesicht scheint von einer anderen Maria herzurühren. Als ich eines Tages versuchte, sie ein wenig aufzuheitern, fiel mir ein alberner Kindervers ein, an den ich seit Jahren nicht mehr gedacht hatte.

Mary und ihr kleiner Bär:
Er war so lieb und nett
Und folgte ihr, wohin sie ging,
Vom Aufstehn bis ins Bett.

Iris lächelte nicht nur, sondern sah zudem verschmitzt und konzentriert aus. Irgendwo in den verlassenen Bereichen ihres Gehirns wurden alte Kontakte und Impulse aktiviert, Drähte verbunden. Eine Bedeutung hatte sich ihr offenbart. Aber das scheint nur bei Witzen zu funktionieren, speziell bei schlechten Witzen, auf die sie in den Tagen geistiger Gesundheit mit lächelnder, aber leicht verlegener Nachsicht reagiert haben würde. Iris mochte ordinäre oder schlüpfrige Witze, wie man sie früher einmal nannte, nicht besonders und mied sie. Vielleicht gefiel ihr das Bärenverschen wegen seiner Harmlosigkeit. Wer vermag zu sagen, welche subtilen Gefühle und Unterscheidungen der Vergangenheit von etwas so Albernem – aber vielleicht auch Rührendem – wie dem Bärenvers in ihrer Erinnerung geweckt werden. Ich selbst hatte ihn ganz entgegen meinem Wunsch behalten, etwas, was häufig passiert. Ich kann mich noch an den kleinen Jungen in der Schule erinnern (den ich eigentlich ziemlich widerlich fand, es ihm zu sagen aber zu höflich war), der mir den Vers mit selbstzufrieden wissendem Gesicht hersagte, überzeugt davon, daß er mir gut gefiele. Ich beschloß augenblicklich, ihn sofort zu vergessen, aber jetzt war er wieder da.

Als ich Byrons zweifellos einprägsame Verszeile von dem griechischen Helden und Tyrannen auf der Thrakischen Chersones sowie Sieger in der Schlacht von Marathon, Miltiades, zitierte, mußte ich unwillkürlich wieder an Maurice Charlton und das wie unter einem Zauber stehende Essen an jenem heißen Sommertag denken. Er war in jungen Jahren dieser phantastische Kenner des Griechischen gewesen, bevor er in Medizin promovierte. Zweifellos hatte Iris ihn bewundert, so wie sie alles große Können und Wissen bewunderte. Hatte er nun an jenem warmen Nachmittag versuchen wollen, sie zu verführen? Ein Vorhaben, das durch seine eigene Liebenswürdigkeit vereitelt worden war, als er ihrem Vorschlag, mich ebenfalls einzuladen, zustimmte? Ich hatte keine Ahnung und habe immer noch keine. So unbedarft ich auch war, ich wußte immerhin, daß Iris mehrere Liebhaber hatte, mit denen sie jonglierte. Ich wußte auch intuitiv (ich weiß nicht wieso, aber es stellte sich als richtig heraus), daß sie ihre Gunst normalerweise aus Bewunderung und Hochachtung verschenkte, eher wegen der sozusagen göttlichen Attribute der Männer, die ihr nachstellten, und nicht wegen ihrer Attraktivität im konventionellen Sinne oder ihrer sexuellen Anziehungskraft. Jene Männer, die für sie wie Götter waren, fand sie auch erotisch, aber Sex an sich betrachtete sie als ziemlich nebensächlich und keinesfalls als Selbstzweck.

3

Ich wiegte mich nicht in der Illusion, ein gottähnliches Wesen zu sein. Sie war gern mit mir zusammen, weil wir quasi wieder zu Kindern wurden, und sie reagierte liebevoll, als sie sah, mit welch kindlicher Ungeduld ich sie inzwischen begehrte. Sie spürte, daß ich von der körperlichen Seite der Liebe so gut wie keine Ahnung hatte (wie lächerlich altmodisch das für heutige Ohren klingen muß!). Kurz vor unserem Schwimmausflug an jenem heißen Vormittag hatte sie ebenso energisch wie nachsichtig bemerkt: «Es ist wohl an der Zeit, daß wir miteinander schlafen», und sie hatte mir gezeigt, wie es geht, obwohl sie mich, da ich kein Präservativ bei mir hatte (sie wurden damals Pariser genannt, und sowohl Beschaffung als auch Gebrauch waren mit Heimlichkeit und Schuldgefühlen verbunden), nicht sehr weit kommen ließ. Später hatten wir es dann noch ein- oder zweimal mit mehr Erfolg versucht, aber auf eine entspannte und völlig unernste Weise, die für mich den unbekannten Zauber des Vorgangs nicht im geringsten beeinträchtigte: Daß man diese merkwürdige und komische Sache mit jemandem tat, den man wirklich liebte. Dieses Paradoxon war an sich schon komisch, wenn auch nicht im geringsten deprimierend.

Was mich dagegen wirklich ein wenig deprimierte, war die wachsende Erkenntnis, daß ich bei weitem nicht der einzige war, mit dem sie schlief – in allen Fällen wahrscheinlich nur gelegentlich. Sie war viel zu beschäftigt und an anderen Dingen interessiert, um es sozusagen gewohnheitsmäßig zu tun. Aber für mein Gefühl damals schien sie diesen unbekannten und gottähnlichen älteren Männern zur lässigen Verfügung zu stehen, die sie demütig «besuchte», wann immer es ihnen paßte. Hier, so wurde mir ganz allmählich klar, lag der Ursprung ihrer schöpferischen Phantasie, und um ihr Nahrung zu geben (ja, wie es fast schien, um sie günstig zu stimmen), unternahm sie diese in meinen Augen masochistischen Fahrten nach London, und vor allem nach Hampstead, für mich Wohnung und Hauptquartier der bösen Götter.

In dem Maße, in dem sich meine eigenen Gefühle vertieften, wurde mir das alles immer unheimlicher, was albern war. In Wahrheit waren die Männer, zu denen Iris fuhr, weder Götter noch Dämonen, sondern Intellektuelle, Schriftsteller, bildende Künstler, Leute im Staatsdienst, zumeist Juden, in erster Linie Flüchtlinge, die sich untereinander kannten und sich zu einem lockeren Kreis mit all seinen Rivalitäten, Eifersüchteleien und Machtkämpfen zusammengefunden hatten. Sie mochten Iris und akzeptierten sie als eine der ihren, obwohl jemand wie sie, der in faden akademischen Kreisen weit weg vom Mittelpunkt ihres eigenen Interesses lebte und arbeitete, zwangsläufig auch irgendwo ein Außenseiter bleiben mußte. Mit der Zeit lernte ich die meisten von ihnen kennen und kam gut mit ihnen aus, was mich zunächst überraschte und später, als ich an den Sturm der Gefühle und Ängste, die sie einmal in mir entfesselt hatten, zurückdachte, amüsierte. Es war Iris' Phantasie, die diese Männer in gewissem Sinn erschaffen hatte und als die seltsamen und einzigartigen Helden ihrer wunderbaren Romane auch weiterhin erschuf und entwickelte. An dem zweiten dieser Romane, *Die Flucht vor dem Zauberer* (*The Flight from the Enchanter*) aus dem Jahre 1956, sah ich zum ersten Mal, wie Iris' Phantasie auf ihre ganz eigene, spezielle Weise am Werk war. Und die ganze überreiche, komplexe Vielfalt ihrer späteren Romane ist ebenfalls auf geheimnisvolle Weise ein Destillat jener ursprünglichen Obsessionen und Verzauberungen.

Aber Maurice Charlton war ganz anders – ein sonniger Charakter, dessen seelische Heimat jener heiße, aber niemals drückende Oxforder Sommer war, auch wenn er vorübergehend, so als wäre er selbst der Nutznießer eines Zaubers, in jener düsteren, bizarren Wohnung lebte, wo er, wie mir schien, von schwerem, glänzendem Besteck und hohen, grünen Weingläsern aus Murano umgeben war. Wenn man zum ersten Mal verliebt ist, fühlt man sich umstellt, ja fast umdrängt von solchen unerwarteten und nicht immer passenden Symbolen romantischer Liebe. Dieser Tag, an dem wir Charlton besuchten, stellte einen Wendepunkt in Iris' Verhalten mir gegenüber dar, auch wenn mir das damals nicht klar war. Der Fluß und das Essen hatten mich zu sehr verwirrt und entzückt, um es zu erkennen, aber sie ließ mich nicht nur an einem anderen Ausschnitt ihres gesellschaftlichen Lebens teilnehmen, sondern signalisierte auch einer dritten Person, daß ich in ihrem Leben eine Rolle spielte, eine Rolle, die sich inzwischen durch eine gewisse öffentliche Dauer auszeichnete und folglich keine reine Privatsache mehr war, welche man von einem Augenblick zum anderen wieder beenden konnte. Ich war noch weit davon entfernt, ihr offizieller Liebhaber zu werden, aber ich hatte in den Augen der anderen einen gewissen Status erlangt, der über die Sphäre der bloßen Bekanntschaft hinausging.

Mit dem ihm eigenen Wahrnehmungsvermögen, welches aus ihm einen ausgezeichneten Arzt und vorher einen brillanten Altphilologen gemacht hatte, mochte Maurice Charlton das alles wohl irgendwie gespürt haben, während uns seine grünen Augen heiter-gesellig, aber gelassen betrachteten. Er erinnerte mich in gewisser Weise an den großen Professor Fraenkel, den ich damals ein- oder zweimal gesehen hatte, eine ehrwürdige, beinahe zwergenhafte Gestalt, die nach irgendeinem Seminar oder einer Vorlesung die High Street entlangschlurfte und die Welt mit beunruhigend glänzenden, jugendlichen Augen betrachtete. Er war ein emigrierter deutscher Jude und nach Oxford gekommen, als Iris dort noch studierte. Ihm war ein solcher Ruf vorausgegangen, daß er bald einen Lehrstuhl erhalten hatte, obwohl in Oxford ein Überangebot an namhaften Flüchtlingen herrschte. Er hatte Iris Tutorenstunden gegeben, und sie hatte an seinem berühmten Agamemnon-Seminar teilgenommen. Ich war damals noch zur Schule gegangen – wie Maurice Charlton im übrigen auch, allerdings in eine höhere Klasse. Seine grünen Augen hatten einen Glanz, der Fraenkels schwarzem Funkeln recht ähnlich war. Vielleicht war es diese Ähnlichkeit, die Iris angezogen hatte.

Sie hatte mir bereits erzählt, wie gern sie Fraenkel gemocht hatte – sowohl gern gemocht als auch verehrt. Zu jener Zeit hatte sie nichts Befremdliches oder Beunruhigendes darin gesehen, wenn er sie liebevoll streichelte, während sie nebeneinander über einem Text saßen und manchmal eine halbe Stunde lang über die richtige Interpretation eines Wortes nachdachten, wobei er dessen Assoziationen mit dem gleichen liebevollen Interesse auslotete, das er ihr entgegenzubringen schien. Sie hatte sich gefreut, daß es so war, und die intellektuelle Kameradschaft, die sie empfand, genossen. Daß etwas Gefährliches oder sie Entwürdigendes an seinem Benehmen sein könnte (das heutzutage als schockierendes Beispiel sexueller Belästigung gelten würde), kam ihr nie in den Sinn. Ja, ihre Tutorin im Somerville College, Isobel Henderson, hatte, als sie Iris zu dem Professor schickte, lächelnd gesagt: «Ich nehme an, er wird dich ein bißchen betatschen» – als ob kein vernünftiges Mädchen, das sich der Ehre, von dem großen Mann persönlich unterrichtet zu werden, bewußt war, so töricht sein könnte, daran Anstoß zu nehmen.

Das tat auch niemand, soweit Iris wußte. Manchmal sprach sie davon, wie aufregend diese Welt der Texte war, die Fraenkel ihr eröffnet hatte, und sie erwähnte amüsiert, wie er ihre Arme gestreichelt und ihre Hand gehalten hatte. Nur wenige Studentinnen hatten zu jener Zeit irgendwelche sexuellen Erfahrungen, und Iris war sowieso ungewöhnlich jungfräulich gewesen. Ihre Erinnerungen an das eine «schlimme» Mädchen in Somerville, eine dunkelhaarige Schönheit, die spät nachts mit Hilfe ihres Freundes über die Mauer ins College zurückgeklettert war, gaben des öfteren Anlaß zu gemeinsamem Gelächter. Iris mißbilligte das Verhalten der anderen nicht, hatte aber als Studentin nicht das Bedürfnis verspürt, bei dem Sexspiel mitzumachen. Übrigens liebte Pofessor Fraenkel seine Frau innig und wollte ihr folgen, wenn sie starb, wie er einem engen Freund anvertraut hatte. Er tat dies dann auch wirklich, indem er noch in derselben Nacht eine Überdosis Schlaftabletten nahm.

Meine Kenntnisse des Griechischen sind nicht der Rede wert, und die von Iris, früher einmal umfassend, sind natürlich dahin. Ich habe einmal versucht, ihr *Agamemnon* und andere griechische Dramen in Übersetzung vorzulesen, aber das war kein Erfolg – genausowenig wie alle anderen Versuche, ihr vorzulesen. Es war so unnatürlich. Ich hatte bereits mehrere Kapitel von *Der Herr der Ringe* und *Die Geschichte vom Prinzen Genji*, zwei von Iris' Lieblingsbüchern, gelesen, ehe ich das begriff. Jemandem, der es einmal gewohnt gewesen war, Bücher nicht so sehr zu lesen, als vielmehr in ihre Welt einzutauchen, und zwar genauso mühelos, wie er in einen Fluß oder das Meer eintaucht, mußte diese schwerfällige Prozession von Wörtern, die in sein Bewußtsein stapften, langweilig und irrelevant erscheinen. Obwohl Iris sich durchaus erinnerte und auf sie reagierte, ja sogar die beschriebenen Menschen und Geschehnisse wiedererkannte, wenn sie vor ihr erschienen. Aber ein solches Wiedererkennen hat auf schmerzliche Weise nicht das geringste mit wahrer Erinnerung zu tun. Tolkien und Murasaki Shikibu waren Bewohner ihres Geistes gewesen und dort genauso beheimatet wie die Ereignisse und Menschen, die während ihres eigenen Schaffensprozesses auf so geheimnisvolle Weise Gestalt angenommen hatten. Sie jetzt so wiederzutreffen und sie nur mit Mühe wiedererkennen zu können, brachte sie in Verlegenheit.

Auf der anderen Seite konnte ich sie fast bis zur Lebhaftigkeit stimulieren, wenn es mir gelang, aus irgend etwas Vorgelesenem unsere eigene Art von Scherz zu machen. Wir hielten dann sofort inne, und ich schmückte die Idee aus und machte eine ulkige Minigeschichte daraus. So zum Beispiel, als ich versuchte, sie wieder für eine Übersetzung der *Odyssee* zu interessieren. Die Laistrygonen hatten gerade elf von Odysseus' zwölf Schiffen versenkt und ihre Crew aufgefressen. Ich stellte mir vor, wie er am nächsten Morgen auf dem übriggebliebenen Flaggschiff eine Dienstbesprechung anberaumt und sie mit den Worten eröffnet: «Meine Herren, das war noch nicht optimal.» Sie fand das sehr komisch. Und wenn sie wieder einmal welke Blätter und Straßenabfälle zu Mustern angeordnet im Haus verteilt hatte und ich dann sagte: «Also, meine Herren, das war noch nicht optimal», dann schien sie sich zu erinnern. Ich mußte diesen Satz unbewußt an eine andere, nur noch vage erinnerte Textpassage angelehnt haben – vermutlich an die Stelle in *Stolz und Vorurteil (Pride and Prejudice)*, wo Mr. Bennet zu seiner Tochter Mary, die seinen Gästen vorgesungen hat, sagt: «Das reicht vollkommen, Kind. Du hast uns lange genug erfreut.» (Die unglückliche Mary ist die einzige unter Jane Austens Romanfiguren, die von der Autorin niemals fair behandelt wird, genausowenig wie von ihrem Vater.)

Ich glaube, solche Versuche mit dem Vorlesen und Vorgelesenbekommen erinnern den Kranken letztlich nur an seinen Identitätsverlust, obwohl «erinnern» kaum das richtige Wort ist, denn wer an Alzheimer leidet, der hat im allgemeinen keine klare Vorstellung von dem, was passiert ist. Wenn es anders wäre, würde die Krankheit, so unaufhaltsam sie am Ende auch ist, doch einen anderen Verlauf nehmen. Einige Kranke bleiben sich ihres

Zustandes bewußt, so paradox das klingt. Zu wissen, daß man unfähig ist, etwas zu sagen oder zu denken, auch wenn man es will, muß unerträglich quälend sein, und ich habe Patienten erlebt, denen diese Qual deutlich anzumerken war. Aber wenn Iris mir etwas sagen will, erscheint ihr das, was dabei herauskommt, normal und mir erstaunlich flüssig, vorausgesetzt, ich höre nicht auf ihre Worte, sondern nehme nach Art alter Eheleute das zum Ausdruck kommende Vertraute auf, was ein Wiedererkennen ermöglicht.

Die Zeit stellt eine Sorge dar. Da es keine altgewohnte Unterteilung und kein Fortschreiten mehr gibt, bleibt nur ein einziges Fragezeichen. Es gibt Tage, an denen Iris niemals aufhört zu fragen; «Wann gehen wir?», wobei sie diese Frage ganz unaufgeregt wiederholt. Ja, sie kann durchaus friedlich klingen, als ob es ziemlich egal wäre, wann wir gehen und wohin, als ob es ohnehin besser wäre, wenn wir zu Hause blieben. In Faulkners Roman *Soldatenlohn (Soldier's Pay)* sagt der Flieger, der sein Augenlicht verloren hat, fortwährend zu seinem Freund: «Wann lassen sie mich hier raus?» Das ist furchtbar. Der Autor hat es meisterhaft verstanden, den Leser in die Lage des Blinden zu versetzen. Iris' Frage an sich bedeutet keinen Wunsch nach Veränderung oder nach Entlassung in einen früheren Seinszustand. Iris will auch nicht wissen, wann wir uns ins Auto setzen und zum Mittagessen fahren. Sie denkt bei der Reise, auf die wir uns begeben, vielleicht an ihre letzte, oder – falls das zu bombastisch klingt – einfach an eine Art Verschwinden aus dem täglichen Leben, das für sie ohne ihre Arbeit allen Sinn und jede eigene Identität verloren haben muß.

Sie hat mir einmal gesagt, daß ihr die Sache mit der Identität immer Kopfzerbrechen bereitet habe. Sie war der Meinung, daß sie selbst so etwas – was immer es war – wohl kaum besäße. Ich erwiderte, daß sie doch wissen müsse, wie es sei, man selbst zu sein, ja das Bewußtsein seiner selbst als einer geheimen und separaten Persönlichkeit zu genießen – einer Persönlichkeit, von der kein anderer etwas wisse. Sie lächelte amüsiert und verständnislos. Der Gedanke sagte ihr nichts. «Dann lebst du in deiner Arbeit? Wie Keats und Shakespeare und all die anderen?» fragte ich. Sie wies diese Art von Vergleich weit von sich und machte keinen sonderlich interessierten Eindruck, als ich fortfuhr (schließlich war die englische Literatur mein Fach) und von der bekannten Unterscheidung der Romantiker sprach, die Coleridge so fasziniert hatte, nämlich der zwischen den großen Egozentrikern unter den Dichtern wie Wordsworth oder Milton, deren Ichbewußtsein so groß war, daß es alles andere mit einschloß, und den identitätslosen Geistern, für die das Sein nicht das ist, was sie sind, sondern das, worin sie leben und was sie zur Darstellung bringen. Ich nehme an, daß sie – vom Standpunkt des Philosophen aus – alle diese Unterscheidungen äußerst grob fand. Vielleicht muß man sich seiner selbst als Person sehr bewußt sein, um sie auch nur im geringsten bedeutungsvoll und interessant zu finden. Einen weniger narzißtischen Menschen als Iris kann man sich wohl kaum vorstellen.

Es wäre denkbar, daß die Menschen, denen ihre Identität alles bedeutet, am meisten unter der Alzheimerschen Krankheit leiden. Die Tatsache, daß Iris kein Identitätsgefühl besaß, schien sie sanfter in die Welt geschäftiger Leere driften zu lassen. Jeden Abend breitet sie ganz friedlich Kleidungsstücke von sich auf meiner Seite des Bettes aus, und wenn ich sie ruhig wegnehme, sind sie gleich darauf wieder da. Ist es so etwas wie Fürsorge? Ist das der Grund? Es könnte aber auch eine einfachere Form von Verwirrtheit sein, denn wenn wir schlafen gehen, fragt sie mich oft, auf welcher Seite des Bettes sie sein sollte. Oder ist es etwas Tiefergehendes, Umfassenderes, weniger Bewußtes und «Fürsorgliches», als es dieses viel zu «selbst-bewußte» Adjektiv nahelegt? In der

Vergangenheit hatte sie sich, gottlob, nie um mich kümmern wollen. Ja, daß sie sich über mein tägliches Wohlergehen auf heiter wohlwollende Weise keine Gedanken machte, gehörte zu den vielen angenehmen Seiten des Zusammenlebens mit ihr. So friedlich. Da ich selbst ein sehr aktiver Mensch bin, bestand ich darauf, mich um sie zu kümmern, während sie sich nie dazu zu zwingen brauchte, sich um mich zu kümmern. Als ich mir jedoch einmal in der Weihnachtszeit im Schnee das Bein brach und ein paar Tage lang im zwölf Kilometer entfernten Krankenhaus in Banbury liegen mußte, kam sie und wohnte in einer Frühstückspension direkt beim Krankenhaus. Ich flehte sie an, zu Hause zu bleiben und zu arbeiten, anstatt ihre Zeit zu verschwenden, sie könne ohnehin nichts tun. Aber nein, sie blieb, bis ich wieder fit genug war, um mit ihr nach Hause zurückzukehren.

Philosophen pflegten früher über die Frage zu disputieren, ob man den Schmerz, den ein anderer im Fuß empfindet, selbst auch fühlen könne. Iris konnte dies ganz bestimmt nicht. Vermutlich geht es bei der Frage (wenn es denn um etwas geht) darum herauszufinden, ob es so etwas wie physische Sympathie im Sinne der Naturphilosophie gibt. «Sie versteht dich vielleicht nicht, aber sie fühlt immer mit dir», charakterisierte Coleridge in blauäugiger Weise seine ideale Frau. Man braucht kein Feminist zu sein, um das für Unsinn zu halten. Es ist ganz unabhängig vom Geschlecht, ob jemand fähig ist oder nicht, die Freude oder den Schmerz anderer mitzuempfinden, so wie es auch nicht vom Geschlecht abhängt, ob jemand riechen kann oder nicht. Iris hat zufälligerweise kein Geruchsvermögen, und was andere Menschen anbetrifft, ist sie sich ihrer eher auf der metaphysischen denn auf der physischen Ebene bewußt. Sie kommuniziert mit deren höherem Selbst, wie es vielleicht ein Engel tun würde, und ihre physische Existenz, ihr schwitziger Aspekt, interessiert sie nicht. Mich hat oft die unglaubliche Genauigkeit beeindruckt, mit der sie ihre Romanfiguren beschreibt, ihre Gesichter, ihre Körper, Einzelheiten ihres Lebens, ohne einen instinktiven Sinn dafür zu haben, wie diese Charaktere auf einer niedrigeren Ebene als Menschen funktionieren.

Gefühle registrierte sie jedoch sofort und reagierte umgehend auf sie. Sie wußte intuitiv, wann ihre Freunde unglücklich oder auch nur traurig waren, und sie war immer imstande, ihnen zu helfen, oft dadurch, daß sie solchen Gefühlen gestattete, dramatisch in Erscheinung zu treten, und ihnen dann sanft eine Richtung gab, die für ihren Besitzer erfreulich oder tröstlich war. Sie spielte in dem Drama, das andere aufführten, niemals mit, konnte aber Gefühle der Liebe, der Eifersucht, der tiefen Bewunderung, ja selbst des Zorns intensiv empfinden. Ich habe diese Gefühle selbst nie miterlebt, wußte aber, daß sie da waren. Was mich betraf, so konnte sie mir meine Eifersucht immer nehmen, indem sie einfach bei mir war. Anfänglich hatte ich immer gemeint, es sei vulgär und komme mir auch nicht zu, Eifersucht an den Tag zu legen, aber sie wußte, wann ich eifersüchtig war, und sie linderte das Gefühl, indem sie sich genauso wie immer in meiner Gegenwart benahm, was sich, wie ich bald wußte, ganz und gar von jedem nur denkbaren Verhalten unterschied, das sie anderen gegenüber an den Tag legte.

In jener ersten Zeit, wie ich sie jetzt bei mir nenne, also in den ungefähr ein oder anderthalb Jahren, nachdem wir uns kennengelernt hatten, verbrachte sie jeden Samstagabend mit einem italienischen Professor, einem weiteren jüdischen Flüchtling, der an der London University lehrte. Er liebte sie innig, eine Zuneigung, die sie sanft und ehrfurchtsvoll erwiderte. Er war ein liebenswürdiger kleiner Mann, adrett und ältlich, und sie gingen nicht miteinander ins Bett (was ich glaubte), sondern saßen und redeten den ganzen Abend über die Welt des Altertums, während er Iris' Hand hielt. Gelegentlich küßte er sie auch. Er hatte in London eine Frau und eine erwachsene Tochter, die Iris beide gut kannte und die sie sehr mochte. Seine Frau akzeptierte die Beziehung und verstand sie vollkommen. Pünktlich um halb zwölf verließ der Professor Iris (sie wohnte damals nicht im College, sondern im obersten Geschoß eines Hauses in der Beaumont Street, ganz in der Nähe des Zentrums von Oxford) und ging zu Fuß zu seinem kleinen Hotel in der Banbury Road. Ich wußte dies, weil ich meistens dort war. Manchmal folgte ich ihm auf seinem Rückweg – er hatte keine Ahnung von meiner Anwesenheit und wußte auch gar nichts von mir – und manchmal stand ich auch einfach nur weiter auf der Straße und sah zu ihrem erleuchteten Fenster hinauf.

Dieser stille, kleine Professor der Alten Geschichte hatte nichts offensichtlich Gottähnliches an sich, obwohl er wahrscheinlich auf seinem Gebiet der hervorragendste Kopf seiner Zeit war. Ich mochte ihn – auf respektvolle Weise – richtig gern, ja war fast stolz auf ihn. Bei der anderen beherrschenden Persönlichkeit in Iris' Leben, einem Dichter von legendärem Ruf bei denen, die sich auskannten, stand die Sache anders. Dieser Mann hielt in Hampstead im geheimen und auf beinahe bescheidene Weise hof, und Iris stand sehr unter seinem Einfluß. Er hatte mehrere Geliebte, die Iris alle kannte und, wie mir schien, fast so sehr verehrte wie den großen Mann selbst. Auch seine Frau verehrte sie. Manchmal sprach Iris von dieser Frau, von ihrem lieben Gesicht und seinem Ausdruck geduldiger, zurückhaltender Akzeptanz. Sie war manchmal in der Wohnung, wenn der Dichter mit Iris schlief, sie besaß wie ein Gott. Das erzählte Iris mir später, vor unserer Hochzeit, nachdem ihre enge Beziehung zu diesem Mann ihr Ende gefunden und er uns seinen Segen gegeben hatte, wie sie es ausdrückte. Sie hörte allerdings nicht auf, ihn in gewissen Abständen zu besuchen, und ihre schöpferische Phantasie blieb weiterhin von ihm gefesselt, auch wenn sie sich, wie sie mir erzählte, dadurch, daß sie auf ihre Weise über ihn schrieb, von ihm befreite – und ihre Romane in gewissem Sinne auch.

Der Dichter war ein Dichter im deutschen Sinn, also nicht eigentlich jemand, der Gedichte schreibt, sondern ein überragender Geist auf dem Gebiet der Literatur. Er war der Freund eines anderen deutsch-jüdischen Dichters gewesen, eines richtigen Lyrikers, den Iris sehr geliebt hatte. Sie hätte ihn möglicherweise geheiratet, wäre er nicht gestorben, aber er hatte ein schweres Herzleiden und wußte, daß er nicht mehr lange leben würde. Er starb ein Jahr, bevor ich Iris kennenlernte. Sie trauerte sehr um ihn. Er muß ein wunderbarer Mensch gewesen sein, sanft (wie alle ihre engen Freunde, im Gegensatz zu ihren «Göttern») und humorvoll. Ihre Götter waren nie lustig, nehme ich an – vielleicht war das unter ihrer Würde als Götter. Der Lyriker lehrte in der anthropologischen Abteilung in Oxford, obwohl er nie kräftig genug war, um, wie man sagt, «Feldforschung» zu betreiben. Zu Beginn seiner wöchentlichen Vorlesung, so erzählte er Iris, sah er sich grundsätzlich einem leeren Blatt Papier gegenüber, auf dem nur die Worte standen: «Wie ich beim letztenmal ausgeführt habe ...» Während der dazwischenliegenden Woche war er nie ein Stück weitergekommen, und am Morgen seiner Vorlesung stand er immer vor dieser Seite. Es war ein Scherz zwischen ihnen gewesen, und es wurde einer zwischen Iris und mir. Und ist es noch. Sie versteht ihn immer, und in seinem Zusammenhang erwähne ich stets ihren toten Lyriker, und zwar namentlich, obwohl ich nie sicher bin, ob sie sich an ihn erinnert. Nur der Scherz ist lebendig geblieben.

Iris' Ernsthaftigkeit! Sie wurde einmal sehr ärgerlich, als sich jemand in dem Sinne äußerte, man könne sich überhaupt nicht vorstellen, daß sie sich jemals amüsiere, so ernst, wie sie immer dreinschaue. Nun ja, ihr Ernst konnte einen schon manchmal aus der Fassung bringen. Zu meiner größten Beunruhigung hatte sie mir nie eindeutig zu verstehen gegeben, daß sie willens sei, mich zu heiraten (selbst ein paar Wochen vor der Hochzeit war die Frage noch ungeklärt), aber eines Tages mußte ich mich in ihrem Zimmer hinsetzen, und sie sagte, es sei wohl besser, wenn sie mir etwas von den Menschen in ihrer Vergangenheit erzähle. Ich mußte daran denken, wie sie gesagt hatte, daß es vielleicht an der Zeit sei, miteinander zu schlafen. Es klang irgendwie ominös, und ich erschrak. Wußte ich nicht schon alles über sie, über die Menschen in ihrer Vergangenheit und auch in der Gegenwart hier und da, in der Zeit unserer eigenen intimen Beziehungen?

Offensichtlich nicht. Unbekannte Gestalten zogen an mir vorbei wie der Zug der Könige in *Macbeth*, und sie schienen mich im Vorübergehen mit ernster Neugier anzusehen. Da war der Soundso, mit dem sie zum erstenmal geschlafen hatte, und dann der Soundso und der Soundso, die sie hatten heiraten wollen. Dann war da ein Freund und Kommilitone, dessen Avancen sie in den Tagen ihrer Jungfräulichkeit (ganz so nannte sie es freilich nicht) widerstanden hatte. Zu Anfang des Krieges war er Soldat geworden und hatte sie halb im Scherz gebeten, ihn zu heiraten. Er hatte ihr erklärt, daß er mit Sicherheit im Krieg fallen werde und daß sie dann eine Witwenpension beziehen könne. Iris mußte bei allem Ernst an dieser Stelle lächeln und dann auch weinen.

Sie hatte ihm gesagt, daß sie ihn noch immer nicht heiraten wolle, aber daß sie mit ihm ins Bett gehen würde, bevor er England verlasse. Er ist dann im Laufe des Krieges gefallen, als sie in einem Ministerium in Whitehall arbeitete.

So fehl am Platz die Erinnerung in dem Moment auch war, ich fühlte mich für einen Augenblick in meine erste Schule zurückversetzt, wo der Direktor jeden von uns auf ein paar Minuten in sein Arbeitszimmer gerufen hatte, um uns «aufzuklären». Und jetzt wurde ich von Iris aufgeklärt. Ich unterdrückte den Impuls, ihr zu ihrer Erleichterung davon zu erzählen, und sagte statt dessen, daß selbst eine Offizierswitwe nur eine sehr kleine Jahrespension erhalte. Ich wisse das, weil einige meiner eigenen Altersgenossen und Kriegskameraden noch Ende des Krieges gefallen seien. Es war ein schwächlicher Versuch der Selbstbehauptung angesichts meiner eigenen kümmerlichen Erfahrungen einerseits und dieser langen, eindrucksvollen Reihe von Tagen, Freuden und Gesichtern andererseits, die ich nie kennenlernen würde. Als ich es sagte, kam ich mir auch ganz ungehobelt vor, aber mir fiel nichts Besseres ein.

Immerhin sorgte es für einen Stimmungsumschwung. Iris lachte und küßte mich. «Wär's nach all dem nicht Zeit für ein freundliches Wort?» fragte ich, und dann lachten wir beide. Ein «freundliches Wort» haben zu wollen, war zu einer Standardbitte meinerseits und zu einem festen Bestandteil unseres intimen Vokabulars geworden. Das ist es immer noch, und der Ausdruck hat nach wie vor irgendeine Bedeutung für sie. Für mich damals bedeutete er natürlich eine ganz andere Verhaltensweise, als die, die sie, wie ich annahm, anderen gegenüber an den Tag legte. Das konnte gar nicht anders sein. Ich kann mir nicht vorstellen, daß der Gott in Hampstead ein «freundliches Wort» zu hören bekam oder eines äußerte. Selbst der stille Professsor für Alte Geschichte nicht, dem ich wie ein Hund zurück zu seinem Hotel gefolgt war. Freundliche Worte, wie Iris sie an mich richtete, blieben ihnen vorenthalten. Das war eine Art Trost. Andererseits war mir nicht verborgen geblieben, wie gut sie es verstand, Menschen, die wirklich Kummer hatten, aufzurichten. Unter ihren augenblicklichen und ehemaligen Studentinnen waren ein paar (oft die mit den traurigen Gesichtern), die Iris nicht nur voller Verehrung, sondern auch voll tiefster Dankbarkeit ansahen. Aber das war wieder etwas ganz anderes und nicht zu vergleichen mit dem, was sie sagte oder tat, wenn ich sie um ein freundliches Wort bat.

Nichtsdestoweniger war ich nach all dem, was sie mir gerade erzählt hatte, wirklich niedergeschlagen. Es schien so viele von ihnen gegeben zu haben, so viele von diesen Glückspilzen, und zu meiner größten Verwunderung hatte ich soeben erfahren, daß ein paar ganz gewöhnliche Leute, wie ich fand, Bekannte und sogar Kollegen von mir, irgendwann in der Vergangenheit einmal in den Genuß ihrer Gefälligkeit gekommen waren. Sie hatten Iris begehrt und waren nicht zurückgewiesen worden. Wie anders diese «Gefälligkeit» auch geartet war und wie wenig sie auch im Lichte dessen, worum ich sie bat und was ich erhielt, zur Diskussion stand, sie war trotz allem gewährt worden.

Wenn ich vom heutigen Standpunkt zurückblicke, kommt mir das alles sehr unwirklich und furchtbar altmodisch vor. Aber eine Frau mit Vergangenheit war damals etwas anderes, genauso wie Vergangenheit immer ganz anders und immer ein fremdes Land ist. Heutzutage scheint selbst das Interesse an der Vergangenheit ein Luxus zu sein, etwas, was selbst zur Vergangenheit gehört und nicht in die Gegenwart oder in die Zukunft, zu dem Ort, an dem wir heute leben. Diese Aussprache, die wir einmal hatten, die Art, wie Iris redete, und die Art, wie ich ihre Worte tief in meinem Inneren aufnahm – all das kommt mir jetzt fast mittelalterlich vor.

Ist es wirklich möglich, daß wir so gedacht und uns so benommen haben?

Es muß wohl so gewesen sein. Und jetzt, fünfzig Jahre später, sind wir für uns immer noch die alten, obwohl mich so etwas wie Ungläubigkeit überkommt, wenn ich daran denke, wie wir früher offenbar gewesen sind, wie wir uns verhalten haben. Ich kann uns bei dieser Rückschau nur schwer voneinander trennen. Mir ist, als wären wir immer zusammengewesen. Aber die Erinnerung zieht nichtsdestoweniger eine scharfe Trennungslinie. Der Mensch, der ich in dem Alter war, kommt mir jetzt merkwürdig vor. War ich *wirklich* verliebt? War es möglich, daß ich, zumindest zeitweise, all diese Eifersucht empfunden habe, diese Ekstase, diese Qualen, diese Sehnsucht und diese Hoffnungslosigkeit – und dann auch wieder diese wilde Hoffnung und rauschhafte Freude? Ich kann es kaum glauben. Aber was Iris betrifft, da scheint meine Erinnerung wie ein gutsitzendes Kleidungsstück zu sein, dessen Reißverschluß bis hinauf zum gegenwärtigen Augenblick geschlossen ist. Wenn ich früh morgens im Bett sitze und arbeite, auf meiner alten Reiseschreibmaschine tippe, während Iris ruhig neben mir schläft, dann scheint sie sich überhaupt nicht verändert zu haben. Ihr Wesen ist, wie es immer war und wie es immer sein sollte. Ich weiß, daß sie einmal anders gewesen sein muß, aber ich kann mich an sie als einen anderen Menschen nicht wirklich erinnern.

Wenn sie einmal für einen kurzen, friedlichen Moment aufwacht, dann blickt sie verständnislos auf die «Tropical Olivetti», die, mit einem ihrer Pullover als Unterlage, auf meinen Knien ruht. Als ich sie vor nicht allzu langer Zeit einmal fragte, ob das Tippen sie störe, meinte sie, sie höre dieses komische Geräusch morgens gerne. Sie muß sich daran gewöhnt haben, obwohl sie vor ein paar Jahren um diese Zeit – sieben Uhr – aufgestanden wäre und sich angeschickt hätte, ihren eigenen Arbeitstag zu beginnen. Heute liegt sie ganz ruhig da, schläft und gibt nur manchmal ein leises Grunzen oder Murmeln von sich. Oft schläft sie bis lange nach neun Uhr. Dann wecke ich sie und ziehe sie an. Diese Fähigkeit, wie eine Katze zu schlafen, zu jeder Tages- und Nachtzeit, muß eine der segensreichen Begleiterscheinungen der Krankheit sein – im Gegensatz zu den Beklemmungen, die im Wachzustand auftreten und sich in besorgten Fragen wie «Wann gehen wir?» ausdrücken. Das Anziehen ist an den meisten Tagen eine ziemlich vergnügte und komische Angelegenheit. Ich selbst bin alles andre als sicher, wie herum ihre Unterhose gehört. Für gewöhnlich einigen wir uns darauf, daß es egal ist. Bei langen Hosen ist es einfacher. Ihre haben hinten drin ein schmuddeliges weißes Etikett. Ich sollte Iris baden oder besser irgendwie waschen, da Baden schwierig ist, aber ich verschiebe das gern von einem Tag auf den anderen. Aus irgendeinem Grund ist es einfacher, die Sache in aller Ruhe im späteren Verlauf des Tages zu erledigen, wenn gerade sonst nichts anliegt. Iris hat nichts dagegen. Sie scheint es auf seltsame Weise für etwas ganz Normales und gleichzeitig für eine absolute Ausnahme zu halten, so als ob für sie zwischen den beiden Vorstellungen kein Unterschied mehr bestünde. Vielleicht kann sie deshalb auch ihren täglichen Zustand hinnehmen, weil sie sich ihres früheren nicht bewußt ist und auch nicht damit rechnet, daß ein anderer sie irgendwie verändert finden könnte. Ganz so, wie meine Erinnerung sie jetzt immer zeigt, wie sie ist und wie sie – so scheint die Erinnerung anzunehmen – immer gewesen sein muß.

Da ist es wohl ganz normal, daß ihr die alltäglichen Verrichtungen von früher, wie etwa Waschen und Anziehen, entschwunden sind, so als hätte es sie nie gegeben. Wenn sie sich an sie erinnern könnte, was nicht der Fall ist, dann würde sie vielleicht denken: Habe ich mich wirklich jeden Tag diesen unnötigen Ritualen unterzogen? Ich selbst mag meiner Erinnerung schließlich auch kaum glauben, daß ich mich einmal verliebt habe mit all den üblichen Begleiterscheinungen wie Erregung, Verzückung und Verzweiflung – in gewisser Weise auch alles Rituale.

Zur gleichen Zeit sind Iris' gesellschaftliche Reflexe noch sehr gut, was irgendwie unheimlich ist. Wenn jemand vor der Tür steht (der Briefträger, der Mann, der die Gasuhr abliest), und ich gerade beschäftigt bin, dann empfängt sie ihn mit einem liebenswürdigen Lächeln und ruft mich dann in jenem gelassenen, ein wenig «huldvollen» Ton, den Ehepaare in der Gegenwart Fremder automatisch benutzen. «Schatz, ich glaube, hier ist der Mann, der die Gasuhr ablesen will.» Auch mit komplexeren Situationen geht sie ganz instinktiv genauso um, scheint der Unterhaltung zu folgen, lächelt und überbrückt bereitwillig eine Gesprächspause mit einer Frage. Für gewöhnlich immer mit derselben: «Woher kommen Sie?» oder «Was machen Sie jetzt?» – Fragen, die im Verlauf eines solchen Beisammenseins viele Male wiederholt werden. Die anderen, zu Besuch gekommene Fremde oder Freunde, stellen sich, sobald sie begriffen haben, was los ist und was hinter diesen Wiederholungen steht, gut auf sie ein, und für gewöhnlich gelingt es ihnen, der Rolle, die Iris spielt, zu entsprechen.

Wie ich feststelle, mache ich von den noch vorhandenen Verhaltensmustern durchaus Gebrauch. Wenn früher einmal etwas schiefgegangen oder nicht ordentlich erledigt worden war, etwas, für das ich zu Recht oder zu Unrecht Iris verantwortlich machte, dann bekam ich manchmal einen kindischen Wutanfall. Sie reagierte in einem solchen Fall ganz gelassen und beruhigte mich auf fast mütterliche Weise. Das geschah nicht überlegt, sondern war eine völlig unbewußte weibliche Reaktion, für die es normalerweise keinen Auslöser gab, was der Fall gewesen wäre (und das fast täglich), wenn wir Kinder gehabt hätten. Im allgemeinen war Iris überhaupt nicht «weiblich», eine Tatsache, für die dankbar zu sein mir dann und wann einfiel. Inzwischen habe ich gelernt, von diesem Reflex Gebrauch zu machen. Wenn sie mir den ganzen Tag folgt wie Marys Bär und mich immer wieder bei einer lästigen Arbeit oder beim Briefeschreiben (sehr oft Briefe an ihre Fans) unterbricht, dann fange ich – selbst für mein Gefühl – hemmungslos an zu toben, stampfe mit dem Fuß auf, schleudere die Papiere und Briefe auf den Boden und fuchtele mit den Händen in der Luft herum. Es funktioniert immer. Iris sagt: «Entschuldige… entschuldige…» und tätschelt mich, bevor sie still weggeht. Sie wird bald wieder da sein, aber das macht nichts. Mein Wutanfall hat sie in einer Weise beruhigt, wie ich es weder durch meine Fürsorglichkeit noch durch Versuche, auf sie einzugehen, hätte erreichen können.

Die Dame, die auf ihre bewußt fröhliche Art zu mir gesagt hatte, mit einem Alzheimer-Kranken zu leben sei, als wäre man an einen Leichnam gekettet, steigerte sich zu einem noch größeren Ausbruch verzweifelten Spaßens, indem sie bemerkte: «Und wie Sie und ich wissen, ist es ein Leichnam, der sich in einem fort beschwert.»

Ich weiß das nicht. Trotz ihrer unaufhörlichen, ängstlichen Fragerei scheint Iris gar nicht zu wissen, wie man sich beklagt. Das hat sie auch früher nicht gewußt. Die Krankheit, die Wesenszüge so sehr betonen kann, daß es fast einer teuflischen Parodie gleicht, hat es in ihrem Fall nur geschafft, ihre natürliche Güte zu verstärken.

An einem guten Tag hat ihr Bedürfnis nach liebevoller Nähe, gegenseitigem Streicheln und zärtlichem Gemurmel etwas Engelhaftes an sich, und sie selbst scheint etwas von dem zu haben, was unsichtbar in einer Ikone anwesend ist. Noch wichtiger aber ist diese Nähe für sie an den Tagen voll stiller Tränen, einem Kummer, der scheinbar nichts von der geheimnisvollen Welt des Schöpfertums, die sie verloren hat, weiß und doch spürt, daß etwas fehlt. Die «Kleine-Stier-Seite» an ihr, wenn sie mit gesenktem Kopf entschlossen auf ihr Ziel losging, kam früher ganz besonders heraus, wenn sie morgens aufstand und ins Badezimmer strebte. Nachdem sie sich angezogen hatte, kam sie und stattete mir, der ich noch im Bett war und arbeitete, einen kurzen Besuch ab und ging dann hinunter in den Garten, um nachzuschauen, wie es draußen so aussah. Das Wetter und die Vögel, Bilder und Klänge – all das notierte sie manchmal in ihr Tagebuch, wenn sie sich an die Arbeit setzte. Sie frühstückte dann nie. Allerdings brachte ich ihr, wenn ich zu Hause war, später am Morgen Kaffee und einen Schokoladenkeks.

Jetzt ist diese einstmals gute Morgenzeit die schlimmste Zeit. Wie für die Soldaten beider Weltkriege das In-

Bereitschaft-Stehen in den Schützengräben. Schwarzer Humor ist darauf die natürliche Antwort, selbst wenn man den trüben Scherz nur insgeheim machen kann, denn schon der Versuch, ihn zu dieser einstmals so vielversprechenden Stunde mit dem Opfer teilen zu wollen, wäre herzlos. Während ich mir also den Kopf darüber zerbreche, wie man am besten den Tag herumbringen könnte, hege ich durchaus kameradschaftliche Gefühle gegenüber der Frau, die sich dadurch ein wenig Erleichterung verschafft hatte (ich hoffe es jedenfalls), daß sie über sich und ihren kranken Mann Witze machte. Obwohl mir nicht danach zumute gewesen war, aus vollem Herzen mitzuwitzeln, wäre es doch sehr viel schlimmer gewesen, wenn ich auf feierlich-teilnahmsvolle, «korrekte» Art und Weise aus einer ähnlichen Situation heraus Mitgefühl hätte zeigen müssen. Überhaupt haben ja Menschen, die im gleichen Boot sitzen, den natürlichen Wunsch, Erfahrungen auszutauschen. Ein gepflegt aussehender, grauhaariger Mann, den ich gekannt hatte, als wir beide achtzehn und Soldaten waren, schrieb mir, um mir sein Mitgefühl auszudrücken. Abgesehen von seinem Beruf – er war Börsenmakler – hatte er sich hauptsächlich für Frauen und Oldtimer interessiert. Als seine Frau, die jünger war als er, Alzheimer bekam und ihr Zustand sich rapide verschlechterte, pflegte er sie mit beispielloser Hingabe. Er berichtete über den Fortschritt der Krankheit gern in eindrucksvollen kleinen Briefchen. Einmal schrieb er: «Früher habe ich des Weibes göttliche Form in einem etwas anderen Licht gesehen. Jetzt, so stelle ich fest, spritze ich sie einfach jeden Morgen mit dem Schlauch ab.»

Ich tue das bei weitem nicht so oft. Aber wenn mir der Scherz in den Sinn kommt, während ich Iris zwischen den Beinen wasche und mir dann das Übrige ihrer «göttlichen Form» vornehme, dann muß ich innerlich kichern. Woher hatte mein alter Kriegskamerad bloß dieses unerwartete Beispiel altmodischer Schalkhaftigkeit, dieses komische, aber zugleich auch irgendwie poetische Cliché, an dem auch James Joyce einmal Gefallen gefunden hatte? Ganz sinnlos, den Scherz mit Iris teilen zu wollen. Nicht daß sie Anstoß nehmen würde, aber das Schnodderig-Absurde dieses Satzes würde ihr inzwischen entgehen. Kürzlich stieß ich auf eine Sammlung von Palindromen, die uns jemand vor Jahren geschickt hatte – geniale und surrealistische Sätze mit dementsprechenden Illustrationen. Eines davon, dessen telegraphische Knappheit uns ebenso wie seine Illustration amüsiert hatte, hieß: «Sex at noon taxes.» («Sex zur Mittagszeit strengt an.») Ich zeigte es Iris zusammen mit einigen anderen, die wir damals besonders gut gefunden hatten, und sie lächelte und lachte ein bißchen, um mir eine Freude zu machen, aber ich wußte, daß sie sie nicht verstand. Andererseits schaut sie sich die Trickfilme im Kinderfernsehen mit an Entzücken grenzender Freude an. Sie können zwischen zehn Uhr – der schwierigsten Zeit – und elf Uhr morgens eine große Erleichterung sein. Für gewöhnlich gucke ich mir mit ihr zusammen die Teletubbies an, und ihre seltsame kleine, sonnenbeschienene Welt mit, wie es scheint, echten Kaninchen, echtem Himmel und echtem Gras nimmt auch mich gefangen. Sind diese Wesen tatsächlich irgendwie menschlich? Schlaue kleine Zwerge? Jedenfalls sieht es so aus, und die Illusion, wenn es denn eine ist, fesselt uns immer wieder.

Wir haben erst seit ein paar Monaten Fernsehen – vorher sind wir nie auf die Idee gekommen. Jetzt lausche ich auf die Geräusche aus der Küche und hoffe, daß der Fernseher angestellt bleibt. Wenn es still ist, weiß ich, daß Iris ihn ausgemacht hat und reglos dasitzt. An nachlassendem Konzentrationsvermögen kann es nicht liegen. Sie verfolgt gebannt Fußballspiele, Cricket, Bowling oder auch Tennis, ohne das Spiel oder den Spielstand zu kennen, aber völlig von der Atmosphäre gefangengenommen. Meine an den Leichnam gekettete Freundin sagte jeden Abend zu ihrem Mann: «Heute gibt's Poolbillard im Fernsehen.» Dann spielte sie ihm ein altes Video vor. Es sei jedesmal neu für ihn, sagte sie.

Da ich kein sechsjähriges Kind zur Hand habe, das mit so etwas umgehen kann, ist es mir leider nie gelungen, das Videogerät zu programmieren. Aber Iris stellt den Kasten ohnehin nicht ab, weil sie sich langweilt (Langeweile scheint bei ihr einfach nicht vorzukommen), sondern aus jenem instinktiven Drang heraus wegzukommen, der sie auch sagen läßt: «Wann gehen wir?» oder «Muß aber weg.» Aus demselben Grund hat sie Beschäftigungen, die ich ihr anbot und an denen sie sich auch versuchte, abgebrochen – ich habe so etwas inzwischen stillschweigend wieder aufgegeben. Wann lassen sie uns hier raus?

Vom ersten Tag unserer Ehe an haben wir uns nie groß um Hausarbeit gekümmert. Täglich immer wieder zu erledigende Dinge gab es nie. Keiner von uns hatte das Bedürfnis, das Haus sauberzuhalten, und der Gedanke, daß jemand anders kommen und es für uns tun könnte, störte uns. Inzwischen hat der Zustand des Hauses einen Punkt erreicht, von dem es wirklich kein Zurück mehr gibt. Früher kam es uns unnötig vor, etwas zu unternehmen, und jetzt ist es zu spät. Falls unsere Freunde bemerken, wie es bei uns aussieht (ausgesprochen gemütlich, finde ich), dann sagen sie es nicht. Nichtsdestoweniger habe ich hin und wieder das Gefühl, daß wir, hätten wir es uns rechtzeitig angewöhnt, zusammen irgendwelche Hausarbeiten zu verrichten, jetzt damit fortfahren könnten. Selbstdisziplin. Und eine Methode, sich die Zeit zu vertreiben. Aber wie der Tramp in *Warten auf Godot* in etwa sagt, irgendwie scheint die Zeit trotzdem zu vergehen.

Nicht daß wir ein ausgesprochenes Staubmuseum unser eigen nennen – wie Dickens' Miss Havisham. Wenn man den Staub in Ruhe läßt, scheint er sich mit Leichtigkeit in die allgemeine Kulisse einzufügen. Wie die Kleidungsstücke, Bücher, alten Zeitungen, Briefe, Pappkartons. Das eine oder andere kann man vielleicht noch einmal gebrauchen. Aber Iris hat sowieso nie etwas wegwerfen können. Sie hat mit aufgerissenen Briefumschlägen oder verschlußlosen Plastikflaschen schon immer Mitleid gehabt, das inzwischen allerdings zwanghaft geworden ist. So werden trockene Blätter gerettet, Stöcke und Stummel von Zigaretten, die nicht sehr heimlich von den Schülerinnen der Oberschule hier in der Nähe geraucht worden sind. Heutzutage ist das Rauchen ja zu einer Outdoor-Aktivität geworden. Ganz gesund, denke ich manchmal.

Es ist wunderbar friedlich, hier so im Bett zu sitzen, während Iris neben mir beruhigend schläft und leise schnarcht. Ich werde selber wieder ganz schläfrig, und mir ist, als ob ich den Fluß hinabtriebe und zusähe, wie das ganze Zeug hier aus dem Haus und aus unserem Leben – das gute wie das schlechte – langsam im dunklen Wasser versinkt, bis es in der Tiefe nicht mehr zu sehen ist. Iris treibt oder schwimmt ruhig neben mir. Krautige Pflanzen oder größere Blätter schwanken und recken sich unter der Wasseroberfläche. Blaue Libellen schießen am Ufer hin und her oder stehen in der Luft. Und plötzlich der leuchtende Blitz eines Eisvogels.

4

Auf unserer Hochzeitsreise haben auch Flüsse eine Rolle gespielt.

Wir haben 1956 geheiratet, fast drei Jahre nachdem wir uns kennengelernt hatten. Ich habe einmal ausgerechnet, wie viele Tage seit dem Morgen vergangen waren, an dem ich Iris langsam am Fenster hatte vorüberradeln sehen, aber ich habe die Zahl vergessen, und es würde zu lange dauern, sie noch einmal auszurechnen. Wir wurden auf dem Standesamt in der St. Gile's Street getraut, eine breite Straße, die sich vom Martyrs' Memorial im Süden bis zum War Memorial im Norden erstreckt, wo sie sich in die Woodstock Road und die Banbury Road gabelt. Gegenüber dem Standesamt, das inzwischen woanders untergebracht worden ist, liegt The Judge's House, ein prächtiger Bau im palladianischen Stil, der angeblich Henry James als Vorbild für das Haus in seinem Roman *The Spoils of Poynton* gedient hat.

Ich rede hier wie ein Reiseführer, weil ich mich am Morgen unserer Hochzeit in gewisser Weise auch so fühlte. Ich starrte diese vertrauten Wahrzeichen an, als hätte ich sie nie zuvor gesehen. In gewissem Sinne hatte ich das auch nicht, denn ich war immer in Eile gewesen, immer auf dem Weg irgendwohin, zu spät dran, nur mit den eigenen Dingen beschäftigt, achtlos. Doch als ich jetzt an einer Ecke in der Nähe des Standesamtes wartete, blickte ich auf einmal um mich und sah alles ganz klar und deutlich, so als sähe ich es zum ersten oder zum letzten Mal. Ich erinnere mich, daß der Maler David, als er Marie Antoinette im Schinderkarren auf dem Weg zur Hinrichtung zeichnete, bemerkte, wie sie die ganze Zeit mit gedankenloser Neugier um sich blickte, so als hätte sie diese Pariser Straßen und Plätze noch nie im Leben gesehen. Ich glaube, so ungefähr erging es mir auch. Außerdem war ich – wie angeblich jeder Bräutigam – mit den Gedanken bei dem Ring, den ich zusammen mit einigen anderen Dingen in meiner rechten Hosentasche hatte. Kein idealer Aufbewahrungsort, aber mir war kein besserer eingefallen. Ich trug einen dunklen Anzug, den man mir bei meiner Entlassung aus dem Militärdienst vor neun Jahren zugeteilt hatte. Er hatte keine Weste (in jenen Tagen ein notwendiger Bestandteil der Herrenbekleidung), oder vielleicht hatte ich sie auch nur verlegt. Ich hatte mir damals aus den mir angebotenen, zumeist helleren Anzügen den dunklen ausgesucht, und das hatte sich als recht gute Wahl herausgestellt, denn ich hatte ihn – außer bei besonderen Anlässen wie Hochzeiten, Taufen und Beerdigungen – kaum je getragen.

Den Ring hatte ich am Vortag bei einem Pfandleiher gekauft. Ein solides Stück, schlicht und altmodisch, das vielleicht von einem Witwer in ärmlichen Umständen verkauft worden war. Der Ring war meine Idee gewesen. Iris hatte nie davon gesprochen. Sie trug keine Ringe, und ich war nie auf den Gedanken gekommen, ihr einen zu schenken, da wir uns nicht verlobt hatten. Ich hatte keine Ahnung, ob ihr dieser passen würde, und das beschäftigte mich. Zum Glück paßte er dann ausgezeichnet und tut dies heute noch, obwohl er durch das lange Tragen hauchdünn geworden ist.

Nach dem Akt (eine Zeremonie konnte man es kaum nennen), der ungefähr drei Minuten dauerte, sagte die Frau meines älteren Kollegen (die beiden waren ein sehr nettes Paar) in ihrer leicht hektischen Art: «Ich muß gehen und mich um Mrs. Bayley kümmern.» Sie meinte damit meine Mutter, aber ihr Mann sagte mit einem «grimmigen Lachen», wie Iris es später nannte: «Außer dir heißen hier alle Mrs. Bayley.» Das stimmte. Meine Mutter und meine Schwägerin, ebenfalls eine Mrs. Bayley, waren die einzigen sonst anwesenden Damen. Iris meinte, dies sei der gräßlichste Augenblick dieser für sie äußerst grausigen Veranstaltung gewesen: Sie sei plötzlich nur noch eine von vielen Mrs. Bayleys. Ihre eigene Mutter hatte es übrigens fertiggebracht, den Zug von Paddington nach Oxford zu verpassen. Nachdem die Sache vorbei war, gingen wir rechtzeitig zur Ankunft des nächsten Zuges zum Bahnhof, fanden sie und verfügten uns in den nahegelegenen Pub, um etwas zu trinken, was unsere Stimmung nicht wenig hob.

Das war kein sehr guter Anfang, aber es war ohnehin kein richtiger. Es kam uns eher wie eine Antiklimax vor. Die Welt, die wir kannten, endete nicht mit einem Knall, sondern mit einem Wimmern. Gleichzeitig war dieses Gefühl einer Détente hochwillkommen. Alle Spannungen, Fragen und Ungewißheiten, all das, was seit Monaten und Jahren das Drama unseres Lebens ausgemacht zu haben schien, war nun vorüber. Das war eine Quelle echter Zufriedenheit für uns beide. Wenigstens wußte ich es mit Sicherheit von mir, und als Iris auf dem Bahnhof meine Hand drückte und sagte, was für ein schönes und beruhigendes und auch wieder fremdes Gefühl es sei, von nun an zusammenzusein, wußte ich, daß alles gut war. Das Gefühl der Sicherheit – darum ging es wahrscheinlich.

In anderer Hinsicht schien es bereits vorhanden zu sein, schien die bloße Tatsache des Verheiratetseins es mit sich zu bringen. Der Romancier Anthony Powell bemerkt in seinen Memoiren, daß die Ehe keiner anderen vergleichbaren menschlichen Erfahrung auch nur im mindesten ähnelt. Man kann jahrelang mit jemandem zusammenleben und sich nicht im geringsten verheiratet fühlen. Oder man unternimmt schließlich den Schritt und heiratet, wie Iris und ich es getan hatten, und spürt augenblicklich, daß man sich in einer völlig anderen Welt der Empfindungen und des Verhaltens befindet. Wie Powell ausführt, muß man, um zu wissen, wie es ist, die Sache selbst erlebt haben. «Eine Alternative gibt es nicht.»

Das Zusammentreffen mit Iris' Mutter war ebenfalls beruhigend. Sie war eine ganz außergewöhnlich nette Frau, die fast jünger als ihre Tochter aussah. Sie war bei Iris' Geburt erst neunzehn gewesen. Sie stammte aus Dublin, und ein junger Mann aus Belfast, der erst vor kurzem zum Militär gegangen war, hatte sich in sie verliebt. Das war 1917 gewesen. Iris war stolz darauf, daß ihr Vater, der auf einem Bauernhof aufgewachsen war, in einem Freiwilligen-Kavallerie-Regiment, *King Edward's Horse*, diente. Das rettete ihm wahrscheinlich das Leben, da die Kavallerie im Stellungskrieg selten zum Einsatz kam. Iris' Mutter, die, obwohl nicht ausgebildet, eine vielversprechende Sopranistin war, gab den Gesang auf, als sie heiratete. Iris hat ihre Stimme bis zu einem gewissen Grad geerbt und immer bedauert, daß ihre Mutter nie eine ernsthafte musikalische Karriere in Angriff genommen hatte.

Statt dessen hatte sie Iris bekommen. Es war eine schwere Geburt gewesen, nach der sie bei sich beschlossen hatte, keine Kinder mehr zu kriegen. Iris erzählte mir später, daß sie das instinktiv gewußt hatte, obwohl ihre Mutter nie darauf zu sprechen gekommen war. Ich meinte damals, daß bei mehreren Kindern, unter denen vielleicht ein Sohn gewesen wäre, ihr eigenes Leben wohl eine ganz andere Wendung genommen hätte. So jedoch lebte sie auf schönste Weise gleichberechtigt allein mit ihrer Mutter und ihrem Vater, der sie anbetete. Angesichts der politischen Zustände in Irland war die kleine Familie dann nach England gezogen, wo Iris' Vater eine bescheidene Anstellung im öffentlichen Dienst erhielt. Iris verbrachte ihre Kindheit in einer kleinen Doppelhaushälfte in Chiswick. Zunächst besuchte sie eine Fröbel-Schule im gleichen Stadtteil, dann kam sie nach Badminton, einer vorzüglichen Internatsschule für Mädchen in der Nähe von Bristol. Die Opfer, die ihr Vater für ihre

Erziehung brachte, was die Aufnahme von Darlehen einschloß, widersprachen allem, wofür ein bescheidenes und gottesfürchtiges Elternhaus in Belfast gestanden hatte. Allerdings waren Iris' Eltern inzwischen nicht mehr an Religion interessiert und gehörten auch keiner Kirche mehr an. Iris' Kindheit war auf glückliche Weise gottlos.

Ihr Interesse am Spirituellen erwachte in ihrer Oxforder Zeit und wurde von Platon und ihren philosophischen Studien genährt. Es gehörte zur verborgenen Welt ihrer Imagination und trat nach außen nie in Erscheinung. Die Art, wie sie sich als junge Frau verliebte, und die Männer, in die sie sich verliebte, all das hatte in gewisser Weise etwas mit der Suche nach Weisheit, Autorität, Glauben zu tun, eine Suche, auf die sich viele Menschen zu irgendeinem Zeitpunkt ihres Lebens glauben begeben zu müssen, egal ob jung oder alt. Ich habe allerdings den Verdacht, daß Iris immer etwas Widerstandsfähiges und zugleich Fluchtbereites an sich hatte. Vielleicht war das die Umsicht ihrer nordirischen Vorfahren. Sich in Männer zu verlieben, die für sie Autorität, Weisheit und Wohlwollen verkörperten, oder vielleicht auch eine vieldeutige und rätselhafte dunkle Kraft, das war ein Abenteuer auf dem Weg der Seele und eine wichtige Erfahrung. Sie sehnte sich danach, sie brauchte es, aber sie war viel zu vernünftig, um sich zum Sklaven machen zu lassen. Wie die törichte junge Dora Greenfield in *Die Wasser der Sünde* (*The Bell*), konnte sie sich, wenn sie wollte, immer schnell aus dem Staub machen. Letztendlich hielt der Common sense ihre Gefühlsregungen im Zaum.

Ihre sonnige Jugend, die glückliche Schulzeit und das gute Verhältnis zu ihren Eltern haben vielleicht auch eine Rolle dabei gespielt, daß sie später ein solches Bedürfnis nach ganz gegensätzlichen Erfahrungen entwickelte. Wenn sie jedoch mit ihren Eltern zusammen war, schien sie – wie auch bei mir – wieder zu der fröhlichen und unternehmungslustigen Unschuld zurückzukehren, die in ihrer Jugend offenbar typisch für sie gewesen war. Im Zusammensein mit ihrer Mutter benahm sie sich absolut natürlich, so als wären sie Schwestern – Iris allerdings die ältere. Ihr Vater, seit kurzem erst pensioniert, war bereits sehr krank und starb im darauffolgenden Jahr an Krebs. (Er hatte immer seine sechzig Zigaretten am Tag geraucht, aber das hatte ihre Mutter auch getan.) Iris hatte den Vater innig geliebt, trauerte sehr um ihn und vermißte ihn ungemein, während sie gleichzeitig instinktiv die Rolle übernahm, die er im Leben ihrer Mutter gespielt hatte. Ich wünschte, es wäre genug Zeit geblieben, um ihn besser kennenzulernen.

Als wir drei an jenem Tag vom Bahnhof zurückkamen und meine Mutter zu uns trat, um mit Mrs. Murdoch bekannt gemacht zu werden, war sie einen Augenblick lang unsicher. Welche von den beiden Frauen hatte ihr Sohn gerade geheiratet? Diese kurze Verwirrung war verzeihlich, und ich versuchte, sie ins Scherzhafte zu ziehen, was vielleicht nicht allzu klug war. Wie mein Scherz aufgenommen wurde, weiß ich allerdings nicht, denn jetzt folgten die Festlichkeiten, so klein der Kreis der Teilnehmenden auch war. Die Feier fand in einem kleinen Gesellschaftszimmer in meinem College statt, und der Kellermeister des College, ein freundlicher Patriarch, hatte mir das Angebot gemacht, einige Flaschen eines Champagners aus dem hauseigenen Weinkeller zu servieren, der bereits seit einer ganzen Reihe von Jahren seinen Höhepunkt überschritten hatte. Ihm war daran gelegen, daß er aufgebraucht wurde. «Ich muß Sie darauf aufmerksam machen, daß man sich nicht hundertprozentig auf seine Qualität verlassen kann, Sir», warnte er mich, «aber ich kann ihn billig abgeben.»

Wie sich dann herausstellte, schmeckte der Champagner, Flasche für Flasche, ganz köstlich. Er war von tiefgoldener Farbe und moussierte zwar nicht mehr sehr, verhalf jedoch den wenigen Gästen zu dem genau richtigen Maß an Heiterkeit und war dem Hochzeitspaar eine große Hilfe. Ich kann mich noch an den romantischen Namen der Marke erinnern: Duc de Marne. Der Herzog schien uns seine wohlwollende Unterstützung auch weiterhin angedeihen zu lassen, so daß wir alle übrigen Prüfungen dieses Tages gleichfalls überstanden. Ihr Höhepunkt war das Debakel im Compleat Angler, dem vornehmen Hotel in Marlowe, wo wir die Nacht verbringen wollten. Der Name hatte glückverheißend geklungen, und als wir dort gewesen waren, um ein Zimmer zu bestellen, hatten wir draußen vor den Fenstern die Themse gesehen, die sich dort über ein Wehr stürzte. Ihr nächtliches Geräusch wäre ein wundervolles Epithalamium gewesen.

Als wir jedoch dort auftauchten, waren die Hotelangestellten höflich, aber verdutzt. Das Hotel sei voll. Ob wir ein Zimmer bestellt hätten. Ja, hätten wir – ich sei vor einer Woche persönlich dagewesen. (Das Telephon schien mir, zumindest damals, kein ausreichend vertrauenswürdiges Instrument zu sein, um eine so wichtige Reservierung vorzunehmen.) Die jungen Frauen in der Rezeption tauschten einen schnellen Blick. «Das muß gewesen sein, als Camilla Dienst hatte», murmelte eine von ihnen. Ich schloß daraus sofort – und voller Verzeiflung –, daß Camilla ein pflichtvergessenes, inzwischen zweifellos entlassenes Geschöpf war, das die Reservierung nicht eingetragen hatte. In jenen Tagen rühmten sich vornehme Hotels auf dem Lande ihrer attraktiven Debütantinnen, die sie als unausgebildete Teilzeitkräfte einstellten. Camilla war ganz bestimmt attraktiv gewesen, aber – wie es aussah – nicht verläßlich. Sich vielmals entschuldigend, brachte uns das Hotel im benachbarten Henley in einem soliden, altmodischen Haus am größten Platz des Ortes unter. Es hieß Catherine Wheel.

Unsere Mütter hatten sich bei der Hochzeitsfeier gut verstanden und taten das auch weiterhin auf der Basis äußerst seltener Treffen, bis sie beide alt waren und sich enger anfreundeten. Iris' Mutter schien es als selbstverständlich zu betrachten, daß wir keine Kinder würden haben wollen. Obwohl sie selbst allem Anschein nach auch keine hatte haben wollen, war Iris dann doch ihre Freude und ihr ganzer Stolz geworden. Wie sie als Außenstehende zu diesem uns betreffenden Schluß hatte kommen können, ist schwer zu sagen, aber Mrs. Murdoch schien von Anfang an davon ausgegangen zu sein, daß wir drei ein harmonisches, sich selbst genügendes Dreieck bilden würden, ähnlich dem, in dem sie mit ihrer Tochter und ihrem Mann gelebt hatte. Und sie hatte damit auch gar nicht so unrecht, obwohl sie selbst in dieser Beziehung – obzwar glücklich – kaum in Erscheinung trat. Sie blieb in London wohnen und ließ uns in Ruhe.

Auch wenn sich meine Mutter, was die Angelegenheiten ihres Sohnes und ihrer Schwiegertochter betraf, genauso unaufdringlich verhielt, hätte sie doch gerne Enkelkinder gehabt, das wußte ich. Sie hatte drei Söhne, und nur einer von ihnen hatte einen Erben vorzuweisen. Aber sie war zu vernünftig und zu taktvoll, um dieser Hoffnung Ausdruck zu geben. Nach einer gewissen anfänglichen Unsicherheit – sie hatte Iris vor der Hochzeit nur sehr flüchtig kennengelernt – schloß meine Mutter ihre immer berühmter werdende Schwiegertochter ins Herz und blieb ihr bis zu ihrem Tod vor nicht allzu langer Zeit (sie war da schon hoch in den Achtzigern) sehr zugetan. Zu dem Zeitpunkt war Iris' Mutter, selbst auch ein Opfer der Alzheimerschen Krankheit, bereits tot.

Keiner von uns beiden war auch nur entfernt auf den Gedanken gekommen, daß die Krankheit oder die Anlage dazu erblich sein könnte. Ja sie hatte – abgesehen von dem allgemeinen Terminus *Senile Demenz* – keinen bestimmten Namen, und die Spezialisten, die wir damals zu Rate zogen, hatten zwar die eine oder andere physiologische Erklärung parat und versuchten eine dementsprechende Behandlung, konnten aber nicht das geringste ausrichten. Und Mrs. Murdochs Hausarzt in London, ein abgebrühter praktischer Arzt, beließ es bei der Andeutung, daß Mrs. Murdoch dem Gin sehr zugetan sei, worüber sich Iris schrecklich aufregte, obwohl es doch offensichtlich war, daß ihre Mutter schon seit einiger Zeit ganz schön was schluckte. Und warum auch nicht? Sie war zwar nicht einsam, da wir eine alte Freundin von ihr, eine durch und durch vertrauenswürdige Person, bezahlten, damit sie bei ihr wohnte und sich um sie kümmerte, aber das Alter mit seinen Problemen hat ja wohl ein Recht auf jede Hilfe, die ihm zuteil werden kann. Zweifellos verschlimmert Alkohol in vielen Fällen die Symptome der Alzheimerschen Krankheit, aber wo wären diese Kranken ohne das Zeug? Iris trinkt heutzutage – wie immer schon – nur Wein, aber in geringen Mengen, was für sie eine Selbstverständlichkeit zu sein scheint. Es liegen zwar auch andere Flaschen der verschiedensten Art im Haus herum, aber die ignoriert sie.

Was Kinder anbetrifft, schien ihre Einstellung vor über vierzig Jahren genauso selbstverständlich zu sein. Wir berührten dieses Thema kaum, da wir, wie ich annehme, beide wußten, daß wir uns in dieser Frage einig waren. Iris' Einstellung zur Fortpflanzung und zum Sex war nicht ablehnend, sondern zeichnete sich durch eine unvoreingenommene und wohlwollende Gleichgültigkeit aus. Sie hatte andere Dinge zu tun. Wie viele Frauen denken genauso, meinen aber auch, daß dies unnatürlich sei, so als wäre die Mutterschaft eine Leistung, auf die sie nicht einfach so verzichten dürften. Die Lyrikerin Stevie Smith, mit der Iris persönlich bekannt war und die sie mochte, pflegte auf ihre ziemlich forciert mutwillige Art zu sagen: «Meine Gedichte sind meine Kinderchen.» Iris hätte niemals von ihren Romanen als von ihren Kindern gesprochen – sie hätte in dieser Richtung überhaupt nichts gesagt. Ihre Zurückhaltung war groß, war für sie selbstverständlich, wie sie groß war.

Mitte der fünfziger Jahre kam der D.H. Lawrence-Kult allmählich in Gang und erreichte im Jahr 1963 eine Art Höhepunkt. Es war das Jahr, in dem ein Prozeß im Old Bailey gegen Penguin Books verlorenging, wodurch die unbegrenzte Verbreitung der *Lady Chatterley* möglich wurde, das Jahr, in dem, wie es in einem boshaften Gedicht Philip Larkins heißt, «der Geschlechtsverkehr begann». In einer bestimmten Weise war das für England zutreffend, wo man über diese Dinge vorher nicht sonderlich viel geredet und sie auch nicht für ein geeignetes Gesprächsthema gehalten hatte. Und so war die Nachkriegsgeneration auch nicht in erster Linie an dem Schriftsteller Lawrence interessiert. Vielmehr galt er als eine Art Kultfigur wie die erst seit kurzem berühmten Beatles, als ein Symbol der Aufklärung und Modernität. Für Iris war er nur als Schriftsteller von Interesse. Ich weiß noch, wie sich eine ihrer Kolleginnen, ebenfalls Philosophie-Dozentin, bei ihr über Lawrences «unausgegorene Religiosität» in Bezug auf den Sex beklagte. Iris mochte ihr nicht recht beipflichten, sagte vielmehr, daß er ein wunderbarer Schriftsteller sei und es daher keine Rolle spiele, worüber er schreibe und wie. Allerdings wurde Sex in den sechziger und siebziger Jahren dann tatsächlich zu einer der neuen Religionen, welche schließlich, als die Ernüchterung einsetzte, von einer faustischen Einstellung der primitivsten Art abgelöst wurde – Sex als Leistungssport, in dem man in einem fort nach neuen Rekorden strebt, dem neuesten Stand der Technik entsprechend. All das ging an uns vorüber, an uns und unserer gemütlichen, ja quietistischen Art, an die Sache heranzugehen.

Es gab schon Augenblicke, wo ich mich gefragt habe, wie Iris wohl im Bett mit Liebhabern zurechtkam, die ehrgeiziger und anspruchsvoller waren als ich, und einmal bekam ich von einem Bekannten, der, wie ich wußte, für kurze Zeit ein erfolgreicher Verehrer gewesen war, einen unerwarteten Hinweis. Ich machte mir nicht besonders viel aus ihm. Er war ein auf seinem Gebiet bedeutender Mann, der, was seine jeweiligen Affären anging, zu übertriebener Mitteilsamkeit neigte und seine Freunde detailliert wissen ließ, wie quälend oder ekstatisch oder beides sie gerade waren. Bei dem besagten Gespräch machte er irgendeine Bemerkung in dem Sinne, wie wichtig es sei, die Frau zu einer Expertin in dem zu machen, was man selbst tun wolle, wobei er andeutete, daß sie, wenn sie nur verrückt genug nach einem sei, tun würde, was immer man verlange. «Nichts ist entmutigender als eine Partnerin, die nicht richtig mitspielen will», meinte er weise, und dann sah er mich plötzlich schuldbewußt an, so als hätte er sich verraten. Er dürfte kaum gewußt haben, daß mir seine Liebelei mit Iris bekannt war, aber jener kurze, zerknirschte Blick erweckte in mir den starken Verdacht, daß er an sie und ihre Unzulänglichkeiten im Bett dachte – Gedanken, die man, wie ihm plötzlich klar wurde, vor dem Ehemann besser nicht ausbreiten sollte.

Ganz gewißlich waren unsere Schlafzimmergewohnheiten (der tiefe, tiefe Frieden des Doppelbettes nach dem Tumult auf der Chaiselongue, wie Mrs. Pat Campbell bemerkte) stets friedvoll und ungetrübt von irgendwelchen Gedanken an «besser» oder «mehr». Die Dame in Iris' Roman *Maskenspiel* (*A Severed Head*), die sich darüber beklagt, daß es mit ihrer Ehe nicht vorangehe, würde wahrscheinlich von ihrem Sexualleben dasselbe gesagt haben. Wir beide erwarteten weder vom Sex noch von der Ehe, daß es mit ihnen voranging. Wir waren zufrieden, wenn sie so blieben, wie sie waren.

Obwohl Iris nie den Wunsch nach einem eigenen Familienleben verspürte, zeigte sie ein rührendes Verlangen danach, an allen Familienaktivitäten um sie herum teilzunehmen. Als Einzelkind freute sie sich sehr darauf, zwei Schwäger zu bekommen, obwohl ihr die beiden kein sonderliches Interesse entgegenbrachten. Sie trug das mit Fassung und wurde im Laufe der Zeit durch die wachsende Hochachtung, ja beinahe Ergebenheit meines Bruders Michael, seines Zeichens Junggeselle und – inzwischen pensionierter – Brigadegeneral, belohnt. Er hatte eine glänzende militärische Karriere hinter sich, beschäftigte sich aber seit seiner Pensionierung damit, in verfallenen und nicht mehr benutzten Kirchen, unter denen sich prachtvolle Bauten befanden (vor allem in East Anglia), Bildwerke zu restaurieren. Nichts schien ihm größere Freude zu bereiten, als uns herumzuführen und Iris zu zeigen, was er gemacht hatte, ihr die Feinheiten der Alabaster-Restaurierung – seine Spezialität – zu erläutern und sie stolz auf irgendeine Statue oder einen Engelskopf hinzuweisen, die oder den er im Laufe seiner Arbeit zutage gefördert hatte.

Die inzwischen restaurierte Kirche St. Mary the Virgin in Lydiard Tregoze in Wiltshire pflegte er besonders gern vorzuführen. Da er ein genügsamer Mensch war und mit seiner Pension sehr haushielt (seine Restaurierungsarbeit brachte ihm so gut wie nichts ein), übernachtete er auf seinem Feldbett in den Kirchen, in denen er gerade arbeitete, egal wie abgelegen oder verfallen sie waren. Ich fragte ihn einmal, ob das nicht manchmal ein bißchen gespenstisch sei. Er wies den Gedanken weit von sich, fügte aber nach kurzem Nachdenken hinzu, daß ihm einmal, als er nachts aufgewacht war, doch etwas unbehaglich zumute gewesen sei, und zwar in einer Privatkapelle von Harewood House in Yorkshire. Wir wollten wissen, ob sich irgend etwas gezeigt habe, was als Erklärung hätte dienen können. Nicht direkt, meinte er. Und doch habe er das quälende Gefühl gehabt, daß sich im Halbdunkel auf dem Fußboden etwas Flaches, Dunkles von beträchtlicher Größe langsam auf sein Bett zubewege. Ich erwähnte M. R. James' Gespenstergeschichte «The Treasure of Abbot Thomas», in der ein Wesen, das wie ein nasser Ledersack aussieht, auf Geheiß eines mittelalterlichen, satanischen Geistlichen einen unter dem Mittelschiff einer Kirche verborgenen

Schatz bewacht. Es war kein sehr taktvoller Hinweis, und mein Bruder meinte auch nur kurz angebunden, daß er die Geschichte nicht gelesen habe. Tatsächlich war, wie er gelegentlich bemerkte, so ziemlich das einzige Buch, das er seit seiner Schulzeit gelesen hatte, *A Month in the Country*. Damit meinte er nicht das gleichnamige Stück von Turgenjew, sondern einen kurzen Roman von J. R. Carr über einen jungen Mann, der, wie er selbst, mit Restaurationsarbeiten in Kirchen befaßt ist. Was dieses Buch anbetraf, war mein Bruder bereit, enthusiastisch zu sein.

Ich glaube nicht, daß er jemals einen von Iris' Romanen gelesen hat, aber auf seine Weise hatte er große Achtung vor ihrer Leistung. Vielleicht weil er in ihr gewissermaßen einen Kameraden sah, jemanden, der mit Leib und Seele bei der Sache und bereit war, wie es ein guter Befehlshaber sein sollte, an nichts anderes zu denken als an seine Aufgabe – den Sieg in der Schlacht. Ganz gewiß herrschte zwischen ihnen eine wortlose Übereinstimmung, ungeachtet seiner extremen Zurückhaltung, die sich vielleicht in geheimem Einklang mit der ihren befand. Zweifellos standen sie sich nahe, auch wenn sie sich nur selten – bei Familienweihnachten und dergleichen – sahen. Seit nun Iris an Alzheimer leidet, hat er, was ganz untypisch für ihn ist, den Wunsch geäußert, uns in nicht allzu großen Abständen besuchen zu dürfen. Er kommt dann mit dem Auto von London und ißt mit uns zu Mittag. Obwohl sich Iris vorher nicht an ihn erinnern und auch nicht begreifen kann, wer da kommt, haben diese Besuche jedesmal eine aufmunternde Wirkung.

Ich selbst habe etwas gemischte Gefühle, denn ich muß irgendeine Art Mittagessen auf den Tisch bringen – statt unseres üblichen improvisierten kleinen Picknicks. Zu Hause oder wenn er irgendwo arbeitet, lebt mein Bruder von Sardinen und Tomaten, was eine gesunde Art ist, sich zu ernähren, obwohl ihn dieser Aspekt nicht interessiert. Aber von seinem jüngeren Bruder erwartet er unbewußt, daß er sich seinetwegen Mühe gibt. Es ist etwas an dieser Bekundung brüderlicher Gefühle (im wesentlichen Güte und unausgesprochene Fürsorge), was ich genieße, auch wenn es – unter praktischen Gesichtspunkten – ein wenig lästig ist, damit zurechtzukommen. Da er nicht trinkt, wenn er fährt, und das auch sehr genau nimmt, bringt er seine eigene Flasche alkoholfreies Bier mit, das irgendeinen militärischen Namen wie *Caliber* hat.

Früher habe ich Iris manchmal damit aufgezogen, daß ich ihr eine milde Form von «Lawrence of Arabia»-Komplex unterstellte. Sie lächelte dann, stritt die Tatsache jedoch nicht ab. Ich bin immer der Meinung gewesen, daß T.E. Lawrence völlig unecht ist. *Die sieben Säulen der Weisheit*, einstmals ein Kultbuch für Homosexuelle der Oberschicht und für Akademiker, die sich nach Taten sehnen, kam mir auf geradezu unerträgliche Weise schwülstig vor. Daran halte ich auch heute noch fest, aber Iris ist ihrer Liebe zu dem Buch und seinem Autor immer auf stille Weise treu geblieben. Sie hatte es in der Schule gelesen, «bald nach meiner Raffael Sabatini-Phase», wie sie mir einmal erzählte. (Sabatini, der Verfasser von *Captain Blood* und *The Black Swan*, war ein äußerst produktiver, bramarbasierender Unterhaltungsschriftsteller.) Diese Bereitschaft, *Die sieben Säulen der Weisheit* unkritisch zu betrachten, muß man zusammen sehen mit der Tatsache, daß das Buch einen viel tieferen und auf ernsthaftere Weise romantischen Einfluß auf viele ihrer Bücher gehabt hat, was immer wieder deutlich zu spüren ist. So anders ihre Charaktere und die Welt, in der sie sie leben läßt, auch sind, sie haben doch für den süchtigen Leser die gleiche starke Faszination, die einst von der Lawrencelegende und von seiner Persönlichkeit ausging. Auch mein Bruder tritt in einigen ihrer Romane schattenhaft auf, zum Beispiel in *An Unofficial Rose* als ein Charakter namens Felix. Ich bezweifle, daß ihn jemand in dieser Rolle erkennen würde, und er selbst würde es wohl auch nicht. Ich habe mit Iris auch nie über diesen Punkt gesprochen, denn der Gedanke, ihre Charaktere seien in irgendeiner Weise identifizierbar, war ihr verhaßt. Ganz besonders, wenn jemand aus ihrer Familie darauf kam. Sie hatte sie erfunden. Sie waren etwas vollständig Eigenes und gehörten zu ihrer eigenen Welt, was auf seine Weise sicher richtig war.

Als wir heirateten, hatte sie bereits drei erfolgreiche Romane geschrieben und den vierten begonnen. In einer unvergeßlichen Szene in ihrem dritten Roman *Die Sandburg* (*The Sandcastle*) erlebt ein Auto, ein grüner Riley, ein komplexes Unterwasserabenteuer. Ich konnte mit Stolz sagen, daß ich das Vorbild des Autos, das zum festen Inventar des Buches gehört, kannte, denn ich hatte es selbst nach eingehendem Studium der Anzeigen in der *Oxford Mail* für Iris gefunden. Dem war ein recht unglücklicher Vorfall vorausgegangen, an dem ebenfalls ein Auto – ihr Auto – beteiligt gewesen war. Das war ein blaßblauer Hillman Minx gewesen, und Iris hatte ihn von dem Honorar für den vorhergehenden Roman, *Flucht vor dem Zauberer*, gekauft. Während des schönen Sommers des Jahres 1955 hatte ich die Rolle des Fahrlehrers übernommen. Ich besaß einen alten Morris, den mir meine Eltern nach dem Kauf eines ansehnlicheren Wagens billig überlassen hatten. Iris lernte sehr schnell, sehr gut zu fahren. Es wäre anmaßend zu sagen, daß ich es ihr beigebracht hätte, aber immerhin saß ich neben ihr und machte Vorschläge. Mein altes Auto nannten wir nach seiner Zulassungsnummer EKL, was an das deutsche Wort «Ekel» erinnerte, aber wir liebten es trotzdem. Iris machte darin ihre Fahrprüfung und bestand sie auf Anhieb. Ich trieb mich im Hintergrund herum, als sie sich mit den Prüfern bekannt machte (früher waren selbst die Fahrprüfungen ungezwungener als heute), und sah mit Erleichterung, daß sie in auffälliger Weise den Rückspiegel justierte, ehe sie losfuhr, wie ich es ihr geraten hatte.

Nach all den weisen Lehren meinerseits war ich es dann, der den armen Minx im Dezember auf vereister Straße zu Schrott fuhr. Ich hatte mir das Auto von ihr geliehen, um zu einer Party außerhalb Oxfords zu fahren. Niemand hat eine schlechte Nachricht jemals besser aufgenommen als Iris. Sie liebte ihren Minx, und sein Leben war traurigerweise nur kurz gewesen. Aber im Rückblick glaube ich, daß dies der Augenblick war, wo unser gemeinsames Leben wirklich anfing, auch wenn von Heiraten immer noch keine Rede war und ich es schon lange aufgegeben hatte, darauf anzuspielen. Aber dies war – wenn auch in kleinem Maßstab – die Art von häuslichem Desaster, die eine Beziehung auf die Probe stellt und zeigt, ob sie gutgehen wird oder nicht. Iris war so erleichtert, daß ich die Sache heil überstanden hatte, daß ihr der Minx ziemlich egal war. Der Unfall hatte ihr gezeigt, wie wichtig ich ihr war – und zwar effektiver, als es irgendwelche Liebestaten meinerseits hätten tun können. Außerdem zahlte die Versicherung, und der grüne Riley war – wenn auch in mancher Hinsicht unpraktisch – ein viel schöneres und romantischeres Auto. Es war das 1947er Modell, also fast zehn Jahre alt, und die Wirkung seiner dunkelgrünen Karosserie, die vor nicht allzu langer Zeit auf ziemlich dilettantische Weise neu lackiert worden war, wurde durch elegante schwarze Kotflügel und den anmutig gewellten Kühlergrill mit dem Namen in blauer Emaille darauf noch gesteigert. Wankelmut gehörte nun wirklich nicht zu Iris' Eigenschaften, aber in ihrer Begeisterung über den Riley dachte sie bald nicht mehr an den Minx, wenn sie ihn auch nicht vergaß.

Aber das ist Vergangenheit, und auch diese Erinnerung hat sie verlassen. Doch wenn ich den Riley erwähne und ihn ihr beschreibe, dann huscht etwas wie ein vages Wiedererkennen über ihr Gesicht. Wenn ich sie dann an seine schlechten Angewohnheiten und seine schlechten Bremsen erinnere, lächelt sie sogar. Er wäre heute sehr wertvoll, wenn er noch existierte. Wir gewährten ihm über zwanzig Jahre lang einen ehrenvollen Ruhestand in unserer Garage, bis wir den Platz brauchten und den Wagen für ein paar Pfund verkauften.

Wie ich schon sagte, spielten auf unserer Hochzeitsreise Flüsse keine geringe Rolle. Unsere Idee war gewesen, eine geruhsame, kunstgeschichtlich orientierte Fahrt durch Frankreich und über die Alpen nach Norditalien zu unternehmen, auf der wir aber berühmte Orte wie Florenz und Venedig aussparen wollten. Die sollten dann ein anderes Mal drankommen. Statt dessen wollten wir uns Urbino, San Gimignano und Arezzo ansehen, Orte, die Iris sehr von einem Ehepaar empfohlen worden waren, das ich bei mir immer ihre «Kunst-Freunde» nannte – Brigid Brophy und ihr Mann Michael, der später Direktor des Britischen Museums werden sollte. Brigid hatte Iris Vorhaltungen gemacht, weil sie sich für etwas so Banales hergegeben hatte wie heiraten, aber ihr Sarkasmus verlor etwas durch die Tatsache, daß sie – wenn auch widerwillig – das gleiche getan hatte. Sie wollte auf die Erfahrung des Kinderkriegens nicht verzichten, und alleinstehende Mütter waren damals noch nicht von dem Glanz umgeben, der ihnen später zukommen sollte.

Klugerweise fuhren wir nicht mit dem Riley, sondern mit einem kleinen Austin-Kastenwagen, den ich vor nicht allzu langer Zeit für eine bescheidene Summe neu gekauft hatte. Und da er als «Nutzfahrzeug» von der Erwerbssteuer ausgenommen war, kam er noch billiger. Elaine Griffiths, die mich seinerzeit zu dem Umtrunk in St. Anne's eingeladen hatte, wo ich dann Iris kennenlernte, hatte sich auch so einen zugelegt, und da sie eine gewitzte Frau war, hatte sie sich in einer Werkstatt die hinteren Seitenteile des Wagens entfernen und an deren Stelle Fenster einsetzen lassen. Das Fahrzeug wurde dadurch offiziell zu einer Limousine und unterlag als solche nicht mehr der Geschwindigkeitsbegrenzung von

50 km/h, die damals für alle Last- und Lieferwagen galt. Sie empfahl uns diese Methode, aber nach einiger Überlegung verwarfen wir den Gedanken. Wie sich dann herausstellte, war das unklug gewesen, denn ich wurde sehr bald von einem Polizisten angehalten, weil ich fast 65 km/h gefahren war, und mit einer Geldbuße belegt, was ich äußerst unsportlich von ihm fand.

Trotz dieses Rückschlags blieb ich bei meiner Meinung, daß es besser wäre, den Lieferwagen so zu lassen, wie er war, weil wir ihn dann auf unseren Reisen zur Not auch zum Schlafen benutzen konnten. Allerdings haben wir das dann nur ein einziges Mal gemacht, und zwar ein paar Jahre später, in Westirland. Wir hatten uns die berühmten schwarzen Granitkliffs von Moher angesehen, und ein riesenhafter Bauer, den wir folglich den «Riesen von Moher» tauften, hatte uns und den Wagen requiriert, damit wir ihm halfen, das Heu von einer Wiese einzubringen, die fast am Rande des Abgrunds lag. Er bot uns sogar an, den Wagen zu kaufen, und erkundigte sich interessiert, was er denn jetzt in England so kosten würde. Erschöpft konnten wir ihm schließlich entkommen und ein Angler-Hotel finden, wo wir zwar zu einem frühen Abendessen gegrillte Forelle bekamen, aber kein Zimmer für die Nacht. Also fuhren wir an einen ruhigen Strand, brieten uns in einer robusten eisernen Pfanne, die wir in Belfast auf dem Markt gekauft hatten, Speck und Eier für ein weiteres Abendessen und legten uns dann schlafen. Wir schliefen tief und fest und wurden in aller Frühe vom Gekreisch der Möwen geweckt, die die Boote der Muschelfänger umkreisten, als diese in die nächste Bucht tuckerten. Wir machten uns wieder auf den Weg zum Hotel und aßen Speck und Jakobsmuscheln zum Frühstück, das Gericht, das Königin Elisabeth I. morgens am liebsten aß, wie ich mich erinnerte. Sie pflegte es mit einem Krug Lagerbier hinunterzuspülen. Wir tranken statt dessen Irish Coffee.

Auf dieser Reise, auf der wir die Felsenküste der Grafschaft Clare sowie die seltsame Steinwüste des «Burren» erkundeten, kam Iris die Idee zu ihrem in Irland spielenden, fesselnden Roman *The Unicorn*, für den sie hier die ideale Landschaft fand. Für mich ist *The Unicorn* mit der phantastischen Geschichte der Frau, die in einer Art sexuellem Kloster in der Nähe der wilden Küste lebt, immer der irischste aller ihrer Romane gewesen, irischer noch als *The Red and The Green*, der Roman, der den Osteraufstand von 1916 zum Gegenstand hat.

Während dieser Irlandfahrt fand ich heraus, wie man bequem im kalten Wasser schwimmt. Das heißt, nicht eigentlich schwimmt, sondern in einer schmalen Bucht im Wasser hängt und die Flora und Fauna des Meeresbodens mit Maske und Schnorchel beobachtet. Die Unterwasserszenerie vor einer nördlichen Felsenküste ist viel märchenhafter als alles in den Tropen. Dunkelrote und amethystfarbene Seetangwedel wogen still über riesigen Steinen, die die Winterstürme glattpoliert haben. Grüne, tellergroße Krabben humpeln, seitwärts laufend, davon. Fische sind selten, aber eine Scholle, die an ein gesprenkeltes Rebhuhn erinnerte, lag halbversteckt im weißen Sand und sah schräg zu mir herauf. Hingerissen, wie ich war, spürte ich die Kälte nicht, aber als ich aus dem Wasser kam, zitterte ich unkontrollierbar. Iris rubbelte mich, mißbilligende mütterliche Töne ausstoßend, ab, bis so etwas wie Gefühl in meine Glieder zurückkehrte, aber als ich ihr dann Schnorchel und Maske übergab, ging es ihr wie mir. Auch sie spürte vor Entzücken nicht, wie kalt es war, und blieb, so wollte mir scheinen, stundenlang im Wasser. Währenddessen zündete ich mit zitternden Händen ein Feuer aus Treibholz an und nahm immer mal wieder einen Schluck aus unserer Whiskyflasche. Später versuchte ich dann, vollständig angezogen und mit einem Regenmantel ins Wasser zu gehen, und das funktionierte gut, obwohl es hinterher alles andere als leicht war, die nassen

Sachen, die wie ein eisiges Nessusgewand an mir klebten, auszuziehen.

Nachdem ich es mir erst einmal angewöhnt hatte, behielt ich beim Schwimmen für gewöhnlich ein Unterhemd an, selbst in warmem Wasser. Einmal wollte ich mir im Hafen von Pisa bei Nieselregen die bunten Fische ansehen, die sich in großer Anzahl entlang des Wellenbrechers eingefunden hatten. Iris, die nicht hatte mitkommen wollen, stand unter einem Regenschirm auf dem Damm, wo sich auch ein paar Angler befanden. Sie erzählte mir später, daß einer der Angler mit allen Zeichen der Überraschung hinunter ins Wasser gestarrt habe. Der Grund wurde offensichtlich, als ich, mit einem uralten Unterhemd bekleidet, unter meinem Schnorchel auftauchte. «Ich hab gesehen, wie die Angler versucht haben, das Etikett in deinem Nacken zu lesen», gluckste Iris. «Ehrlich!» Diese Episode amüsierte sie sehr, besonders der Moment – sie machte es später manchmal vor –, wo die Italiener ungläubig den Kopf zur Seite reckten, um die Erscheinung da unten im Wasser nicht aus den Augen zu verlieren.

Vor einem halben Jahrhundert waren die Straßen Frankreichs noch leer. Es waren lange, gerade, von Pappeln gesäumte Alleen, noch immer voller *déformations* auf Grund kriegsbedingter Vernachlässigung. Trotzdem war es wunderbar entspannend, auf ihnen dahinzubrummen – eine Träumerei *à deux*. Städte waren einfach. Ein hilfreiches Verkehrsschild versprach TOUTES DIRECTIONS, ein gelangweilter Verkehrspolizist ließ unnötigerweise seine Pfeife ertönen, kleine Restaurants zeigten ihre *repas* auf einer Tafel auf der Straße an. Frankreich war nicht für die Touristen da und auch nicht für seine eigenen Bewohner (wo waren sie? wo waren sie nur?), sondern für Hochzeitsreisende wie uns, die nicht viel Geld hatten. Zusammen lauschten wir den Pappeln – jede, an der wir vorbeifuhren, sagte: «Sch», und das so zuverlässig, wie sich die Telegraphendrähte jener Tage hoben und senkten, wenn man im Zug neben ihnen herfuhr. Dann hielten wir bei einem der kleinen Restaurants, die nur zu einem Viertel besetzt waren, und aßen Hors d'oeuvre und Entrecôte aux endives. Dazu gab es unbegrenzt Rotwein, der niemals entkorkt oder flaschenweise gekauft werden mußte. Enge, kleine Hotels (de la Poste oder du Gare) hatten gescheuerte Fußböden und rochen nach Knoblauch und Gauloises. Die Einheimischen waren schweigsam, ihre Sprechweise förmlich und distanziert. Aber ich bemerkte, daß selbst die am strengsten dreinblickende Person (und für mich sahen alle ihre Gesichter streng aus, wie die von Mönchen und Nonnen) auf Iris' Lächeln reagierte.

Sie kannte Frankreich natürlich schon – ein anderes Frankreich, das (in meinen Augen) nur von Schriftstellern und Intellektuellen bewohnt war, die in Cafés saßen und tranken und zwischendurch Bücher schrieben. Es war noch nicht so lange her, daß Iris im Banne von Sartres Roman *Der Ekel* und Raymond Queneaus *Mein Freund Pierrot* gestanden hatte. Sie hatte Queneau gegen Ende des Krieges in Brüsseler Cafés getroffen und durch ihn von Samuel Becketts Vorkriegsroman *Murphy* gehört. *Der Ekel* hatte sie unter philosophischen Gesichtspunkten interessiert, und *Murphy* hatte ihrem eigenen Erstlingsroman, *Unter dem Netz*, eine fiktive Bohème vermacht. Gleichzeitig mit ihrem Existentialismus und vielleicht als Reaktion darauf, hatte Iris zu jener Zeit etwas weniger Engagiertes, eher ein bißchen Verantwortungsloses, etwas, das mich an den jungen Menschen in Boswells *Johnson* erinnerte, der Philosophie studieren wollte, dem aber die Fröhlichkeit immer dazwischenkam.

Für unsere eigene Fröhlichkeit gab Frankreich den perfekten Hintergrund ab – das ruhige, leere, gleichgültige Frankreich, das uns so köstlich und so billig verpflegte und uns seine endlosen Straßen zur Verfügung stellte, auf denen man Hunderte, wenn nicht Tausende von Kilometern scheinbar völlig mühelos zurücklegen konnte.

Der erste Fluß, in dem wir schwammen (nicht weit vom Ärmelkanal entfernt), war ein tiefer, ruhiger Nebenfluß der Somme. Vielleicht war es die Stelle, wo in dem Gedicht von Wilfred Owen während jener sinnlosen Offensiven des Ersten Weltkrieges die Lazarettschiffe lagen. Der nächste Fluß war schon viel weiter südlich in einer tiefen, wilden Schlucht, an deren Hängen Pinien und Kastanien wuchsen. Das Wasser war warm und das Flüßchen so einsam, daß wir ohne alles schwammen. Vielleicht hatte Iris, die sonst eher vorsichtig war, das Gefühl, daß wir hier in Frankreich unsere angelsächsischen Hemmungen vergessen konnten. In dieser abgelegenen Gegend war es nun, daß meine Füße an einer seichten Stelle mit etwas Glattem, Rundem in Berührung kamen. Es lag halb vergraben im Schlamm, aber ich holte es ohne Schwierigkeiten heraus und hielt einen Gegenstand in den Händen, der einer griechischen oder römischen Amphore ähnelte. Das Gefäß war erdfarben und an ein oder zwei Stellen gesprungen, aber eindeutig nicht antik, denn wir fanden den Namen des Herstellers auf seiner Unterseite. Ich wollte es gerade wieder auf seinen alten Platz auf dem Grund des Flusses zurücksinken lassen, als Iris, die sich wassertretend neben mir befand, heftig protestierte. Selbst damals schon wollte sie gern alles behalten, was sie fand. In französische Zeitungen gewickelt, ruhte das Gefäß also auf dem Grund unseres kleinen Lieferwagens und stand dann jahrelang in einer Ecke unseres Gartens zu Hause, bis der Frost seine Sprünge entdeckte, so daß es zerbrach.

Nachdem wir es am Ufer deponiert hatten, gingen wir noch einmal zum Schwimmen ins Wasser. Iris machte einen versonnenen Eindruck. «Stell dir vor, wir hätten eine große, alte Glocke gefunden», sagte sie, als wir uns abtrockneten. Ich entgegnete, daß das in so einer verlassenen Gegend, weit entfernt von jeder menschlichen Ansiedlung, äußerst unwahrscheinlich sei. Aber mit diesem Einwand wurde ihre Phantasie schnell fertig.

«Leute könnten sie aus einer Kirche gestohlen und im Fluß vergraben haben, bis zu einem späteren, günstigeren Zeitpunkt. Zu Hause wird doch auch dauernd Blei von Dorfkirchen gestohlen, oder? Doch die Diebe hier sind dann nie zurückgekommen.»

«Also noch kein lange zurückliegendes Ereignis? Nichts Legendäres oder Sagenhaftes?»

«Warte doch mal... Die Kirche war zur Zeit der Reformation entweiht worden, von diesen... wie heißen sie noch mal gleich in Frankreich?» Sie stand neben mir, ernst und voller Flußschlamm, den sie geistesabwesend mit dem Handtuch auf sich verteilte.

«Hugenotten?»

«Genau. Die Hugenotten hatten die Glocke heruntergeholt und wollten sie zerschlagen oder einschmelzen oder irgend so was, aber ein paar frommen Anhängern des alten Glaubens gelang es, sie zu stehlen und hierher in Sicherheit zu bringen.»

Obwohl Iris im Examen auch in Alter Geschichte geprüft worden war, hatte sie doch ihre besten Arbeiten in Philosophie geschrieben. Das hatte sie mir oft erzählt, und ihr Geschichtsverständnis hielt sich zweifellos in Grenzen. Aber wie ihre Romane beweisen, besaß ihre Phantasie eine ganz eigene Art von manchmal fast pedantischer Genauigkeit.

Die eindrucksvollste Episode in ihrem nächsten Roman *Die Wasser der Sünde* (*The Bell*) ist ganz sicher von diesem Fluß inspiriert worden. In einer alten Abtei – inzwischen das Zentrum einer modernen religiösen Gemeinschaft – wird eine große Glocke gefunden. Ihre symbolische Bedeutung bleibt unklar, nicht jedoch die scharfsinnige Darstellung der Charaktere, die dort ein religiöses Leben führen wollen.

Am nächsten Tag befanden wir uns in einer Bergregion auf dem Weg zur Grenze. Um am folgenden Tag, an dem wir die Alpen überqueren wollten, früh loszukommen, beschlossen wir, in einer kleinen Stadt zu übernachten, die einen Eisenbahnknotenpunkt besaß. Mitten in der Nacht wurde plötzlich unsere Schlafzimmertür weit aufgerissen, und eine Stimme erklärte dramatisch: «George! C'est l'heure.» Die nackte Birne über unserem Bett blendete uns, und der junge Eisenbahner, der gekommen war, um seinen Kollegen zu wecken, beeilte sich, nachdem er die Lage erfaßt hatte, sie wieder auszuknipsen, nicht ohne «Ah, Madame, mille pardons» zu murmeln.

Als wir am folgenden Tag die Haarnadelkurven nahmen, redete ich die ganze Zeit nur von Hannibal. Ich erinnerte mich an die Geschichte bei Livius. Als sich Hannibal auf dem Paß einer soliden Felsmauer gegenübersah (vielleicht das Resultat eines Erdrutsches), ließ er große Feuer anzünden und versuchte, das Hindernis aufzubrechen, indem er Essig auf den heißen Stein gießen ließ. «Aber wo soll er denn soviel Essig hergekriegt haben?» wollte Iris wissen. «Und überhaupt, würde es funktionieren? Hat es schon mal jemand versucht?» Diese Skepsis war typisch für sie und drückte sich in der Genauigkeit aus, mit der sie die ausgefalleneren Episoden in ihren Romanen plante und sie in Gedanken sorgfältig durchspielte, um sicherzugehen, daß sie in Ordnung waren. *Das Wasser der Sünde* bietet ein Beispiel dafür. Ich habe immer gefunden, daß die Entdeckung der großen Glocke etwas wunderbar Faktisches hat, das mich an *Alice im Wunderland* erinnert – eines von Iris' Lieblingsbüchern.

Wir erörterten also die Logistik von Hannibals Aktion und die Schwierigkeiten, die seinen Quartiermeistern die Beschaffung des Essigs bereitet haben mußte. Als wir höher kamen, gerieten wir in Nebel und hörten den Klang von Kuhglocken. Im Wagen hatten wir eine Flasche Burgunder, den wir im Hinblick auf diese Zeremonie gekauft hatten. Wir tranken sie auf der Paßhöhe und betteten dann die Flasche unter einem Stein neben der Straße zur letzten Ruhe. Ich bezeichnete sorgfältig die Stelle (oder glaubte es jedenfalls), denn wir hatten vor, die Flasche auf der Rückfahrt wieder hervorzuholen. Iris widerstrebte der Gedanke, die Flasche, die wir miteinander geleert hatten, einfach dazulassen. Auf dem Weg zurück wiederholten wir die Zeremonie mit einer Flasche Asti Spumante aus dessen Heimatort, aber die andere Flasche konnte ich, so sehr ich auch suchte (und ich war sicher, daß ich an der richtigen Stelle war), nicht wiederfinden. Daher legten wir die italienische Flasche an eine ähnliche Stelle, und Iris hoffte, daß die beiden einander Gesellschaft leisten würden.

Ihr war das Leben unbelebter Gegenstände schon immer wichtig gewesen. Ich habe sie früher mit Wordsworths Blume aufgezogen, die sich, so war der Dichter überzeugt, an der Luft erfreut, die sie atmet. Iris sagte dann ungeduldig und ein wenig geheimnisvoll: «Jetzt laß mal die Blumen. Es gibt anderes, das viel wichtiger ist.» Obwohl sie sich damals zusammennahm, empfand sie echte Trauer um die zurückgelassenen Flaschen, und daran muß ich heutzutage denken, wenn sie sich wie eine alte Stadtstreicherin bückt, um Fetzchen Bonbonpapier oder Zigarettenstummel vom Bürgersteig aufzuheben. Sie ist mit ihnen im Einklang und wird ihnen, wenn sie kann, ein Zuhause geben.

Intellektuellen, so habe ich bemerkt, mißfällt an ihren Romanen häufig dieser Hang zum Wunderlichen, ja Sentimentalen, wie sie es nennen. Sie mißverstehen oder wollen nicht sehen, mit welch unaufdringlichem Ernst sie diese Dinge behandelt und wie wichtig sie ihr sind. Ich nenne das bei mir ihre buddhistische Seite. Sie hatte vor dieser Religion immer eine große Hochachtung, wobei man ja eigentlich nicht von einer Religion sprechen kann, wie ihre aufgeklärten Anhänger einem sagen würden. Einer der Aufgeklärtesten ist unser Freund, Professor Peter Conradi, der an Iris' Biographie arbeitet und dessen Liebe zu ihren Büchern ganz sicher etwas mit seinem Buddhismus zu tun hat. Man «glaubt» ja nicht an den Buddhismus, ja nicht einmal an die Heiligkeit des Buddha. «Wenn du den Buddha auf der Straße triffst, töte ihn!» Peter zitiert manchmal dieses alte Sprichwort, und dies mit einem Lächeln, das weit davon entfernt ist, humorig zu sein. Zweifellos entspricht Iris' ganz persönliche Liebe zu den Dingen einigem von dem, was der Buddhismus lehrt.

Nachdem wir die Alpen sicher überquert hatten, aßen wir in Susa unsere ersten italienischen Spaghetti. Nach den grauen Bergen war es jetzt sonnig und heiß, obwohl wir noch ziemlich hoch waren. Als wir, angefüllt mit Spaghetti und Rotwein, weiterfahren wollten, trat ein beleibter Kaufmann, der in der Tür seines Ladens gestanden hatte, auf die Straße hinaus und hob die Hand. Ob wir vielleicht irgend etwas brauchten? Wein vielleicht? Er hätte da einen sehr guten – seinen eigenen. Und mit gesenkter Stimme setzte er hinzu, wir könnten ihn umsonst bekommen – für ein paar Benzingutscheine, *coupon*. Benzin war in Italien knapp und äußerst teuer. Der englische Autotourist, von seinem Reisebüro mit diesen Gutscheinen für unterwegs ausgestattet, war auf dem Kontinent ein gern gesehener Gast.

Wir hätten ihm mit Freuden geholfen, brauchten die Gutscheine jedoch selbst – wie viele, konnten wir noch nicht sagen. Der freundliche Lebensmittelhändler verstand unser Dilemma. Falls wir auf unserer Rückreise Scheine übrig hätten, würden wir ins Geschäft kommen. Ungefähr zwei Wochen später taten wir das dann auch. Enorme, einen Meter lange Salamis und riesige Flaschen Wein wurden uns aufgedrängt. Als wir auf dem Rückweg über den Paß wieder dort hielten, entdeckte Iris einen großen, glatten Stein – vielleicht hatte ihn Hannibals Experiment mit dem Essig herausgelöst? Sie wollte ihn so gerne mitnehmen, daß ich ihn auf das übrige Zeug, welches sich inzwischen in unserem Lieferwagen angesammelt hatte, hinaufwuchtete. Er mußte wohl auf einer der großen Weinflaschen gelandet sein. Jedenfalls tröpfelte auf unserem Weg nach Frankreich hinunter ungefähr eine Gallone Rotwein auf die Straße, ohne daß wir es merkten. Es blieb viel zurück. Ich besitze immer noch ein altes Unterhemd, das trotz gelegentlicher Wäsche zartrosa und toskanisch rot marmoriert ist.

Unser Appetit auf *spaghetti pomodoro* war unstillbar. Wir schienen auf dieser Hochzeitsreise nichts anderes zu essen und essen zu wollen. Und wir aßen sehr oft im Freien unter «dem blauen Dach südlichen Wetters», wie Shelley es nannte. Nach mehreren Karaffen kalten Weißweins oder auch Chiantis zum Mittagessen schliefen wir am Nachmittag dann tief und fest. Der Weißwein wurde in Karaffen serviert, die von Kondenswasser beperlt waren und auf einer Seite ein kleines Siegel aus Blei trugen, das den *mezzolitro* bestätigte. Wir überredeten die freundliche, mütterliche Kellnerin einer Trattoria, uns eine der Karaffen zu verkaufen.

Nach Flüssen suchten wir auch weiterhin, und an dem Nachmittag, an dem wir Susa Richtung Süden verlassen hatten, fanden wir wieder einen. Wie ich später auf der Karte entdeckte, war es der Tanaro, ein Nebenfluß des Ticino, wo Hannibals Numidier die römische Reiterei so überlegen geschlagen hatten. Im Gegensatz zu dem letzten Fluß, in dem wir geschwommen waren, floß dieser sehr idyllisch durch das offene, sonnenbeschienene Flachland. Wir erreichten ihn, nachdem wir anderthalb Kilometer einen sandigen Weg entlanggeholpert waren, der, wie mir mein Gefühl sagte, zu einem Fluß führen mußte. Kein Mensch weit und breit. Wir hatten die ganze Landschaft und den heißen Nachmittag für uns. Dachten wir jedenfalls. Wir wollten gerade aus dem Wasser gehen, als Iris einen Warnruf ausstieß. Menschen säumten das Ufer – italienische Bauern, ein uniformierter Polizist. Irgendein Kind mußte uns gesehen und die Erwachsenen herbeigerufen haben, damit sie sich anschauten, was diese merkwürdigen Fremden trieben. Sich angeregt unterhaltend, sahen sie uns freundlich lächelnd zu. Ihre weißen Zähne blitzten in den gebräunten Gesichtern, und selbst der Polizist lächelte unter seinem prächtigen, schwarzen Schnurrbart. Alles schön und gut, aber wir waren im Wasser, hatten nichts am Leib und mußten irgendwie an unsere Sachen kommen. Und das, ohne die Gefühle der Einheimischen zu verletzen.

Plötzlich schien der Polizist zu begreifen, wo das Problem lag. Wie war er darauf gekommen? Vielleicht hatte er es in unseren Gesichtern gelesen. Mit entschiedenen Armbewegungen trieb er die Bauern und die Kinder – Frauen waren nicht dabei – am Ufer entlang und zurück zum Weg. Als alle fort waren, blieb er, wo er war, nämlich neben unseren Sachen und dem verdreckten Handtuch, und sein Lächeln schien etwas Einladendes zu haben. Uns blieb nichts anderes übrig. Wir kamen so würdevoll, wie es nur möglich war, heraus, neigten dankend den Kopf und lächelten liebenswürdig, so als wären wir vollständig angezogen.

Einen oder zwei Tage später waren wir in Volterra, dem «stolzen Volterra» aus Macaulys *Lays of Ancient Rome*:

> *Where scowls the far-famed hold,*
> *Piled by the hands of giants*
> *For god-like kings of old.*
>
> Wo jene weitberühmte Festung dräut,
> Von Riesenhänden aufgetürmt
> Für göttergleiche Könige von einst.

Die Berge waren voller Marmorsteinbrüche, und in Läden wurde Alabaster feilgeboten. Auch diesmal saßen wir draußen auf der Piazza vor einem Café, dessen Kellner genau wie der junge Kafka auf den von ihm erhaltenen Fotografien aussah. Iris interessierte sich sehr für ihn. Im Unterschied zu den meisten italienischen Kellnern bewegte er sich unsicher, so als wüßte er nicht genau, was er da trug oder wo er es hinstellen sollte. Er schien uns zu mögen, aber sein Lächeln war besorgt, ein wenig gequält, als plane er eine Arbeit, von der er wußte, daß er sie nie zu Ende bringen würde. Um seinen Kopf summten dauernd Wespen, die er gar nicht erst zu verscheuchen versuchte, so als wären sie die sichtbare Verkörperung seiner Ängste. «Vielleicht tauchen wir beide ja mal in einer seiner Geschichten auf», meinte Iris.

Einmal, als ich bei dem armen Kafka und den ihn begleitenden Wespen einen Punt e Mes bestellte, jenen köstlichen, ein wenig bitteren italienischen Aperitif, der es uns beiden angetan hatte, ging mir durch den Sinn, wie ganz anders als uns selbst wir doch Kafka und seine persönlichen Probleme wahrnahmen, und dieser Unterschied erschien mir plötzlich sehr wichtig. Falls Kafka wirklich zutiefst bekümmert war und sich nicht bloß wegen der Fußballergebnisse Sorgen machte, dann konnten wir nichts, aber auch gar nichts dagegen tun. Es gab keine Möglichkeit, einen Kontakt zu ihm herzustellen. Seine Traurigkeit – falls er denn traurig war – gehörte einem unbekannten Leben an. Traurigkeit war etwas, womit wir zu Hause in England durchaus vertraut waren und die wir als selbstverständlich betrachteten, die jedoch hier etwas für uns völlig Unzugängliches war. Wie wir da so an dem Tisch in der Sonne saßen, schien uns die Traurigkeit der Dinge, schienen uns die Tränen über menschliches Unglück, von denen Aeneas spricht, überall zu umgeben, aber auf eine unzugängliche, beinahe surreale Weise – in der Form des jungen Kafka, der hin und her ging und Gläser mit Punt e Mes und winzige Tassen Espresso brachte.

Iris schien gleichfalls in Gedanken versunken zu sein. Ich nahm ihre Hand, und sie erwiderte meinen Druck. Woran mochte sie denken? Ich hatte keine Ahnung, genauso wie im Falle Kafkas, und ich wußte sehr wohl, daß ich es unmöglich herausfinden konnte. Aber dieses Wissen hatte für mich etwas zutiefst Beruhigendes – es machte mich in dem gleichen Maße glücklich, wie mich der hypothetische Kummer Kafkas unglücklich gemacht hatte. Diese Unwissenheit, diese Einsamkeit! Sie kamen mir plötzlich als das Beste an der Liebe und dem Verheiratetsein vor. Wir waren zusammen, weil uns die Einsamkeit, die jeder im anderen sah und erkannte, tröstete und beruhigte.

Das Hotel, das wir in einer Seitenstraße fanden, war alt und schäbig. Unser Zimmer hätte sich mit seinen Möbeln und seinen staubigen roten Vorhängen in einem halbverfallenen Palazzo befinden können. Man bekam dort nichts zu essen, und so kehrten wir morgens zur Piazza zurück, wo uns Kafka Kaffee und süße Brötchen brachte. Ich glaube, dort in Volterra fingen wir an, uns richtig verheiratet zu fühlen, als ob uns etwas in dieser alten, imposanten, düsteren kleinen Stadt an das Auf und Ab menschlichen Geschicks, an die Kürze der Zeit und die lange Beschwerlichkeit der Geschichte erinnert hätte. Außerdem wurde für mich in Volterra Iris' geheimes schöpferisches Leben zu einer Realität. Ich spürte, wie sie arbeitete, ohne im geringsten zu wissen, was und wie, und das vermittelte mir dasselbe Gefühl sicherer und doch ferner Nähe. Ich glaube, ihr wurde damals klar, wie sehr ich diesen Zustand zu genießen lernte und wie lebensnotwendig er eines Tages für mich sein würde.

Und uns beiden wurde auch klar (ein weniger ernsthafter Aspekt), daß wir uns mit den Menschen, denen wir gemeinsam begegneten, in Gedanken beschäftigten – ich mit den Mädchen und Frauen, sie mit den Männern. Es war dies eine andere Seite unserer Nähe, eine ungefährliche und beruhigende und in diesem Fall auch amüsante. Und wir zeigten unsere Belustigung damals auch gelegentlich, tun es sogar heute noch. Ich glaube, Iris war in Gedanken des öfteren bei Kafka – wie es wäre, ihn zu bemuttern, zu ermutigen und vielleicht eine Affäre mit ihm zu haben.

Ich weiß nicht, ob auch der Polizist am Flußufer in ihren Gedanken eine Rolle spielte, aber auch das erscheint mir durchaus möglich, denn auf seine Art war er eine einprägsame Erscheinung gewesen. Wir hatten ihn beim Verlassen des Wassers so gut es ging ignoriert. Iris hatte das Handtuch ergriffen und um sich gelegt. Aber unser Polizist hatte sich, wie ich bemerkte, abgewandt und blickte mit hinter dem Rücken verschränkten Händen in die Ferne. In ihm verband sich Beherztheit mit Zartgefühl. Als wir uns angezogen hatten, drehte er sich mit seinem freundlichen Lächeln zu uns um und erkundigte sich, ob es schön im Wasser gewesen sei. «Non troppo fresco?» Iris hatte ein- oder zweimal alleine in Rom Urlaub gemacht, und ihr Italienisch war um einiges besser als meins. Sie begann eine Unterhaltung mit ihm, und es stellte sich bald heraus, daß er gerne in die nächste Stadt mitgenommen werden wollte. Er hatte Verwandte auf dem Bauernhof in der Nähe des Flusses besucht. Dieser Hof fügte sich wie die meisten Häuser in solch einer italienischen Landschaft so gut in seine Umgebung ein, daß man ihn kaum sah. Ich war recht erleichtert, daß der Mann trotz seiner grauen Uniform und seiner militärisch aussehenden Mütze nicht im Dienst war und nicht vorhatte, uns wegen Erregung öffentlichen Ärgernisses zu belangen. Während er so redete, sah er auf einmal nicht mehr wie ein moderner Funktionsträger aus, sondern sein Gesicht zeigte die in sich gekehrte Würde vieler Gesichter auf Gemälden des Quattrocento.

Ob wir vorhätten, in Orbessano zu übernachten? Wenn ja, dann könne er uns ein Hotel empfehlen, das Freunden seiner Tante gehöre. Inzwischen holperten wir bereits zurück zur Straße. Iris mußte auf dem Schoß des Polizisten sitzen, denn in unserem Lieferwagen gab es nur die beiden Vordersitze, und das übrige war mit Sachen vollgestopft. Wir nahmen äußerst freundlich voneinander Abschied. Viel später, als wir bereits wieder auf dem Heimweg waren, mußte ich erneut an den Polizisten denken. Es war an einem sehr heißen Nachmittag in Padua, und wir versuchten vergeblich, eine Bleibe für die

Nacht zu finden. Auf den Straßen sah man eine Menge junger Wehrpflichtiger in Uniform, und Iris fragte einen von ihnen, ein gelehrtenhaft aussehendes, schmächtiges Bürschchen mit Brille, ob er ein Hotel für uns wisse. Er schien überrascht, bedeutete ihr aber höflich, ihm zu folgen. Ich zockelte mit den Koffern hinterher. Ein Offizier, der des Weges kam, schien den Soldaten ziemlich streng zu fragen, was er vorhabe. Iris berichtete später, daß der junge Soldat würdevoll geantwortet habe: «Ich bringe diese Dame zu einem Hotel, Herr Hauptmann.» Der Offizier lächelte, legte seine Förmlichkeit ab und sagte etwas, das wahrscheinlich die italienische Entsprechung des französischen «Vive le sport!» war.

Der Polizist am Flußufer ging in Iris' Phantasiewelt ein, das weiß ich. In einigen ihrer Romane führt er – oder jemand, der ihm sehr ähnlich ist – ein gespenstisches Dasein in Gestalt verschiedenster Typen und Charaktere. Diese Figuren sind immer von Wasser umgeben, als wäre es ihr natürliches Milieu. Die Geschichte ihrer Seelen scheint vom Meer oder von einem Fluß auszugehen und dorthin zurückzukehren. Iris hat sich nie etwas aus den Romanen George Eliots gemacht, aber ihre eigenen, ganz anderen Geschichten und Geschöpfe erinnern mich manchmal an den Ausspruch Maggie Tullivers in *Die Mühle am Fluss*: «Ich bin in die Feuchtigkeit verliebt.» Maggie wohnt am Fluß und ertrinkt schließlich darin, und das unter äußerst unglaubwürdigen Umständen, die viel konstruierter erscheinen als irgendein vergleichbares Szenario bei Iris.

Vor einigen Jahren sandte ein Schriftsteller namens Charles Sprawson Iris sein bemerkenswertes Buch *Haunts of the Black Masseur*. Der Autor war zu diesem seltsamen Titel von einer Geschichte inspiriert worden, die er in seiner Jugend gelesen hatte und die von einem Neger handelte, der die Tätigkeit eines Masseurs ausübte. Die Geschichte hatte sich in seinem Kopf mit einem Film vermischt, den er phantastisch fand, nämlich

The Creature from the Black Lagoon – wobei diese Lagune für ihn zum Symbol für das Faszinosum des Schwimmens geworden war. Für Iris war nur das Wasser faszinierend, aber das Buch gefiel uns beiden sehr gut, und ich besprach es unter ihrem Namen.

Schwarze Masseure und Lagunen – und nun im Gegensatz dazu die sonnendurchflutete Landschaft Italiens mit ihren grünen Flüssen voller Binsen und goldener Sandbänke, Flüsse, die sich an Hügeln vorbeiwanden, welche denen auf Bellinis oder Peruginos Bildern ähnelten. Die Küste war dagegen eine Enttäuschung, wie sie größer nicht hätte sein können. In den meisten Fällen waren der Strand und seine Umgebung mit Stacheldraht für die diversen Feriendörfer abgezäunt, und das Meer blieb unerreichbar. Als es uns in der Nähe von Pesaro doch einmal gelang, zum Meer vorzustoßen, kam, kaum daß wir im Wasser waren, eine riesige Raupe aus kleinen Kindern über den Strand gekrochen, begrub unsere Sachen unter sich und wogte weiter, als wir angestürzt kamen, um unser Hab und Gut zu retten. Verglichen mit Frankreich waren Italien und die italienische Küste entschieden zu voll.

Flüsse und Bilder – das war unsere Idealvorstellung von Ferien. Zu spektakulären oder pittoresken Touristenattraktionen haben wir uns nie besonders hingezogen gefühlt, aber Gemäldegalerien, das war etwas anderes. Wir besuchten Borgo San Sepolcro, in jenen Tagen ein kleiner Ort und gar nicht so leicht zu erreichen. Er liegt, wie ich mich erinnere, in der Toskana, nicht weit von der Grenze zu Umbrien. In einem öden Raum seines Rathauses stand man plötzlich der *Auferstehung Christi* gegenüber, dem Meisterwerk Piero della Francescas. Aldous Huxley nennt es schlicht «das bedeutendste Gemälde der Welt»! Was uns mit Ehrfurcht und Staunen erfüllte und was der normale Betrachter wohl immer als erstes bemerken dürfte, war Pieros Christusdarstellung, die sich von der auf allen anderen religiösen Gemälden unglaublich unterscheidet. Bei dem Bild handelt es sich um ein Fresko, das lange unter einer Schicht Tünche verborgen gewesen war, vielleicht sogar wegen seiner überraschenden, ja beinahe bestürzenden Einzigartigkeit. Als es schließlich wieder freigelegt wurde, befand es sich in einem ausgezeichneten Zustand und sah aus, als wäre es gerade erst gemalt worden.

Huxleys Essay mit dem Titel «The Greatest Painting in the World» ist bei weitem das beste, was jemals über das Bild geschrieben worden ist. Huxley weist darin mit Recht auf die Originalität von Pieros statuenhaften Figuren hin, die ein Ergebnis seines Interesses für Geometrie und lineare Mathematik waren. Mit diesem ungewöhnlichen Interesse haben sich die Kunsthistoriker immer wieder befaßt, und es ist durchaus denkbar, daß die plötzliche und ungemein große Beliebtheit Pieros in der Moderne auf diese seine leidenschaftslose Geometrie zurückzuführen ist. Denn für die Moderne bedeutet alles Romantisieren emotionale Zügellosigkeit und, wie es T. E. Hulme ausgedrückt hat, «übergelaufene Religiosität». In Pieros Gemälde läuft keine Religiosität über, und es wird auch keinen menschlichen Gefühlen gefrönt. Es ist offensichtlich, warum der Maler im 19. Jahrhundert wie auch schon in der Spätrenaissance geringgeschätzt wurde. Die Gestalt auf dem großen Fresko, die sich, ein muskulöses Bein auf den steinernen Rand gestellt, scheinbar mühelos aus dem Grab erhebt, ist kein Christus, wie ihn das mittelalterliche oder katholische Christentum sieht, und es ist auch nicht der liberale, humanitäre Christus, der mit dem zu Ende gehenden Zeitalter des Glaubens eine neue menschliche Rolle übernommen hat. Er sieht, wie Huxley schreibt, gebieterisch, ja sogar arrogant aus, und seine ausdruckslosen Augen sind auf ein Ziel gerichtet, das kein Glaube erkennen oder erstreben würde. Huxley nennt ihn die Verkörperung des klassischen Ideals, das großartige Bild des

Menschen als eines autarken Wesens, das sich selbst in seiner Kunst verewigt.

Wie dem auch sei, das Bild erfüllt nicht nur höchste Ansprüche, sondern ist auch ungemein aufregend. Es flößt Ehrfurcht ein. An jenem Tag aßen wir unsere Spaghetti mit dem Gefühl, etwas geleistet zu haben, denn wer kann schon ein großartiges Bild betrachten oder ein großartiges Buch lesen, ohne daß ihm dabei – durchaus in aller Bescheidenheit – zumute wird, als hätte er ein wenig daran mitgewirkt. Das Restaurant war fast leer – wir schienen die einzigen Touristen in dieser verschlafenen kleinen Stadt zu sein. Heutzutage sieht das völlig anders aus. Ganze Buskarawanen voller deutscher und japanischer Touristen rollen heran. Der Teil des Rathauses, in dem sich das Gemälde befindet, ist zu einer Gemäldegalerie aufgepeppt worden, das Bild selbst wird angestrahlt, herausgestellt, beschützt. Ich bin froh, daß wir es gesehen haben, bevor dies alles passiert ist. Das Bild war vermutlich noch schwerer zugänglich, als Huxley es sah, der Borgo San Sepolcro erst nach einer mühseligen Bahnfahrt erreichte. Inzwischen ist Piero zu einer wichtigen Touristenattraktion geworden.

Iris war von dem Bild fasziniert. Wir sprachen viel darüber, aber trotz aller Unterhaltungen wußte ich, daß sich seine eigentliche Wirkung auf sie der Sprache entzog. Sie lag sozusagen tiefer – wie der Teil des Eisberges, der sich unter Wasser befindet. Dieser Gott, dessen eigene physische Stärke und dunkle Seinskraft ihn aus dem Grab zu treiben scheint, sollte später viele ihrer Bilder und Schöpfungen inspirieren. Sie sagte einmal, als ich davon sprach, welche wichtige Rolle Bilder sichtbar oder unsichtbar in ihren Romanen spielten: « Du hast recht. Eigentlich sind es alles bloß Bilder.»

«Also, ‹bloß Bilder› würde ich nicht gerade sagen. Aber ich habe oft gedacht, daß das, was einige deiner Leser an deinen Romanen religiös und erhebend finden, eine von ihnen nicht wahrgenommene, unausgesprochene Gemeinschaft mit anderen Formen großer Kunst ist. Du bist der einzige Romancier, den ich kenne, der die ganze Welt der Kunst in seine Romane hereinnehmen kann, ohne daß es bemüht wirkt oder phantastisch.»

Iris lächelte. «Vielen Dank. Aber ich denke nicht gerne darüber nach, auf welche Weise zustande kommt, was ich tue. Du bist der Kritiker, nicht ich.»

Fast jedes Bild konnte sie auf diesen nicht nachvollziehbaren Wegen inspirieren. Wir waren einmal in Lille, der großen, pulsierenden Industriestadt im Norden Frankreichs, in puncto Kunst eine Art Pittsburgh oder Manchester, würde man meinen. Auf dem Programm stand das Übliche: eine gemeinsame Diskussion und dann eine Fragestunde. Der Anlaß war ein Festival, das dem Kulturleben der Universität und der Stadt Auftrieb geben sollte. Uns machten solche Ausflüge immer großen Spaß. Iris traf gerne mit neuen Menschen zusammen, und obwohl sie niemals eine richtige Vorlesung halten wollte, fand sie doch wegen ihrer freimütig unorthodoxen Art, an die Dinge heranzugehen, und der Wärme, mit der sie jedem begegnete, als Rednerin immer einen ungeheuer großen Anklang. Lille bildete darin keine Ausnahme, aber was uns zu jener Zeit wirklich überraschte, war eine ausgezeichnete Buchhandlung mit Namen «Le Furet» und eine genauso großartige und gut bestückte Gemäldegalerie. Wir hatten Schwierigkeiten, sie zu finden (es war ein langer Fußmarsch), aber es gab dort ein kleines Bild von einem der weniger bedeutenden holländischen Meister, das Iris' Aufmerksamkeit fesselte. Ich wanderte indessen zwischen riesigen Schinken aus dem 19. Jahrhundert – Bouguereau und Zeitgenossen – umher: üppige nackte Damen, die sich wie Ballons in einen Himmel ausdehnten, der voller Blüten von kränklicher Farbe war. Zweifellos waren sie bei den Bürgern von Lille einmal sehr beliebt gewesen. Iris hatte jedoch ein kleines Juwel gefunden (mir fällt der Name des Malers immer noch nicht ein), auf dem nicht mehr zu sehen war als ein schmaler, weißer Weg, der, von Ginsterbüschen gesäumt, bergauf führt und dann verschwindet. So wie der italienische Polizist und Pieros geheimnisvoller, finsterer Christus lebt auch dieses Bild unter den Landschaften und Charakteren vieler ihrer späteren Romane fort.

Es gab noch andere Bilder, zum Beispiel das von Balthus mit dem kartenspielenden Mädchen, deren großspuriger Partner ein oder zwei Karten hinter seinem Rücken versteckt hält, wozu sie verschmitzt-nachsichtig lächelt. Vielleicht ein etwas zurückgebliebener junger Mann aus dem Ort, zu dem sie auf ihre gelassene Art nett ist? Vielleicht ein jüngerer Bruder? Wir hatten es im Katalog des Museo Thyssen-Bornemiza in Madrid gesehen und die vielen Säle und Korridore danach abgesucht. Diese Emanation, wie der Dichter Blake gesagt haben würde, erscheint verwandelt in ihren nächsten Romanen, genauso wie die Beckmanns, die wir im St. Louis Art Museum sehen sollten.

Aber das Bild, das den tiefsten Eindruck auf Iris machte und gleichzeitig den sichtbarsten Einfluß auf ihr Werk ausübte, war der sehr späte Tizian *Die Schindung des Marsyas*, der sich in einem abgelegenen Kloster in Morava (vormals Mähren) befindet und vor einigen Jahren an die Royal Academy für eine Ausstellung in London ausgeliehen worden war. Iris ging unzählige Male hin, um es sich anzusehen, sagte aber nie etwas dazu. Über Bilder zu schweigen war ihre Art, ihnen ihre Ehrerbietung zu erweisen. Einmal, als wir zusammen in der Ausstellung waren, bemerkte ich (vielleicht ein wenig auch, um sie zu necken), daß der gepeinigte Faun das genaue Gegenteil von Pieros Christus sei und daß mich das furchtbare Lächeln – der Qual? der Ekstase? – auf seinem umgekehrten Gesicht an die erschreckende Emotionslosigkeit erinnere, die Christus an den Tag lege, als er, gleichgültig gegenüber dem, was weiter unten auf Pieros Gemälde geschehe, aus dem Grab steige. Sie sah mich an, dachte nach und lächelte vor sich hin, sagte aber nichts. Der Tizian wurde jedoch ihr «öffentlichstes» Bild, dessen Wirkung auf sie am offensichtlichsten war und von ihr bestätigt wurde. Es erscheint dunkel, aber unverkennbar, im Hintergrund des Porträts von ihr, das der Londoner Maler Tom Phillips angefertigt hat und das in der National Portrait Galery hängt.

Und so begann unsere Ehe. Und mit ihr begannen die Freuden der Einsamkeit. Darin lag kein Widerspruch – das eine vertrug sich vollkommen mit dem anderen. Zu fühlen, daß man gehalten und geliebt und begleitet wird, und doch alleine zu sein. Eng und physisch miteinander verflochten zu sein und doch die freundliche Gegenwart der Einsamkeit zu spüren, die so warm und tröstlich ist wie die Nähe selbst.

5

Ich habe Iris nie vermißt und glaube auch nicht, daß sie mich in diesem Sinne jemals vermißt hat. Die Trennung war, wenn es zu ihr kam, ihrerseits eine Art von Nähe. In jenen frühen Tagen, als das Fernsehen noch schwarz-weiß war und wir auch gar keinen Fernseher hatten oder haben wollten, gab es einen Reklamespot, den wir manchmal, wenn wir Iris' Mutter besuchten, dort auf dem flimmernden Bildschirm sahen. Er zeigte einen jungen Mann an einer Straßenecke in einem offensichtlich vornehmen Stadtteil. Es fällt ein typischer englischer Nieselregen, und der junge Mann klappt seine Hutkrempe hoch (Hüte waren zu der Zeit noch völlig normal) und steckt sich eine Zigarette an. Aus einem hellerleuchteten Haus kommen ein paar junge Leute und steigen in ein Auto. Der junge Mann mustert sie mit selbstzufriedener, ein wenig mitleidiger Belustigung und zieht an seiner Zigarette. Der Untertitel lautete: «Mit einer Strand sind Sie niemals allein.»

Und auch diese Reklame, über die wir oft gelacht hatten, fand neben den bedeutenden Gemälden Eingang in die im Entstehen begriffene Welt von Iris' Romanen. Und was für mich noch wichtiger war: Die Strand-Reklame symbolisierte die Befriedigung, die uns unsere ganz eigene Einsamkeit im Sich-Nahesein gewährte.

Die Strand war eine der erfolglosesten Zigarettenmarken aller Zeiten. Ich kann mich erinnern, daß mir ein junger Mann, ein früherer Student von mir, der in der Werbebranche arbeitete, später erzählte, daß sie in diesen Kreisen im gleichen Atemzug mit Craven A genannt wurde. Craven A, obwohl nach wie vor eine beliebte Marke, hatte sich mit einer Reklame einmal fast selbst ruiniert: «Craven A greift Ihren Hals nicht an.» Die Raucher hatten sich sofort an den Hals gefaßt und gedacht: Mein Gott, ich sollte lieber die Finger davon lassen. Der junge Mann in der Strand-Reklame wirkte auf die Raucher genauso – es war so offensichtlich, daß er sehr, sehr lange allein sein würde. Aber mir gewährte die Reklame die gleiche Befriedigung wie unser neuer Lebenstil.

Unser Leben damals unterschied sich sehr von unserem jetzigen. Es war so, als wäre man allein, und doch war man es nicht. Ich reiste nie in Gedanken mit Iris mit, wenn sie für kurze Zeit abwesend war, sei es in London oder wenn sie unterrichtete, oder einmal, als sie mit einem Forschungsstipendium ein halbes Semester in Yale verbrachte. Und ich glaube nicht, daß sie jemals das Bedürfnis oder den Wunsch verspürte, überstürzt zu mir zurückzukehren. Wir waren nicht zusammen, aber wir waren nie getrennt. Ich betrachtete auch nie ein Foto von ihr – Fotos schienen mit ihr, wie sie wirklich war, nichts zu tun zu haben.

Zum ersten Mal sind wir jetzt zusammen, sind tatsächlich das geworden, was man oft von glücklich verheirateten Paaren sagt: unzertrennlich. Es ist eine ungewohnte Lebensform. Die Nähe des Für-sich-Seins ist notwendigerweise zu einer Nähe der Nähe geworden. Und wir wissen nicht, wie das geht; wir haben darin keine Übung.

Nicht daß wir je das Gegenteil praktiziert hätten – die Lebensform, die in der akademischen Welt nicht unüblich ist und für die eine Freundin und Philosophie-Kollegin das Wort Telegamie geprägt hat. Telegamie, Fernehe, ist für manche Leute, die es vorziehen, ein selbständiger Teil eines Ganzen zu sein, durchaus praktikabel. Sie mag ihr jeweiliges Zusammensein um so befriedigender machen und außerdem einfach zweckmäßiger sein, wenn beide Teile an weit auseinanderliegenden Orten arbeiten. Aber es ist – wie Anthony Powell schrieb – nicht dasselbe wie verheiratet sein. Das Für-sich-Sein in der Ehe ist ein Zustand der Liebe und nicht eine Frage der Entfernung oder der Präferenz oder der Zweckmäßigkeit.

Eine Gans, die keine anderen Gänse finden kann, wird sich einem anderen Tier anschließen, ja sogar einem Stein oder einem Pfosten, und diesen Gefährten nie aus den Augen lassen. Diese entsetzliche Angst vor dem Alleinsein, die Angst, von dem vertrauten Objekt auch nur für ein paar Sekunden abgeschnitten zu sein, ist ein Charakteristikum der Alzheimerschen Krankheit. Wenn Iris heute in mich hineinkriechen oder, wie ein Känguruhjunges in den Beutel seiner Mutter, zu mir hineinschlüpfen könnte, würde sie es tun. Sie ist sich nicht dessen bewußt, was ich tue, sondern nur dessen, was ich bin. Sie verfügt noch über die Wörter und Gesten der Liebe, aber die wortlose Kommunikation, deren Voraussetzung die Fähigkeit ist, Wörter zu gebrauchen, findet nicht mehr statt. Ihre öffentliche Sprache hat sie sowieso verloren, und unsere private bringt uns nicht mehr weit.

Ich sitze am Küchentisch und versuche verzweifelt, ihn mir als mein eigenes Reich zu erhalten, was er früher immer gewesen ist. Iris scheint das zu verstehen und geht, wenn ich sie darum bitte, folgsam ins Wohnzimmer, wo der Fernseher läuft. Es dauert keine Minute, und sie ist wieder da.

Noch bevor wir heirateten, hatten wir ein Haus gefunden, in dem wir leben wollten. In der Umgebung Oxfords herumzufahren und sich Häuser anzusehen, war mehr ein Spiel als richtiger Ernst. (Vielleicht waren wir niemals richtig ernst in dem Sinne, in dem es die Romanfigur in Iris' *Maskenspiel/A Severed Head/* meint, die sich darüber beklagt, daß es mit ihrer Ehe nicht vorangehe.) Die Art, wie wir uns diese Häuser ansahen, hatte etwas Leichtfertiges. Da war eines in Bampton, das Iris faszinierte, weil es neben einem der Schlafzimmer ein Puderkabinett besaß. Es war ein altes Haus, und im 18. Jahrhundert dürfte dort ein Kammerdiener die Perücken seines Herrn oder seiner Herrin gepudert haben. Ein anderes hatte im Garten einen ansehnlichen Teich, der vielleicht groß genug war, um darin zu schwimmen. Ein drittes, ziemlich abgelegenes, besaß einen richtigen Swimmingpool, auch wenn er klein und offensichtlich ziemlich vernachlässigt war. Aber künstliche Schwimmgelegenheiten reizten uns wenig. Zu jener Zeit hatte man noch eine große Auswahl an Landhäusern, die, da sie zumeist alt waren, billig angeboten wurden. Bei dem einen oder anderen sagten wir zwar schon mal: «Das hier könnte dein Arbeitszimmer sein», oder «Vor dem Kamin hier in der Küche zu sitzen wäre bestimmt schön», aber wir hatten keine Ahnung von Heizungen, Kochvorrichtungen, Kanalisation oder Badezimmern (obwohl wir ein vollgekacheltes bewunderten, das ganz in Pfauenblau gehalten war).

Iris verliebte sich in ein Haus in Taynton, einem Dorf in der Nähe von Burford. Nicht weit entfernt floß der Windrush vorbei, und es war wirklich wunderschön. Das war es, dieses Haus mußte sie haben, auch wenn sie immer noch nicht ganz sicher war, ob sie überhaupt heiraten wollte. Sie konnte dort ja auch alleine wohnen. Ich sagte listig und scheinbar völlig sachlich, daß ich sie auch besuchen würde. «Aber was ist mit den Dachsen?» fragte sie lächelnd. Es war inzwischen ein feststehender Scherz. Wie konnte sie im Falle, daß sie bei ihr einbrachen, mit ihnen fertig werden, wenn ich nicht jeden Abend von der Arbeit nach Hause kam? «Aber du würdest ja auch in Oxford arbeiten. Die Dachse müßten schon selber zusehen, wo sie bleiben.» Wir lachten, und vom Haus abgesehen, wurde nichts entschieden.

Das war im Juni 1956. Iris war im Begriff, nach Irland zu fahren, um die Schriftstellerin Elizabeth Bowen zu besuchen, mit der sie sich in jüngster Zeit sehr angefreundet hatte. Ich hatte den Auftrag, ein Angebot für das Haus zu machen, eine Anzahlung in die Wege zu leiten und was dergleichen mehr ist. Das tat ich, und alles schien auf dem besten Wege zu sein. Dann jedoch rief mich der Makler an und sagte, der Besitzer habe seine Meinung geändert. Er wolle das Haus jetzt an den Interessenten verkaufen, dessen Angebot über den ursprünglich geforderten Preis hinausgehe. Um wieviel habe er nicht gesagt. Zweifellos hatte er gehört, daß es mehrere Interessenten gab. Ich wußte, wieviel Iris an dem Haus lag, wußte, daß sie sich lieber mit dem Haus verheiraten wollte als mit mir. Vielleicht war ich eifersüchtig. Ganz sicher aber hatte ich keine Ahnung vom Immobilienhandel und seinen Methoden und war wütend auf den Besitzer, der uns, wie ich fand, getäuscht hatte. Obwohl der Makler dessen Vorgehen für völlig normal zu halten schien. Ich sagte ihm, daß wir auf unserem Angebot bestünden. Am nächsten Tag teilte er mir mit, daß das Haus an einen anderen Kaufinteressenten gegangen sei.

Am darauffolgenden Tag kam Iris aus Irland zurück. Am Telefon war sie ungewöhnlich mitteilsam gewesen und hatte mir erzählt, wie wunderbar es in Bowen's Court sei, dem düsteren Haus in der Grafschaft Cork, wo sie und seine Besitzerin gesessen und bei Guinness und Brandy geplaudert hatten. Iris telefonierte nicht gern und benutzte das Telefon nur für die allerkürzesten praktischen Mitteilungen. Daher rührte und beunruhigte mich ihre Überschwenglichkeit. Mir graute davor, ihr sagen zu müssen, daß sie das Haus in Taynton nicht bekommen würde. Aber nachdem ich all meinen Mut zusammengenommen und es ihr mitgeteilt hatte, war sie genauso ruhig und verständnisvoll wie damals, als ich den Hillman Minx zu Schrott gefahren hatte. Sie nahm es auf hochherzige Weise philosophisch und meinte, ich solle ganz ruhig bleiben, es sei nun mal nicht zu ändern. Gelegentlich habe ich mich gefragt, ob diese beiden Unglücksfälle nicht mehr dazu beigetragen haben, sie zu der Ansicht zu bekehren, daß sie doch gerne heiraten würde, als es alle treue Unterstützung und Aufmerksamkeit meinerseits hätten tun können. Gemeinsam durchlittenes

Mißgeschick, das den normalen Mißgeschicken einer Ehe vorausgeht, kann zweifellos eine solche Wirkung ausüben.

Es mag noch etwas anderes mitgespielt haben. Eine ganze Zeit danach, als wir schon verheiratet waren und im Begriff standen, Elizabeth Bowen zu besuchen, die inzwischen in Oxford wohnte, erzählte mir Iris, daß Elizabeth, was das Gefühlsleben ihres jüngeren Gastes anging, auf ihre mokante irische Weise ziemlich neugierig gewesen war. Vielleicht war es das Guinness gewesen oder der Brandy, jedenfalls hatte sich Iris ganz gegen ihre sonstige Art ihrer Gastgeberin anvertraut. Allein in dem großen Haus (wenn man von dem Gärtner und dem jungen Mädchen, das kochte, einmal absieht), hatten die beiden mehrere Gespräche von Frau zu Frau. Elizabeth erzählte Iris von ihrer eigenen sehr glücklichen Ehe, die viele ihrer intellektuellen Freunde für unpassend, ja unverständlich gehalten hatten, da ihr Mann ein ehrenwerter, aber schrecklich langweiliger Mensch gewesen war. Sie und ihr Mann waren sich darin einig gewesen, daß sie keine Kinder haben wollten. Elizabeth hatte vor allem schreiben wollen, und ihr Mann hatte den Krieg an der Westfront mitgemacht und war aufrichtig davon überzeugt gewesen, daß man nicht das Recht habe, Kinder in diese furchtbare Welt zu setzen. Im Gegensatz zu Iris bereute Elizabeth diese Entscheidung später ein wenig, wie ihre letzten Romane auf ergreifende Weise erkennen lassen. Der Tod ihres Mannes muß ihre Einsamkeit und damit das Bedauern vergrößert haben, keine eigene Familie zu besitzen. Auch ihre Eltern waren schon kurz vor ihrem zwölften Lebensjahr gestorben.

Die Vorstellung, wie sich diese beiden Frauen, die normalerweise auf fast männliche Weise zurückhaltend waren, während jener stillen, feuchten Tage auf einem irischen Landsitz einander anvertrauen, hat für mich etwas Anrührendes. An den Vormittagen blieb jede für sich und arbeitete (beide schrieben an einem Roman), aber nach dem Mittagessen gingen sie spazieren oder unternahmen eine Fahrt mit dem Auto. Dann – nach dem Tee – wurde weitergearbeitet. Bei den beiden Hauptmahlzeiten floß reichlich Rotwein, aber für Elizabeth war der Höhepunkt des Tages, wie in ihrem Roman *Die kleinen Mädchen* belegt, die Stunde der Drinks ab sechs Uhr abends, die Happy Hour, wie sie sie ironisch nannte, denn sie liebte Amerika und die Amerikaner. Um diese Stunde nicht allein zu verbringen, verließ sie sich immer auf einen «lustigen Kumpan», wie sie es ausdrückte. Gerade waren zwei alte Freunde Elizabeths aus Doneraile abgereist, und wie es sich ergab, füllte Iris die Lücke aus, die zwischen deren Besuch und Elizabeths Weggang aus Irland entstanden war. Denn auch von diesem ihrem plötzlichen Entschluß, den Familienbesitz zu verkaufen und Irland zu verlassen, hatte sie Iris erzählt. Von da waren sie fast wie von selbst auf die Frage gekommen, wie man im Leben Entscheidungen trifft. Für Elizabeth würde der Fortzug aus Irland ohne einen Mann, der ihr mit Rat und Tat zur Seite stand, eine einzige Qual werden. «Ich konnte nicht einmal ein Paar Schuhe ohne Alan kaufen», meinte sie, und es sei für sie der furchtbarste Augenblick ihres Lebens gewesen, als sie in Bowen's Court nachts aufgewacht sei und ihren Mann tot neben sich gefunden habe.

Ich glaube, Iris war von der Hilflosigkeit, die diese starke, spöttische, zurückhaltende Frau ihr gegenüber offenbarte, sehr bewegt. Sie bewunderte ihre schriftstellerische Arbeit, obwohl sie nicht eigentlich vertraut mit ihr war, und schätzte ihre Freundschaft zu jenem Zeitpunkt ganz besonders. Zweifellos war sie ihrerseits ebenfalls ungewöhnlich offen gewesen, und sie erzählte mir später, daß ihr Elizabeth die Vorteile der Ehe eindringlich vor Augen geführt habe. Bevor sie abreiste, hatte Iris mich und den Plan, ein Haus auf dem Land zu kaufen, erwähnt. Elizabeth, die ich damals noch nicht kannte, hatte mich grüßen lassen und mir für das Haus viel Glück gewünscht.

Und jetzt mußte ich Iris sagen, daß aus der Sache mit dem Haus nichts geworden war. Ich erzählte ihr nicht, daß meine Vorsicht oder mein Mangel an Unternehmungsgeist und finanzieller Risikobereitschaft schuld daran waren. Denn, um ehrlich zu sein, ich hatte, wenn man die Möglichkeit eifersüchtiger Regungen einmal beiseite läßt, dieser ganzen Geschichte niemals so richtig getraut. Irgendwas stimmte mit dem Haus nicht. Iris war von seinem unbezweifelbaren Charme und der Schönheit des Dorfes und der Landschaft und vielleicht auch von seiner Lage in unmittelbarer Nähe des Flusses so bezaubert gewesen, daß sie auf nichts anderes geachtet hatte. Tatsächlich rief mich der Makler ein paar Wochen später wieder an, um mir zu sagen, daß aus dem Verkauf nichts geworden sei und daß ich das Haus zu den alten Bedingungen haben könne. Auch diese Information unterdrückte ich, denn zu meinem Glück hatte sich inzwischen ein anderes Haus gefunden, das Iris' Aufmerksamkeit völlig in Anspruch nahm.

Ich kannte Elizabeth zwar nicht persönlich, hatte aber jede Zeile von ihr gelesen und mit unglaublichem Vergnügen, fast leidenschaftlich in der Welt ihrer Romane und Geschichten gelebt. *Der Tod des Herzens* liebte ich am meisten. Später beging ich einmal den Fehler, ihr davon zu erzählen, und sie reagierte verstimmt. Sie selbst habe den Roman nie gemocht und freue sich auch nicht über seinen Erfolg. Sie zöge es vor, wenn ihre Fans ihr jeweils letztes Buch für das faszinierendste, reizvollste, unerwartetste hielten. All das traf zweifellos auf ihre späteren Romane *Die kleinen Mädchen* und *Eva Trout* zu, aber was mir besonders an ihnen gefiel, war, daß Elizabeth mit ihnen in die magische Landschaft zurückgekehrt war, die sie zu der ihren gemacht hatte, nämlich in das Land am Meer, Romney Marsh, und in das Städtchen Hythe. Sie hatte als kleines Mädchen dort gelebt, vor dem Tod ihrer

Mutter, und später – nachdem sie es mit Oxford versucht hatte – ein kleines Haus auf dem Hügel in Hythe gekauft. Bestimmt wußte sie sehr gut, daß es für gewöhnlich ein Fehler ist, dorthin zurückzukehren, wo man einmal glücklich gewesen ist – übrigens in ihrem Fall ein Ort, um den sie eine überaus farbige Komödienwelt erschaffen hatte. Aber vielleicht wußte sie es auch nicht. In mancher Hinsicht dachte sie sehr einfach und plante nicht viel. Sie sprach nie darüber, aber ich hatte bei unseren Besuchen das Gefühl, daß das Hythe-Experiment nicht so ganz gelungen war, obwohl es ihr dort nicht schwerfiel, «lustige Kumpane» zu finden und mit einer völlig unliterarischen und unintellektuellen Welt zurechtzukommen, welche große Ähnlichkeit mit jener hatte, in der die Menschen von *Die kleinen Mädchen* oder die Familie Heccomb in *Der Tod des Herzens* leben.

Es ging ihr ganz und gar nicht gut, als sie beschloß, nach Oxfordshire zurückzukehren und sich in Woodstock in ein paar Zimmern eines Nebengebäudes des Bear Hotel häuslich niederzulassen. Sie hatte Kehlkopfkrebs (sie rauchte sechzig Zigaretten am Tag, rauchte auch während des Essens und zog zwischen den einzelnen Bissen an ihrer Zigarette), erholte sich aber nach der Operation recht gut und kam uns oft besuchen. Ich hielt einmal ein Seminar über Jane Austen, und sie fragte mich, ob sie vorbeischauen könne, was mich in einige Sorge versetzte. Anfänglich fühlte ich mich von ihrer starken Persönlichkeit etwas erdrückt, aber sie hätte gar nicht netter oder auf stille Weise hilfreicher sein können. Meistens schwieg sie, aber hin und wieder warf sie eine kluge Frage ein oder machte eine ermutigende Bemerkung, wenn einer der jungen Studenten etwas vorbrachte. Zwar neigte sie von Natur aus nicht zum Theoretisieren, aber sie war sehr belesen und die geborene Kritikerin, scharf und dabei sehr komisch. Um diese Zeit hatte sie auch großen Erfolg als Gastprofessorin auf einem amerikanischen Campus, wo die Studenten ihrer königlichen Erscheinung mit Vergnügen und Ehrfurcht begegneten.

Sie konnte auch wirklich etwas Herrisches, ja beinahe Erschreckendes haben. Lord David Cecil, der ein sehr alter Freund von ihr war, erzählte mir, daß er sie einmal zu einem Abendessen mit nur wenigen, sorgfältig ausgewählten, geistesverwandten Gästen eingeladen hatte. Er war überzeugt davon, daß es ihr gefallen würde. Aber es wurde ein Reinfall. Elizabeth konnte nie völlig still sein, aber sie war den ganzen Abend über immerhin wortkarg und zurückhaltend. Hinterher sagte sie streng zu ihrem Gastgeber: «David, du solltest mich inzwischen gut genug kennen, um zu wissen, daß ich dich entweder allein oder zusammen mit vielen Menschen sehen möchte.» Darauf gab es keine Antwort. Sie konnte, was ihre engen Freunde anging, unglaublich eifersüchtig und besitzergreifend sein und deren Ehefrauen oder -männern mit Feindseligkeit begegnen. Und sie konnte einer Institution oder einer Person gegenüber glühend loyal sein, auch wenn sie das, wofür sie standen, ablehnte.

Ihre eigene Familie war protestantisch (*Ascendancy*, «Supremat», wie es früher in Irland genannt wurde) und pflegte den «Church of Ireland»-Gottesdienst zu besuchen, weil das zu ihrer Stellung gehörte und Teil ihres Lebensstils war. Aber ihrer Kollegin, der Schriftstellerin Honor Tracy, vergab sie nie, daß sie einen Finanzskandal, zu dem es innerhalb des örtlichen katholischen Klerus gekommen war, untersucht und dann in der *Sunday Times* in einem Artikel angeprangert hatte. Honor selbst war Katholikin, aber das spielte keine Rolle. Es ging Elizabeth nur um die Unanständigkeit, wie sie es nannte (und hier waren alle ihre atavistischen irischen und lokalpatriotischen Instinkte am Werk), die darin lag, seinen Nachbarn gegenüber unloyal zu sein. Indem Honor Tracy die Skandale als Journalistin aufzudecken bestrebt gewesen war, hatte sie sich des Verrats an einer geheiligten irischen Institution, der katholischen Kirche, schuldig gemacht.

Elizabeth wußte sehr gut, daß der in den Skandal verwickelte Geistliche ein Gauner war, wie sie sich privat ausdrückte, und ihr mißfiel auch sehr die Rolle, welche die katholische Kirche in der irischen Gesellschaft spielte, aber das hätte sie nie in der Öffentlichkeit gesagt, und sie hätte sich auch nie gegenüber einem Menschen aus der Gegend, in der sie wohnte und die sie liebte, illoyal verhalten.

Mit Honor Tracy war Iris ebenfalls sehr befreundet. Honor war eine furchtlose, unabhängige Frau mit leuchtend rotem Haar, extravagantem Habitus und von größter Freimütigkeit, was ihre Meinungen und Vorurteile anging. Sie entstammte einer älteren Familie als Elizabeth, den normannischen De Tracys, die dabei mitgeholfen hatten, England zu erobern, und dann – im 12. Jahrhundert – an der Eroberung Irlands beteiligt gewesen waren. Die Bowens waren erst sehr viel später auf dem Plan erschienen. Colonel Bowen war einer von Cromwells treuen Offizieren gewesen, der das Gut und die dazugehörenden Ländereien geschenkt bekam, auf denen er dann begann, Bowen's Court zu bauen. Die irische Geschichte nimmt also im familiären Hintergrund der beiden Damen einen nicht geringen Platz ein, und beide waren auf ihre Weise respekteinflößend. Dennoch kriegte Honor Tracy bei dem Gedanken an Elizabeth Bowens Mißfallen das große Zittern, wie sie Iris einmal anvertraute.

Wenn Elizabeth allerdings über Irland schrieb, dann war sie, so seltsam es klingt, nicht so gut wie sonst. Vielleicht konnte sie angesichts des Leides und ihrer eigenen Verantwortung dort ihrem Sinn für Komik nicht richtig nachgeben. Ihre besten Romane – eingeschlossen der, an dem sie gerade schrieb, als sie starb, und der daher nur ein faszinierendes Fragment geblieben ist – waren Komödien, manchmal Tragikomödien, die Leben und

Sitten in England zum Gegenstand hatten. Am meisten war sie im London der Kriegszeit zu Hause gewesen. Hitlers Luftangriffe auf London hatten ihr zu einem ihrer großartigsten Romane verholfen, *The Heat of the Day*, sowie zu einigen brillanten Kurzgeschichten. Das gespenstische Licht des sogenannten «Bombermonds» verklärt «Mysterious Kor». Es ist eine Geschichte über das zerbombte Kriegs-London, in dem ein Mädchen, das dort arbeitet, die Geisterstadt aus einem Gedicht sieht, welches sie einmal gelesen hat.

Not in the waste beyond the swamps and sand
The fever-haunted forest and lagoon,
Mysterious Kor, thy walls forsaken stand,
Thy lonely towers beneath a lonely moon.

Nicht in der Ödnis jenseits Sumpf und Sand,
Jenseits des Fieberwaldes und der Lagune
Stehen, geheimnisvolles Kor, deine verlassnen Mauern,
Deine einsamen Türme unter einem einsamen Mond.

Ich hatte Elizabeth immer fragen wollen, woher sie das Gedicht hatte, aber ich war nie dazu gekommen. Jahre nach ihrem Tod nahm ich diese Geschichte in einem Seminar durch, und als einer der Studenten fragte, von wem diese Zeilen seien, mußte ich zugeben, daß ich keine Ahnung hatte. Vielleicht hatte sie Elizabeth Bowen ja selbst geschrieben? Mein wissensdurstiger Student – inzwischen promoviert und Universitätslehrer in Glasgow – ließ die Sache nicht auf sich beruhen, sondern forschte in der Bodleian Library nach, bis er die Antwort gefunden hatte. Der Verfasser, so stellte sich heraus, war ein zweitrangiger edwardianischer Lyriker und Literat namens Andrew Lang, der es seinem Freund Rider Haggard geschickt hatte, dem Forschungsreisenden und Verfasser vieler romantischer Bestseller, unter anderem *König Salomos Schatzkammer*. Der größte Teil des Gedichtes taugt nicht viel. Zweifellos war Elizabeth als junges Mädchen in einer längst vergessenen Anthologie darauf gestoßen, und es war später, als sie erwachsen war, zurückgekehrt, hatte ihre Phantasie beschäftigt und zur Entstehung der Erzählung «Mysterious Kor» beigetragen.

Auch Iris eigener kreativer Geist funktionierte so ähnlich. Ihre Romane sind voller versteckter Zitate, deren sie sich aus ihrer Kindheit erinnerte oder die wir unter uns verwendet, über die wir uns unterhalten hatten. (Ein solches Zitat ist beispielsweise das Lied *«The ouzel cock so black of hue»* [«Die Amsel, so schwarz von Farbe»] aus *Ein Sommernachtstraum*, das in Iris *Maskenspiel* wieder auftaucht und indirekt auf einen im Roman vorkommenden Ehebruch hinweist. Wir pflegten dieses und andere Scherzlieder im Auto zu deklamieren.)

Sowohl Honor als auch Elizabeth besuchten uns manchmal in Steeple Aston, nachdem wir uns dort eingelebt hatten. Honor ruhte sich gern nach ihren ziemlich aufreibenden, dem investigativen Journalismus gewidmeten Arbeitsperioden bei uns aus, und für gewöhnlich zog sie dann weiter ins Bell Inn in Aston Clinton, dessen Wirt sie kannte und wohin sie uns immer zu wunderbar feuchtfröhlichen Mittag- und Abendessen einlud. Nachdem sie den Journalismus aufgegeben hatte, lebte sie in einem kleinen Häuschen auf Achill Island westlich von Irland, wo sie ihre lebendigen irischen Sittenromane schrieb. Ihr bester, *The Straight and Narrow Path*, handelt von einem irischen Priester, der seine Gemeinde einmal aufforderte, «immer auf dem geraden, schmalen Pfad zwischen Tugend und Verbrechen zu bleiben». Die Geschichte stimmte, Honor hatte die Predigt selbst gehört. Aber obwohl die Iren privat, und wenn sie unter sich sind, vor nichts Respekt haben, mögen sie es nicht, wenn man sie öffentlich aufzieht. Honors köstliche Romane wurden weder in ihrer Heimat gelesen, noch waren sie dort erhältlich. Und es ist auch jammerschade, daß sie offensichtlich nie wieder aufgelegt worden sind, weder in

England noch in den Vereinigten Staaten. Die eigentümliche Macht der irischen Zensur, die früher einmal auf der Insel selbst die größte Rolle spielte, ist anderswo immer noch ein nicht zu unterschätzender Faktor.

Die Besichtigung des Hauses in Steeple Aston stellte sich als Segen heraus, denn das neue Haus vertrieb Iris' Sehnsucht nach dem poetischen Taynton und seinem Fluß. Zwar waren weder Haus noch Dorf so malerisch wie die, in die sie sich zuerst verliebt hatte, aber sie waren doch beide alt, solide und freundlich. Das Haus lag nicht weit von der Kirche entfernt und war ursprünglich ein im frühen 19. Jahrhundert erbautes Bauernhaus gewesen, das in einen Landsitz umgebaut worden war. Das dazugehörige Gelände war groß, über 8000 m^2, und fiel steil zu einem Flüßchen hin ab, das sich durch das Tal schlängelte. Auf unserer Seite befanden sich uralte Teiche, möglicherweise mittelalterliche Fischteiche. Diese reizten Iris sofort. Zwar war es für zwei Lehrer, die im vierundzwanzig Kilometer entfernten Oxford zu unterrichten hatten, überhaupt nicht praktisch, dort zu wohnen, aber das konnte Iris nicht entmutigen, im Gegenteil. Sie ließ den Gedanken an mögliche Nachteile gar nicht erst zu. Vielleicht hatte es ja etwas mit Bowen's Court zu tun, das genauso unpraktisch war. Cedar Lodge, wie das Haus etwas steifleinen hieß, war billig, erstaunlich billig – und wir entdeckten später, daß es trotz seines soliden Aussehens in einem schlechten Zustand war. Mr. Palmer, ein alterfahrener Handwerksmeister mit sehr blauen Augen, war aus unserem Haus bald nicht mehr wegzudenken. Oft stand er und staunte Iris an, wenn sie in einem Zimmer im Obergeschoß saß und schrieb, während Wasser aus einer nicht auffindbaren Quelle von der Decke tropfte.

Abgesehen von Mr. Palmer, der uns nicht weiter beanspruchte, hatten wir das Haus für uns. Die frühere Besitzerin wollte auf der Insel Guernsey einen kleinen, modernen Bungalow beziehen, den ihr Sohn für sie gekauft hatte. Sie war eine alte Dame, die lange im Dorf gewohnt hatte, und sie empfahl uns eine Reihe von Leuten, die uns helfen oder für uns putzen würden. Aber wir hielten nichts von dem Gedanken, für uns putzen zu lassen. Während der über dreißig Jahre, die wir in Cedar Lodge wohnten, hatten wir weder fürs Haus noch für den Garten je eine Hilfe, und beide Örtlichkeiten waren bald in einem Zustand, in dem jede Hilfe zu spät gekommen wäre. Das schien uns recht zu sein, oder zumindest schien es Iris recht zu sein. Ich war nicht ganz so überzeugt von den Vorteilen dessen, was die Romanschriftstellerin Rose Macaulay – mit der Iris ein- oder zweimal zusammengetroffen war – mit den Worten «die Sachen vor die Hunde gehen lassen und sehen, was passiert, wenn sie dort angekommen sind» beschrieben hat.

Anfänglich unternahm ich angestrengte Versuche, mich gegen das Haus zu behaupten. Ich machte sauber, mähte, schnitt, strich und versuchte, die elektrischen Leitungen zu reparieren. Aber ich gab bald auf. Iris half mir immer, und der Gedanke, all die Dinge zu tun, die Frauen so im Haus verrichten, schien ihr zu gefallen. Aber es war eine Traumbeschäftigung, ein Teil ihrer imaginierten Welt, der Welten, die sie in ihren Romanen erschuf, wenn sie oben in ihrem staubigen, sonnigen Zimmer saß, das von alten Briefen, Papieren, kaputtem Nippes und Steinen, die sie gesammelt oder von Freunden bekommen hatte, überquoll. Ich fand es damals traurig (und tue es auch heute noch), daß diese Steine, die einst durch die fortwährenden Lustrationen in einem Fluß oder durch die Gezeiten am Meeresstrand so sauber und schön geblieben waren, jetzt so staubig und tot aussahen wie alles andere im Haus auch. Aber das schien Iris nie das geringste auszumachen. Für sie waren die Steine platonische Gegenstände, die in einer absoluten Welt der Formen existierten, unberührt von ihrem zufälligen Dasein als Teil des tatsächlichen und ziemlich schmuddeligen Stilllebens, das uns umgab.

Steine waren nicht die einzigen platonischen Objekte in unserem Alltag oder – was fast dasselbe war – in Iris' Vorstellungswelt. Kochtöpfe, die in der Praxis nie richtig saubergemacht wurden, hatten denselben Status. Desgleichen wohl auch jene imaginären Dachse, die sie einmal als Antwort auf meinen Versuch beschworen hatte, ihr die möglichen Annehmlichkeiten des Ehelebens vor Augen zu führen. «Ja», hatte sie halb wehmütig gesagt, was mich plötzlich hoffen ließ, sie könnte willens sein, den Gedanken ans Heiraten ernst zu nehmen. «Es ist eine schöne Vorstellung: Du kommst nach Hause, und ich begrüße dich und sage: ‹Liebling, die Dachse haben eingebrochen.›» Diese uralte Dachsgeschichte mit ihrer behaglichen Vorstellung häuslichen Dramas ist wahrscheinlich längst vergessen. Aber sie pflegte manchmal auch zu Freunden und sogar zu Interviewern mit einem Lächeln zu sagen, daß sie ursprünglich fest vorgehabt habe zu kochen, wenn sie erst einmal verheiratet sei. «Aber nach einigen Tagen meinte John, es wäre wohl besser, wenn er mich dabei ablöste.» Dieses Bild von sich selbst als schürzentragender Köchin blieb weniger lange haften als das andere (entzückende und hoffnungsvolle, jedenfalls in meinen Augen), wie sie herbeigestürzt kommt und ihren Mann mit einem Kuß und der – mit gespieltem Entsetzen geäußerten – Neuigkeit begrüßt, daß die Dachse eingebrochen hätten.

Und doch war ihre Aussage, sie habe das Kochen übernehmen wollen, keine Prahlerei. Iris konnte kochen, hätte kochen können – und zwar genauso großartig, wie sie alle möglichen anderen praktischen Dinge hätte tun können. Als sie während der Kriegsjahre im Schatzamt arbeitete, dem angesehensten Zweig des Civil Service, hatte sie sich zur Expertin auf einem schwierigen Gebiet gemacht, das als «angenommene Beförderung in absentia» bekannt war. Es ging dabei um die Einschätzung von Gehaltserhöhungen und Beförderungen von Amtsträgern, auf welche diese Anspruch gehabt hätten, wenn sie nicht eingezogen worden wären. Vorgesetzte Kollegen holten sich in dieser Frage bei ihr Auskunft und akzeptierten widerspruchslos, was sie ihnen sagte. Hätte sie es gewollt und sich darauf konzentriert, hätte sie Ärztin, Archäologin oder Automechanikerin werden können. Man hatte auch schon einmal angenommen, daß Shakespeare als Pferdehalter vor dem Theater angefangen habe. Ein Gelehrter aus dem 19. Jahrhundert hatte dazu bemerkt, daß der Barde, wenn dem so gewesen sei, seine Pferde bestimmt besser gehalten habe als irgend jemand anders. Ein wirklich großer Künstler kann sich auf fast alles konzentrieren und in fast allem erfolgreich sein, und Iris wäre keine Ausnahme gewesen. Wenn sie ein Kind gehabt hätte, hätte sie sich besser und gewissenhafter darum gekümmert als die meisten Mütter und es sicherlich auch besser erzogen. In dem Fall hätte sie allerdings nicht die Bücher geschrieben, die sie geschrieben hat.

Ich kann mich nicht daran erinnern, gesagt zu haben, daß ich kochen würde. Es passierte einfach, und im übrigen konnte man es auch nicht kochen im eigentlichen Sinne nennen. Iris arbeitete, arbeitete richtig, und ich wollte auf keinen Fall, daß sie davon abgelenkt würde. Es war nicht schwer, etwas zu essen zu kriegen, und wir gingen oft in einen Pub an der Hauptstraße, wo man für wenig Geld gutbürgerliche Gerichte bekam. Das war lange vor den Verhältnissen, wie sie jetzt in England herrschen, wo das Kochen endlich zu einer Kunst geworden ist, die ernst genommen werden will – zu ernst. Vor vierzig Jahren war an so was Kompliziertes wie die *nouvelle cuisine* noch nicht zu denken.

Und doch gab es eine Gelegenheit, bei der sich Iris genausoviel Mühe gab wie jede Jüngerin des Kochens in den von den Medien heimgesuchten Küchen unserer Zeit. Lange vor unserer Heirat (ich hatte bereits alle Hoffnung aufgegeben) beschloß sie einmal, dasselbe Paar, an dessen Tisch wir die erste gemeinsame Mahlzeit eingenommen hatten – den Rechtswissenschaftler und seine Frau –, zum Abendessen einzuladen. Es gab noch einen weiteren Gast, und sie entschuldigte sich dafür, daß sie mich nicht auch einlud. Sie wohnte zu der Zeit in der Wohnung in der Beaumont Street oben unter dem Dach. Es gab kein Eßzimmer, und ihre Küche war so klein, daß sie kaum den Namen verdiente. Ich war trotzdem ein wenig verletzt gewesen und hatte gemeint, warum sie mit den Johnsons nicht in ein Restaurant gehe, wenn sie sie schon einladen müsse. Sie entgegnete friedfertig, daß sie das nicht wolle. Die beiden hätten sie so oft zum Essen eingeladen, und sie finde, das mindeste, was sie tun könne, sei, sich auch einmal anzustrengen. In solchen Dingen konnte Iris sehr gewissenhaft sein, wie ich damals etwas bedrückt feststellte.

Sie gab sich ungeheure Mühe. Als erstes kaufte sie sich für viel Geld einen roten Bräter aus Emaille in Form eines Bootes, der einen festschließenden Deckel hatte. Er wog ungefähr eine Tonne. Ich glaube, keiner von uns hatte vorher schon mal so etwas gesehen. Ich staunte ihn ehrfürchtig an, und Iris betrachtete ihn voller Besitzerstolz. Ein kulinarisch interessierter Freund von ihr, mit griechischem Blut in den Adern, hatte ihr gesagt, daß sie so etwas brauche, um ein ganz besonderes griechisches Gericht mit Namen Stifado zuzubereiten. Und er hatte auch gesagt, daß es, wenn richtig zubereitet, was nur sehr selten vorkomme, das köstlichste Gericht auf der Welt sei. Er war Philosoph, ein Anhänger Platons, aber sein eigentliches Interesse galt dem Kochen und Telefonapparaten. Da er die Anregung zu dem Gericht gegeben hatte, war es nur natürlich, daß er zu den drei Eingeladenen gehörte.

Iris brauchte für die Zubereitung zwei Tage. Ich kann mich nicht mehr genau erinnern, was drin war, denn weder sie noch ich haben je versucht, es noch einmal zu machen, aber sie brauchte dazu eine Menge erstklassiges Rindfleisch vom Markt, Olivenöl, Auberginen, Ge-

würze und Kräuter sowie Tomatenmark. Es wurde natürlich ein gewaltiger Erfolg. Sie erlaubte mir, es am nächsten Tag mit ihr zusammen aufzuessen – kalt. Ehrlich, ich glaube nicht, daß ich jemals im Leben etwas Köstlicheres gegessen habe.

Iris konnte also kochen, und zwar perfekt – genauso wie sie alle möglichen anderen Dinge über die Maßen gut hätte tun können. Aber als ich am nächsten Tag dasaß und mit ihr zusammen die Reste aß (und zu meiner großen Genugtuung räumte sie ein, daß es kalt sogar noch besser schmecke als heiß), konnte ich ein Gefühl der Enttäuschung nicht unterdrücken. Irgendwie paßte das Ganze nicht zu Iris – dieser kulinarische Coup, der den Johnsons die Sprache verschlagen haben mußte, die schließlich geglaubt hatten, Iris zu kennen. In ihren Augen war sie ja ein merkwürdiges, aber liebenswertes und weltfremdes Geschöpf, eine Philosophin, eine vielversprechende Romanschriftstellerin, die sie auf ihre Weise unter ihre Fittiche nehmen konnten. War das für Iris der Grund gewesen? Wenn ja, dann war ich irgendwie auf der Seite der Johnsons. Freunde, die in deinem Leben einen ganz bestimmten Platz einnehmen, sollten sich nicht so völlig untypisch benehmen. Und schon gar nicht, wenn man in so einen Freund oder eine Freundin verliebt ist, wie ich es war.

Vielleicht wußte Iris das auch. Vielleicht ist das der Grund, warum es bei diesem einmaligen Versuch blieb. Trotzdem war ich überrascht und bin es noch heute, so trivial das Ganze inzwischen auch erscheinen mag. Die Art, wie ich mich daran erinnere, hat vielleicht etwas damit zu tun, daß es mir so schwerfällt, über Iris zu schreiben, wie sie einmal war. Liegt es daran, daß ich sie mir nur so vorstellen kann, wie sie jetzt ist, und daher meine, daß sie schon immer so war? Wie auch immer, jede Beschreibung einer Person, und sei sie noch so sehr von Liebe diktiert, muß wohl notwendigerweise von dieser Person abweichen, nicht weil sie ihre «Realität» (was immer das sein mag) verzerrt, sondern weil der Beschreibende allmählich alles Zutrauen zu dem Bild verliert, das er da entwirft. Die Iris meiner Worte kann nicht die Iris sein, die einmal existiert hat, das weiß ich. Und während ich über die Stifado-Episode schreibe, kann ich meiner eigenen Darstellung schon nicht mehr glauben, kann nicht glauben, daß diese entschlossene Iris, die auf so untypische Weise diese Episode heraufbeschworen hatte, wirklich so gewesen war.

Was das teure, rote Bräterboot anbetrifft, so wurde es nie oder so gut wie nie wieder benutzt. Vielleicht habe ich ein- oder zweimal etwas darin gekocht, ohne Überzeugung und ohne großen Erfolg. Möglicherweise den einen oder anderen Schmortopf, der kommentarlos von unseren Gästen verzehrt wurde, vielleicht mit ein paar Routinekomplimenten von einer der weiblichen Gäste. Wie so vieles andere im Haus ist der Bräter jetzt weg, nicht wiederzufinden, obwohl ich noch weiß, daß er, als ich ihn zum letzten Mal von Spinnweben überzogen unten im Schrank gesehen habe, einen erschöpften, schrecklich alten und müden Eindruck gemacht hat mit seinen Roststellen, die durch sein rotes Email kamen. Aber als er neu war, enthielt er einmal das vollendetste Gericht der Welt, das von der Frau gekocht worden war, von der man es – in gewisser Weise mit Recht – am allerwenigsten erwartet hätte.

Ich kann noch von einem anderen Kochereignis in Iris' Leben berichten, eines, über das ich mich noch immer ärgere, wenn ich daran denke. Es muß ungefähr um die Zeit stattgefunden haben, als ich sie kennenlernte, oder auch davor. Zwei ihrer Bekannten – die willensstarke Philosophin, die «Telegamie» praktizierte, und ein unverheirateter mathematischer Logiker von internationalem Ruf – hatten Iris gefragt, ob sie in deren Abwesenheit ihr Zimmer benutzen dürften. Dieses Zimmer, in dem sie damals wohnte, besaß einen Gaskocher, ein Waschbecken und sonst nicht sehr viel mehr. Die beiden brauchten es nicht für geheimen Geschlechtsverkehr, sondern weil sich der Mathematiker einem kulinarischen Experiment hingeben wollte. Warum sie zu diesem Zweck Iris' Zimmer benötigten, ist mir immer noch ein Rätsel. Vielleicht weil es günstig gelegen war und weil sie wußten, daß sie Iris' Diskretion und grenzenlose Gutmütigkeit ausnutzen konnten. (Womit sie natürlich recht hatten, aber bei dem Gedanken knirsche ich immer noch mit den Zähnen, auch wenn es inzwischen nicht mehr meine eigenen sind.) Das Experiment betraf die Herstellung von Heringssuppe, die der Mathematiker, ein Wiener, aber möglicherweise baltischer Abstammung, im Begriff stand zu perfektionieren, wie er versicherte. Die Philosophin gab vor, ihm nicht zu glauben, und versicherte ihrerseits (sie konnte sehr mutwillig sein), daß man sie unter gar keinen Umständen dazu bringen werde, von solch einem Gericht zu essen, wie vorzüglich es auch zubereitet sein möge. Allein schon die Vorstellung sei abstoßend. Und so schlossen sie schließlich eine Art Wette ab.

Der Mathematiker gewann sie. Die Suppe war ein Triumph, und die Philosophin kapitulierte und gab es zu. Ja, sie aß sie mit Genuß. Als Iris ein paar Tage später zurückkehrte, fand sie ihr Zimmer in gräßlicher Unordnung und intensiv nach Fisch riechend vor. Ihre Zimmerwirtin war wütend. Andere Mieter hatten sich über den Krach und den Geruch beschwert. Miss Murdochs einst so untadeliger Ruf war ruiniert. In den Augen ihrer Vemieterin war und blieb sie eine gefallene Frau, eine, die in ihrem Zimmer die unaussprechlichsten Orgien zuließ und höchstwahrscheinlich auch noch an ihnen teilnahm. Nicht lange danach zog Iris aus dem Haus aus, obwohl seine Lage genau das Richtige gewesen war und es noch sonstige Vorzüge aufzuweisen hatte. Aber das war es nicht, was mich aufregte, als Iris mir die Geschichte erzählte, auf ihre tolerante, belustigte Weise – ohne eine Spur von Groll.

Ihr Verhältnis zu den beiden blieb tatsächlich völlig ungetrübt, obwohl sich keiner von ihnen zu einer Entschuldigung herabließ, ja nicht einmal auf den Gedanken gekommen zu sein schien, daß eine angebracht sein könnte. Es ärgert mich schrecklich, daß sie die beiden trotzdem noch verehrte. Aber was mich noch mehr empörte und mir aus irgendeinem Grund noch heute einen Stich versetzt, ist die Tatsache, daß Iris eines ihrer für sie kostbarsten Besitztümer auf gräßliche Weise verschandelt auf dem Fußboden fand. Es war ein Schal aus blauem Seidenchiffon, ein ganz spezielles Geburtstagsgeschenk ihrer Mutter. Er war in einem so ekelhaften Zustand, daß Iris keine andere Wahl hatte, als sich die Nase zuzuhalten und ihn auf schnellstem Wege hinaus zur Mülltonne zu bringen. Der Logiker hatte ein möglichst feines Sieb für sein Meisterwerk gebraucht, und die Philosophin hatte zwanglos in ein Schubfach gegriffen und ihm den Schal gereicht.

Ich sehe die beiden richtig vor mir, immer noch, wie sie den letzten Tropfen herauspressen. Ich bin mit ihnen nur ein paarmal zusammengetroffen, aber jedesmal fiel es mir schwer, mehr als gerade nur höflich zu sein.

Jetzt ist es zu spät, Iris an die Geschichte zu erinnern, aber wenn es möglich wäre, würde sie, da bin ich sicher, die gleichen christlichen Tugenden an den Tag legen, mit denen sie damals diesem gräßlichen Anblick begegnet war: Toleranz, Belustigung und Güte. Daß da etwas zu verzeihen gewesen wäre, dürfte ihr gar nicht in den Sinn gekommen sein. Aber vielleicht wurde das alles nur durchs Erzählen so gräßlich, genauer gesagt, durch die Art, wie sie es erzählte. Meine spontanen Gefühle hätten mich bestimmt zu einem wilden Racheakt verleitet. Ich hätte die beiden gejagt, einen oder beide ermordet, oder doch zumindest so viele ihrer Sachen wie möglich mit einem scharfen Messer zerfetzt. Und doch saß ich, als mir Iris die Geschichte erzählte, da und sehnte mich danach, mein Leben mit einer Frau zu teilen, die sich so engelgleich verhalten konnte, wie sie es offensichtlich getan hatte.

Ich glaube, das war es, was mich am meisten aus der Fassung brachte: Es erschien mir so unnatürlich, auch heute noch. Und wenn ich nicht aufpasse, dann kann ich alles noch schlimmer machen, indem ich mich frage, ob Iris' Verhalten wirklich so engelgleich gewesen war. Vielleicht hatte sich etwas in ihr heimlich danach gesehnt, von dem Paar so mißbraucht zu werden? Hatte sie vielleicht selbst zu dieser rücksichtslosen Machtausübung ermutigt? Hatte sie sich diesen Göttern der Logik und der Philosophie unterworfen, wie sie sich dem Gott-Monstrum in Hampstead unterworfen hatte? War sie – fast wie in einem ihrer Romane – das abwesende Opfer in einem Ritus, an dem sie willig teilgenommen hätte, wäre sie anwesend gewesen?

Bei dem Gedanken überläuft es mich immer noch kalt. Habe ich wirklich mein Leben mit so jemandem geteilt? Aber wenn das der Fall war, dann hat es offensichtlich nie viel ausgemacht, auch wenn der Gedanke, mich auf eine für mich so untypische Weise verhalten zu haben, immer mal wieder Ungläubigkeit auslösen kann. Eins jedoch ist ganz sicher: Iris hatte immer eine Abneigung gegen Fisch. Das mag schon vor dieser Episode so gewesen sein, aber danach war es ganz bestimmt so.

Warum hat jemand, der das Wasser so sehr liebt, so wenig Verlangen nach den Geschöpfen, die darin leben? Oder liegt es daran, daß Iris unbewußt kameradschaftliche Gefühle für sie hegt und deshalb nicht einmal im Traum daran denken würde, sie zu essen? Aber um ganz genau zu sein: Meine stark mit Curry gewürzte Sardinenpaste ißt sie. Vielleicht erkennt sie überhaupt nicht, daß es Fisch ist. Es kann jedoch keinen Zweifel daran gegeben haben, wonach der Schal stank, als sie das arme, mitgenommen aussehende Ding vom Boden aufhob.

Trotzdem hätte ich sicher versucht, ihn auszuwaschen, ihn zu retten und in Ehren zu halten. Aber so war Iris nicht. Sie opferte ihn freudig – zumindest sah es so aus – auf dem bekömmlichen Altar der Freundschaft.

6

Das unter dem Namen «Cedar Lodge bekannte Haus mitsamt seinem Grundstück», wie die alten Urkunden es bezeichneten, war weder warm noch trocken. In der Nähe des Eingangstores befanden sich die Überreste einer riesigen Zeder, eine große Scheibe aus verrottendem Holz, nicht viel höher als der Erdboden. Vielleicht hatte man diesen großen Baum umgehauen und in dem vergeblichen Versuch, sich warm zu halten, in dem großen Haus verfeuert. Wir unsererseits versuchten dasselbe mit den unterschiedlichsten Methoden – mit einem alten Rayburn-Ofen, den wir von meiner Mutter hatten, mit Nachtspeicheröfen, elektrischen Heizgeräten, mit einem teuren Ding in der Eingangshalle, das eine wunderschöne, kannelierte Vorderseite aus Edelstahl hatte und mit Steinkohle geheizt wurde, welche so teuer war wie es selbst – nichts schien zu helfen. Nachdem einer von Iris' Romanen verfilmt worden war, ließen wir endlich eine Zentralheizung einbauen (jedenfalls für einen Teil des Hauses), die aber auch nicht richtig funktionierte. Irgendwas war mit der Schwerkraft, dem Standort des Öltanks, der Installation der Rohre… Unser guter Mr. Palmer war inzwischen gestorben, und sein Sohn hatte die Heizung eingebaut.

Aber uns schienen die Kälte und die Feuchtigkeit nie etwas ausgemacht zu haben, ja, ich glaube sogar, sie gefielen uns irgendwie. Im Bett hatten wir es immer warm, und rückblickend sieht es so aus, als hätte ich die meiste Zeit im Bett verbracht. Ich gewöhnte mir sehr bald an, dort auch zu arbeiten. Ich weiß noch, wie wir einmal im Winter abends nach Hause kamen – es hatte heftig geschneit – und Hand in Hand, wilde Schreie ausstoßend, im Garten herumliefen und uns an unseren Fußabdrücken in dem unberührten Schnee freuten. Es schneite oft in Steeple Aston, das sehr viel höher liegt als Oxford, wo es fast nie schneit. Unser Bett war für mich auch der einzige Ort, von dem aus mir das Haus sicher und überhaupt nicht unheimlich erschien. Das Bett war unser Zuhause, auch wenn vielleicht irgendwelche unbekannten Leute am anderen Ende des langen Hauses wohnten und gar nichts von unserer Existenz wußten.

Erst als Iris einmal für ein paar Tage von zu Hause fort war, wurde mir klar, daß diese anderen Wesen nicht nur in meiner Phantasie existierten. Wir hatten nie etwas gehört, aber als ich, aus dem Garten kommend, die dunkle, ziemlich schmale Treppe hinaufging, sah ich etwas vor mir hinaufsteigen. Es war eine große Ratte. Oben angekommen, blickte sie sich ruhig um und verschwand dann mit einem Plopp in einem breiten Spalt zwischen den Eichendielen. Sie war zu Hause.

Es waren äußerst rücksichtsvolle Ratten. Bis zu jenem Augenblick hatten wir nichts von ihrem Vorhandensein gewußt. Und nun, wo wir Bescheid wußten, hatten wir auch nichts gegen ihre Anwesenheit. Sie lebten ihr Leben, wir das unsere. So dachten wir jedenfalls am Anfang. Aber da wir wußten, daß sie da waren, und sie wußten, daß wir es wußten, veränderte sich unser Verhältnis zueinander. Zum Beispiel nahmen sie auf einmal keine Rücksicht mehr. Wir hörten sie jetzt oft, wie sie in ihrer eigenen unterirdischen Welt unter den Dielenbrettern ihr Wesen trieben. Auch wenn das Haus in einem schlechten Zustand war, so war es doch – dem Stil seiner Zeit entsprechend – solide gebaut, und es mußte in jener anderen Welt viel Platz und viel massives Holz zum Nagen geben. Unsere Ratten erkoren nun das Nagen zu ihrer nächtlichen Beschäftigung, und manchmal stürmten sie so gegen ein oder zwei Uhr nachts aus schierer Lebensfreude, wie es schien, jene langen, unsichtbaren Korridore auf und ab. Höchstwahrscheinlich waren sie schon seit vielen Generationen hier wohnhaft und hatten sich zu ihrer vollen Zufriedenheit eingerichtet.

Ganz offensichtlich mußte etwas unternommen werden. Von unserem ländlichen Drogisten besorgte ich mir große Mengen einer Substanz, welche die Ratten nicht nur schmerzlos beseitigen, sondern ihnen dabei auch noch Genuß bereiten sollte. Großzügig löffelten wir sie durch die Spalten. Bald konnten wir hören, wie die Ratten sie genossen. Zusätzlich zu ihrem nächtlichen Herumtoben hörten wir jetzt auch noch ihr ekstatisches Quieken. Iris machte ein besorgtes Gesicht – ja sie sah gepeinigt aus. Ob ich nicht fände, daß wir lieber aufhören sollten, solange es vielleicht noch nicht zu spät sei? Ich wurde schwankend, aber zum Glück lösten die Ratten das Problem für uns. Plötzlich hörten die Geräusche auf, so als wären die Tiere zu dem Schluß gekommen, daß es besser sei, die Heimat aufzugeben, als sich weiter so unfair behandeln zu lassen. Wurst wider Wurst. Iris sah gepeinigter aus denn je. Mir machte der mögliche Gestank unbegrabener Rattenleichen Sorge. Aber das kalte, alte Haus blieb frei von Gerüchen. Man hatte wirklich den Eindruck, daß sie ein Abschiedsfest veranstaltet hatten und dann ausgezogen waren.

Und so könnte es ja auch durchaus gewesen sein. Ich kann mir vorstellen, daß das Wissen von der Anwesenheit des jeweils anderen sie irritiert und veranlaßt hatte, ihre Gewohnheiten zu ändern. Vorher waren sie uns entgegengekommen, indem sie nachts fortgegangen waren, um draußen zu arbeiten, und tagsüber im Haus geschlafen hatten. Das war problemlos gewesen, und ich glaube, daß die vorhergehende Besitzerin, die freundliche alte Witwe Blanche Tankerville-Chamberlayne (ihr richtiger, sagenhafter Name!), sie nicht weiter gestört hatte und umgekehrt. Vielleicht hatte sie gar nicht gewußt, daß die Tiere da waren.

Und dann vermißten wir sie natürlich. Iris sah zwar nicht mehr so gepeinigt aus, und wir erwähnten die Ratten auch nie, aber ich glaube, wenn wir nachts aufwachten, dann horchten wir manchmal, vielleicht sogar ein bißchen wehmütig. In einigen von Iris' Romanen, die sie an ihrem Arbeitstisch genau über den Köpfen der Ratten geschrieben hatte, kann ich deren beinahe verständnisvolle Gegenwart spüren und hören. Denn Iris hatte, nachdem wir ihr Vorhandensein bemerkt hatten, gesagt, daß sie sie auch tagsüber spüre und als sympathisch, ja beinahe stimulierend empfinde. Im Sommer verschmolz ihre Anwesenheit mit den Geräuschen aus dem Garten, dem Gesang der Amseln und dem Zwitschern der Schwalben, den «Weatherbys», auf dem Telegrafendraht vor dem Fenster.

Nachdem Iris ihre Stelle an der Universität aufgegeben hatte, pflegte sie jeden Morgen von ungefähr neun bis eins zu schreiben. Wenn ich in Oxford war, hörte sie dann Nachrichten, aß etwas und ging anschließend in den Garten. Sie arbeitete dort nicht viel, wenn überhaupt, aber sie suchte gerne Plätze aus, an die man etwas pflanzen konnte. Es war gerade die Zeit, als die alten Strauchrosen wieder modern wurden. Sie trugen wundervolle Namen wie «Duc de Guise», «Captain John Ingram», «Cuisse de Nymphe» und «Cuisse de Nymphe Emue». Sie hatten hauchzarte Blütenblätter und dufteten nach Wein. Die weißen Blütenblätter sahen so durchsichtig wie Eis aus und wurden nach innen zu leuchtend grün. Die dunkelmalvenfarbenen waren in der Mitte fast schwarz.

Wir kauften sie an den Wochenenden in einem Rosengarten, und ich pflanzte sie unfachmännisch ein. Iris hatte bald ihren Rosenweg, und in gewisser Weise waren es alles «*unofficial roses*» von der Art, wie sie ihrer Heldin Fanny Peronet gefallen hätte. (Der Titel *An Unofficial Rose* geht auf ein Gedicht von Rupert Brooke zurück, das Iris immer sehr geliebt hat.) Aber wir hatten keine Ahnung, wie man Rosen pflegt, und Rosen brauchen eine Menge Pflege. Sehr bald fingen sie an, kränklich auszusehen, und ihre Blätter bekamen schwarze Flecken. Ein

Freund, der sie sah, spöttelte, Iris unterhalte offenbar ein Konzentrationslager für Rosen. Es war ein geschmackloser Scherz, und er wurde auch nicht gut aufgenommen. Zumindest eine Zeitlang verhielt sich Iris diesem Freund gegenüber merklich kühler. Sie konnte recht empfindlich sein, aber ihr Ärger hielt nie lange vor, und der Freund wurde bald wieder in Gnaden aufgenommen. Ich glaube nicht, daß er ihr die Rosen vergällt hatte, aber irgendwie war ihre Zeit vorüber, und sie gingen ein, ohne daß es einem von uns großen Kummer bereitete. Nur eine überlebte, wie ich mich erinnere, und blühte, wuchs und gedieh ohne jede Pflege oder Aufmerksamkeit unsererseits. Sie hatte dickes, üppiges Blattwerk, ihre Blätter waren tief gefurcht und gekerbt wie bei einem tropischen Gewächs, und ihre scharlachroten Hagebutten waren so groß und glänzend wie eine exotische Frucht. Ich glaube, sie hieß «Queen of Denmark».

Wir hatten noch kein Jahr in dem Haus gewohnt, da erkrankte ich an Pfeifferschem Drüsenfieber – vielleicht als Folge all der Mühen, die ich, aus Pflichtgefühl, aber auch wirklich gerne, in das Haus investiert hatte. Es schwächt den Patienten wie eine dieser viktorianischen Krankheiten, die einen so schwächen, daß man schmerzlos seinem Ende entgegensiecht. Außerdem kehrt es in Abständen wieder. Nachdem der erste Anfall vorbei war, wankte ich neben Iris durch das hohe Gras zu dem Teich, in dem sie schwamm, oder besser, herumpaddelte und den dunklen Schlamm aufwühlte. Ich fand, ich sollte dabeisein, aber wäre sie in Schwierigkeiten geraten, hätte ich, so schwach wie ich war, nicht das geringste tun können. Natürlich passierte nichts, und es tat mir in meinem geschwächten Zustand äußerst wohl, wenn sie aus dem Schatten der Weide selig zu mir emporlächelte. Dann kletterte ich dankbar und mühsam wieder ins Bett zurück.

Es war die Art von Bett, in die man klettern mußte – ein breites, hohes viktorianisches Bett mit einem geschnitzten Eichengestell und einer großen, weichen, fast schwammigen Matratze. Wir waren zur Zeit unseres Umzuges in Oxford bei einer Auktion gewesen und hatten das Bett für ein Pfund erstanden. Niemand sonst schien es haben zu wollen, und als ich mir ein Herz gefaßt hatte und ein Gebot machte, sah mich der Auktionator gequält an. «Das ist ein schlechtes Gebot, Sir», meinte er, «ein sehr schlechtes Gebot, aber in Ermangelung eines anderen werde ich es akzeptieren müssen.» In jenem Sommer wurde das Bett in einer Weise mein Zuhause, wie es das Haus selbst irgendwie nie werden konnte. Ich las in diesem Bett, aß und trank in ihm und schrieb in ihm Buchbesprechungen, denn ich besprach immer noch Romane für den *Spectator*, und das Bett war stets übersät mit ihnen.

Oben im Bett, sicher und, wie es mir vorkam, vor der Welt geschützt, hatte ich das Gefühl, daß dies Ehe war, das wahre Nirwana des Ehestandes. Eins der Bücher, daß ich in jener verträumten Zeit besprach, war von Pamela Hanford Johnson, einer sehr fähigen Romanschriftstellerin der fünfziger Jahre, die die Frau des Naturwissenschaftlers und PR-Mannes C. P. Snow war, der ebenfalls Romane schrieb. Sein Interesse galt vor allem der Macht. Der Roman *Die Lehrer*, der sich um den Machtkampf in einem College dreht, war ein frühes und originelles Beispiel für den Campus-Roman.

Snows Frau hatte die für meinen Geschmack subtileren Interessen, und ihr Roman, der letzte einer Trilogie, gefiel mir gut. Der Titel eines ihrer früheren Romane, der auf dem Umschlag angezeigt war und den ich nicht kannte, war einem Gedicht John Donnes entlehnt und hieß *This Bed Thy Centre*. Ich fand, daß dies ein gutes Omen war, obwohl ich später herausfand, daß die Autorin den Titel satirisch gemeint hatte. Der Roman war ein früher Aufschrei der Empörung über die sexuelle und häusliche Unterordnung der Frauen unter die Männer. Für mich war Häuslichkeit auf dem und im Bett die reinste Glückseligkeit.

Iris betrachtete natürlich das große Bett ganz und gar nicht als ihren Mittelpunkt, und das war mir auch vollkommen recht. Unsere Ehe war etwas Gemeinsames, aber das Bett gehörte mir. Iris saß daneben, wenn sie mir Barley Water und Apfelsinengötterspeise gebracht hatte – das einzige, was die eitrigen Drüsen in meinem Hals ertragen konnten. Als es mir dann wieder besser ging, schienen wir vorwiegend von pochierten Eiern zu leben. Iris entwickelte große Fertigkeit in ihrer Zubereitung, um die ich sie später immer beneidet habe. Mir ist es nie gelungen, diese Kunst zu meistern, und ich betrachte das Pochieren eines Eies als den Gradmesser für das Können eines Kochs.

Was ich ebenfalls zu schätzen wußte, war, wie wenig sich Iris um die traditionelle Vorstellung von der Frau als Trost und Stütze scherte. Sie hatte aber auch gar nichts von einer Florence Nightingale. Sie versorgte mich einfach, und während sie das tat, konnte ich ihrem Gesicht ansehen, daß sie in Gedanken ganz woanders war und über die Handlung des Romans nachdachte, mit dem sie sich gerade befaßte. Sie fand es überhaupt nicht schwierig, während meines Krankseins daran weiterzuarbeiten, ja sie erzählte mir später sogar, daß sie die Entstehung einer ganz bestimmten Geschichte der Ruhe verdanke, die meine Krankheit uns beiden gebracht habe. Das befriedigte mich so sehr, daß ich gleich wieder krank wurde.

Der zweite Anfall war schlimmer als der erste, und unser Hausarzt, ein älterer, adretter kleiner Mann, der immer eine Rose im Knopfloch trug, wirkte, wie ich fand, trotz all seiner professionellen Fröhlichkeit ein wenig besorgt, genau so, wie man es von seinem viktorianischen Vorgänger erwartet hätte. Das erfüllte mich mit Genugtuung – wie auch die Tatsache, daß Iris das Ganze gar nicht beachtete. Irgendwie wußte sie, daß es keinen Grund zur Besorgnis gab, auch wenn sie die Freude des Arztes höflich teilte, als dieser nach einer Blutuntersuchung noch einmal hereinschaute, um uns mitzuteilen, es habe sich die «Paul Bunnell-Reaktion» gezeigt, was bedeutete, daß es tatsächlich Drüsenfieber sei und nichts Schlimmeres. Wirklich ein reizender und vermutlich äußerst kompetenter Arzt. Er ließ oft den Blick seiner strahlenden alten Augen von einem zum anderen wandern, als könnte er gar nicht glauben, daß zwei so absurde, wenn auch einnehmende Geschöpfe in diesem Haus lebten und vorgaben, Mann und Frau zu sein. Während ich krank war, kam er jeden Tag von Blandon herüber, was nicht gerade um die Ecke lag. Es war in der Frühzeit des *National Health Service*, und Dr. Bevan – dessen Name zufällig der gleiche war wie der des Ministers, welcher gerade am meisten zur Entstehung des *NHS* beigetragen hatte – nahm keine Privatpatienten, verhielt sich jedoch immer so, als wären wir die einzigen Patienten, um die er sich zu kümmern habe, und als mache es ihm nicht die geringste Mühe.

Das angenehme Gefühl von Raum, Distanz und Trennung, das nach meinem Empfinden wesentlich zu den Freuden des Ehestandes beitrug, wurde trotz der ungläubigen und amüsierten Blicke Dr. Bevans, der in uns allem Anschein nach weniger ein Ehepaar als vielmehr zwei drollige Kinder sah, durch diesen Sommer meiner Krankheit noch verstärkt. Als das Trimester anfing, mußte ich mich krank melden. Ich genoß es, daß Iris arbeitete und ich im Bett lag. Sie war mit ihrem Roman beschäftigt, den sie fast abgeschlossen hatte. In gewissem Sinne inspirierte mich meine Bettlägerigkeit auch, denn mir kam die Idee zu einem Buch, das dann den Titel *The Characters of Love* bekam. Es handelte sich dabei um die detaillierte Untersuchung dreier Texte (eines Gedichtes, eines Dramas und eines Romans), die mir mein Verständnis von Liebe, wie es sich im Laufe meines Zusammenseins mit Iris herausgebildet hatte, auf die eine oder andere Art zu veranschaulichen schienen. Es war ein sehr naives Konzept, obwohl mir einige meiner

Kommentare zu Chaucers langem, erzählendem Gedicht *Troilus and Criseyde*, Shakespeares *Othello* und Henry James' *Die goldene Schale* immer noch recht subtil vorkommen, wenn ich sie wiederlese. Untersuchungen dieser Art waren zu der Zeit in Mode, und *The Characters of Love* lief recht gut, obwohl ich mir nicht vorstellen kann, daß es jemand, der mit den Theorien der modernen literaturwissenschaftlichen Schulen aufgewachsen ist, heutzutage noch würde lesen wollen, ja würde lesen können. Sprache und Methode der kritischen Würdigung unterscheiden sich doch zu sehr von allem, was augenblicklich gängig ist.

Die eigentliche Befriedigung, die das Buch mir damals verschaffte, war Iris' Wunsch, es zu lesen, während es langsam Gestalt annahm, und ihre unerwartet warme Reaktion. Das waren nicht bloß automatische Loyalität und ein vorgetäuschtes Interesse an dem, was Männe da so trieb – genausowenig, wie ihre Pflege, als ich krank im Bett lag, nur das von einer Ehefrau erwartete Verhalten war. Sie interessierte sich wirklich für mein Werk. Wir sprachen viel darüber, obwohl wir, wie immer, nicht versuchten, ernsthaft und vernünftig darüber zu diskutieren, wie sie es mit ihren Studenten oder mit Freunden und Kollegen getan hätte. Wir hatten in unserer Beziehung bereits den Punkt erreicht, den Tolstoi in *Krieg und Frieden* beschreibt, wo Pierre und Natascha als Ehepaar einander verstehen, ohne sich klar und zusammenhängend äußern zu müssen. Ich meinerseits war dann fasziniert, als ich später entdeckte, wie viel von dem, was wir zusammen geredet und empfunden hatten, in Iris' äußerst originelle und einflußreiche Essays Eingang gefunden hatte. *Against Dryness* und *The Sovereignty of Good* sind nicht im geringsten unklar, sondern Perlen der Weisheit, und doch erkenne ich in ihnen all das wieder, worüber wir auf unsere Art gesprochen hatten, was wir uns zusammen auf unsere ganz persönliche Weise klargemacht hatten.

Iris ist fraglos der bescheidenste Mensch, den ich kenne oder mir überhaupt vorstellen kann. Bescheidenheit ist ja leicht etwas Gespieltes, und jeder spielt sie auf seine Weise. Sie gehört zu den Elementen, aus denen sich die Menschen halb bewußt die Persönlichkeit zurechtzimmern, welche von den anderen zur Kenntnis genommen werden soll und mit der sie der Welt gegenübertreten wollen. Iris ist nicht stolz auf ihre Bescheidenheit, ja ich glaube, sie weiß noch nicht einmal, daß sie bescheiden ist. Die üblichen Ängste und Sorgen erfolgreicher Schriftsteller bezüglich ihres Status und ihrer Zukunft, oder – grob ausgedrückt – die Angst, es nicht durchzuhalten, gingen ihr völlig ab. Jetzt, wo sie ohnehin von all dem nichts mehr weiß, staune ich über die fast schon unheimliche Ähnlichkeit zwischen der jetzigen Amnesie und ihrer früheren gelassenen Gleichgültigkeit. Sie tat einfach im stillen ruhig ihre Arbeit, wünschte nicht, darüber zu sprechen, hatte kein Bedürfnis, diese Arbeit zu vergleichen, zu diskutieren oder anderen Arbeiten gegenüberzustellen, las niemals Kritiken und wollte auch nichts von ihnen hören und brauchte auch nie die fortwährende Bestätigung von Freunden, des Lesepublikums oder der Medien, wie sie die meisten Schriftsteller einfordern, um auch weiterhin sicher zu sein, daß sie Schriftsteller sind.

Dieses normale Bedürfnis nach Prestige und Bestätigung, das Bedürfnis, sich – und sei es auf noch so bescheidenem Niveau – als «veröffentlichter Autor» zu fühlen, kann seine liebenswerten Seiten haben. Oft geht es mit echter Bescheidenheit ebenso einher wie mit der richtigen Selbsteinschätzung im Hinblick auf das, was der Betreffende als Schriftsteller leisten kann und was nicht. Das trifft beispielsweise auf eine Schriftstellerin wie Barbara Pym zu, deren Romane ich immer mit Genuß gelesen habe – wie auch die von Raymond Chandler, C.S. Forester, Anthony Powell und ein oder zwei anderen. Ich kann sie immer und immer wieder lesen, so als gäbe ich mich einem geheimen und tröstlichen Laster hin.

Ich habe Barbara Pyms Romane Iris empfohlen und ihr auch hingelegt, aber ich glaube nicht, daß sie sie gelesen hat. Sie hat überhaupt kaum je moderne Romane gelesen, es sei denn, ein Freund oder der Freund eines Freundes hatte einen geschrieben und sie gefragt, ob es ihr wohl sehr viel ausmachen würde, ihre Meinung dazu abzugeben. Dann las sie das Buch gewissenhaft Wort für Wort. Anschließend äußerte sie sich sehr häufig voller Enthusiasmus, was mir manchmal, wenn ich das Buch auch gelesen hatte, unverhältnismäßig vorkam. Ich glaube, sie tat das nicht nur aus Freundschaft und Loyalität, sondern aus einer Art Unwissenheit heraus. Sie hatte keine Erfahrung mit modernen Romanen und war von etwas beeindruckt, was nur der aktuell üblichen Art zu schreiben entsprach, bloß eine Nachahmung der gerade herrschenden Mode war. Was ich ihr hätte sagen können. Ich hatte das Gefühl, daß sie früher, bevor ich sie kennengelernt hatte, die großen, klassischen Romane nicht so sehr gelesen als vielmehr in sich hineingesaugt hatte, und während unserer frühen Zeit las sie oder las sie erneut Dostojewski, Dickens und manchmal Proust. Wir gewöhnten uns an, während des Mittagessens zu lesen. Jeder hatte sein Buch, und sie war ähnlich versunken und las mit fast so großer süchtiger Hingabe wie ich, obgleich es ihr nichts ausmachte, wenn ich sie mit etwas aus meiner eigenen Lektüre, das mich belustigte, unterbrach.

Sie nahm immer an diesen Augenblicken des Vergnügens teil, und während meiner intensivsten Pym-Phase ließ sie sich von mir gerne komische Szenen vorlesen, über die sie wirklich lachen mußte, obwohl manchmal vor allem deswegen, weil ich selbst beim Lesen so sehr lachte, und das mochte sie. Komische Stellen vorgelesen zu bekommen – zum Beispiel aus den Romanen von P. G. Wodehouse – kann anstrengend sein. Man muß oft ein

Vergnügen vortäuschen, das man so spontan nicht immer empfindet. Aber Barbara Pym eignet sich – wie Jane Austen auch – besonders gut zum Vorlesen kurzer Passagen. Wir sind nur einmal mit ihr zusammengetroffen und fanden sie und ihre Schwester sehr sympathisch, soweit man das nach einem kurzen Treffen und angesichts der üblichen englischen Verlegenheit sagen kann. Sie war eine sehr große Frau, und als ihre Tagebücher postum veröffentlicht wurden, las ich amüsiert in einem ihrer Briefe an Philip Larkin, daß sie, wie sie feststellte, «Iris weit zu überragen schien (obwohl natürlich nur in puncto Körpergröße)».

Barbara Pym war ebenso bescheiden wie selbstironisch, und in beidem, wie man in ihren Tagebüchern sehen kann, ganz anders als Iris. Iris brauchte sich ihrer selbst als Schriftstellerin nicht bewußt zu sein. Dagegen gibt es in Barbara Pyms Tagebüchern eine anrührende Stelle, wo sie sich vorstellt (wie sie es offensichtlich häufiger tat und wie es die meisten von uns tun), daß Leute, die von ihr gehört haben könnten, sie anschauen und einer von ihnen sagt: «Da ist ja Barbara Pym, die Schriftstellerin.»

Es gibt einen Typ von literarischer Persönlichkeit (von der Art, die in Deutschland ehrfürchtig «Dichter» genannt wird), der so beeindruckend und großartig ist, daß sich die Frage nach seiner Bescheidenheit, seinem Image oder seiner Pose kaum jemals stellt. Eine dieser Persönlichkeiten war ein Schriftsteller, den ich bereits erwähnt habe und den ich in der Anfangszeit meiner Beziehung zu Iris bei mir immer das «Monster von Hampstead» genannt hatte (eine seiner Jüngerinnen hat einen Roman über ein solches Monster geschrieben). Diese eindrucksvolle Persönlichkeit hatte schließlich in späten Jahren den Nobelpreis erhalten. Er wurde sehr verehrt, besonders in Deutschland (er schrieb in Judenspanisch und in Deutsch), obwohl er in seiner Jugend in der Nähe von Manchester gewohnt und einen großen Teil seines Lebens in London verbracht hatte.

Ich bin dem «Dichter» hin und wieder begegnet, habe aber nur ein einziges Mal – auf einer Literatengesellschaft – mit ihm gesprochen. Er fragte mich bei dieser Gelegenheit, was ich von *King Lear* halte. Auf eine solche Frage läßt sich immer schwer antworten. Die Tatsache, daß ich versucht hatte, meinen Studenten das Stück nahezubringen, half mir in dem Augenblick nicht im geringsten weiter. Trotzdem beantwortete ich seine Frage irgendwie, und er hörte mir aufmerksam zu, was sehr schmeichelhaft war. «Und was halten *Sie* davon?» fragte ich, nachdem ich seinen durchdringenden Blick eine Weile ertragen hatte.

Er schwieg weiterhin – eine lange Zeit, wie mir schien. Schließlich sprach er. «Freunde sagen mir, daß mein Buch nicht zu ertragen sei», sagte er. Zum Glück wußte ich, daß er von seinem langen Roman *Die Blendung* sprach und nickte ernst. Wieder schwieg er. «*König Lear* ist auch nicht zu ertragen», erklärte er schließlich.

Ich verneigte mich. Ein größeres Kompliment würde man Shakespeare und seinem Meisterwerk nicht machen können. Der Magier schlug einen zweifellos in seinen Bann. Die feierliche Atmosphäre unseres Tête-à-tête wurde langsam ebenfalls unerträglich, und daher empfand ich es als Erleichterung, als wir von einem eingebildeten, aber trotzdem irgendwie netten jungen Mann unterbrochen wurden, dessen Selbstzufriedenheit gerade einen einsamen Gipfel erreicht hatte. Seine Untersuchung zur zeitgenössischen Angst war als Meisterwerk bejubelt worden und unerwartet zu einem Bestseller avanciert.

«Wie fanden Sie mein Buch, Sir?» fragte er jetzt forsch-fröhlich und offensichtlich fest davon überzeugt, daß sich der große Mann diese Erfahrung nicht hatte entgehen lassen.

Der «Dichter» wirkte immer eindrucksvoll. Von gedrungener, fast zwergenhafter Gestalt mit einem großen

Kopf und dichtem schwarzem Haar, sah er aus, wie ein unterhalb der Taille abgeschnittener Riese, ein «Sitzriese», wie die Deutschen sagen. Gütig blickte er zu dem jungen Mann auf, schien aber dennoch dessen Frage nicht ganz verstanden zu haben, nicht begriffen zu haben, worum es ging, obwohl er Englisch ebenso meisterhaft beherrschte wie Deutsch. Es entstand eine lange Pause. Der junge Mann wartete immer gespannter, aber auch mit wachsender Verlegenheit.

Endlich sprach der «Dichter», erstaunt und gänzlich ohne Emphase oder Ironie. «Sie fragen mich – *mich* –, ob ich Ihr Buch gelesen habe?» Die Wiederholung des Pronomens schien einzig und allein die Möglichkeit eines Mißverständnisses ausschließen zu sollen. Vielleicht glaubte der junge Mann, daß er mit einem gewöhnlichen Sterblichen sprach? Es folgte wieder eine lange Pause, während der er den jungen Mann weiterhin freundlich anlächelte, bis dieser sich endlich unter einer gemurmelten Entschuldigung davonmachte.

Ich war zwischen unwillkürlicher Bewunderung und heftiger Abneigung hin und her gerissen. Die Abneigung gewann die Oberhand, wie jedesmal, wenn ich mit dem Monster – oder Magier – zusammentraf. Und doch konnte er nicht nur eine offensichtliche Wärme an den Tag legen, sondern einen scheuen, beinahe schüchternen Charme, den er ganz allein für sein Gegenüber reserviert zu haben schien. Kein Wunder, daß man ihn anbetete. Zweifellos war ich damals auch fasziniert und wollte unbedingt sehen, wie er sich weiterhin benehmen würde. Er ignorierte alle anwesenden Schriftsteller, Intellektuellen und sonst wichtigen Leute, wodurch er sie zu zwingen schien, ihn auch zu ignorieren. Nach jenem ersten Zusammenstoß bewegte er sich völlig unbefangen umher, allein, von allen gemieden. Keiner wagte ihn anzusprechen. Vielleicht hatte man beschlossen, ihn zu schneiden, und falls es so gewesen sein sollte, fand er es amüsant und äußerst befriedigend. Ich beobachtete ihn, wie er mit einem anderen jungen Mann sprach, der am Rand herumstand und offensichtlich keinen der Anwesenden kannte. Bald lachten sie und waren ins Gespräch vertieft. Ich mußte einfach näher herangehen und erkannte schließlich in jenem Mann, der, aus der Nähe betrachtet, etwas auf komische Weise Schurkenhaftes hatte, einen Schauspieler, den ich oft in Gangsterfilmen gesehen hatte, nach denen ich zu jener Zeit süchtig war. Da ich jetzt ein Gesprächsthema hatte, sagte ich ihm, wie oft und mit welchem Vergnügen ich ihn auf der Leinwand gesehen hatte. Das schien ihn zu freuen, aber er meinte, er habe bis jetzt noch nie den Hauptgangster gespielt, sondern nur Nebenrollen gehabt. In dem Augenblick winkte ihm ein Kollege zu, der gerade eingetroffen war, und er ging zu ihm hinüber. Der «Dichter», der sehr angetan von ihm zu sein schien, wollte von mir wissen, was er beruflich mache. «Der einzige hier, mit dem es sich lohnt zu reden», fügte er lächelnd hinzu.

Da ich mich in diese Beurteilung eingeschlossen fühlte, suchte ich nach einer Möglichkeit zu entkommen. Zum Glück beanspruchte unsere Gastgeberin den «Dichter» in diesem Augenblick für sich, und der junge Schauspieler kam zurück. Er fragte mich, wer denn dieser ulkig aussehende alte Knabe sei. «Wirklich ein *großartiger* Bursche!» sagte er. «Wirklich interessant. Er mochte mich», setzte er hinzu und übertrieb theatralisch seine eigene Begeisterung. «Wir haben übers Angeln geredet. Ich *liebe* das Angeln – ein echtes Hobby. Ich weiß nicht, woher er das wußte, aber er schien es ...»

Eine im Geistesleben Oxfords sehr einflußreiche Persönlichkeit, Isaiah Berlin, der sich von dem magiergleichen «Dichter» in nahezu jeder Beziehung unterschied (er war zum Beispiel ein von Herzen gütiger Mensch), teilte aber mit diesem die Fähigkeit, jeden Menschen durch das Interesse, das er ihm entgegenbrachte, für sich einzunehmen. Er sagte mir einmal, daß er Langweiler möge und sich nie von ihnen gelangweilt fühle. Das stimmte wahrscheinlich, und zweifellos machte er sich auf seine warmherzige, spontane russische Art mit jedem bekannt, auf den er traf – mit den schüchternen Akademikerfrauen, den weltgewandten Gastgeberinnen, mit Naturwissenschaftlern und Intellektuellen, mit Philosophen und Musikliebhabern. Er hatte etwas Volkstümliches, und manche Leute sprachen deshalb mit Herablassung von ihm und deuteten an, daß er seinen Ruhm und seinen Namen nahezu völlig dieser seiner außergewöhnlichen Fähigkeit, mit Menschen zurechtzukommen, verdanke und nicht seiner Originalität oder persönlichen Leistung. Isaiah Berlins Lieblingsautoren waren Alexander Herzen, dessen Werke ihm über alles gingen, und Turgenjew. In Stil, Begeisterung und Persönlichkeit waren die beiden ihm ähnlich, obwohl er das nie gesagt hätte. Die literarischen Vorlieben des «Dichters» waren weitaus geheimnisvoller, und das sicherlich mit Bedacht. Er gab seinen Jüngern zu verstehen, daß ein bestimmter Text das Wahre, das *einzig* Wahre sei, ohne sich auf eine Erörterung einzulassen oder einen Grund anzugeben, warum dies so sei. In seiner dunkel-raunenden Art legte er seinen Jüngern einmal eindringlich nahe, *Kin Ping Meh* zu lesen, einen langen und komplexen chinesischen Roman aus dem 17. Jahrhundert. Jedermann, Iris eingeschlossen, machte sich eiligst an die Lektüre, aber offensichtlich konnte keiner so richtig verstehen, was an dem Roman Besonderes war. War er in irgendeiner Weise ein Schlüssel zum Verständnis wie Henry James' *Muster im Teppich* – vielleicht sogar der Schlüssel zum Verständnis der wahren Größe des «Dichters» selbst? Herzen und Turgenjew sind genauso offen, so brillant, so unbezweifelbar faszinierend wie Isaiah Berlin, aber was war das Geheimnis des *Kin Ping Meh* oder irgendeines anderen Werkes, dem der «Dichter» das Gütesiegel seines Beifalls verlieh? Es schien darauf keine Antwort zu geben. Geheimnisvolles Dunkel ist und bleibt das Merkmal des Magiers.

Iris' Romane sind dagegen – zumindest in meinen Augen – auf genuine Weise geheimnisvoll, so wie die Dramen Shakespeares. An Iris' Rang als Romanschriftstellerin habe ich nicht die geringsten Zweifel, obwohl sie das Charisma, das die wichtigste Voraussetzung für den Erfolg eines Weisen oder Magiers ist, von Natur aus niemals brauchte, besaß oder zu kultivieren versuchte. Ihre Bücher erschaffen eine neue Welt, die auf geniale Weise auch eine normale Welt ist. Iris will mit ihren Romanen nichts, sie kehrt in ihnen nicht die Intellektuelle heraus und versucht auch nicht, anders zu sein als die anderen. Ihre Romane sind nicht Teil einer Persönlichkeit, die ihre Bewunderer fasziniert und hypnotisiert. Auch wenn man als Leser sagen oder finden könnte, daß bestimmte Gestalten oder Ereignisse nur in einem Murdoch-Roman vorkommen können, heißt das nicht, daß die Persönlichkeit der Autorin selbst auf offensichtliche Weise außergewöhnlich ist.

Ihre Bescheidenheit in dieser Hinsicht kommt mir ihrerseits so bescheiden vor und ganz anders als die Bescheidenheit der meisten Leute. Sie wollte nichts Besonderes sein, hielt sich nicht abseits, sondern akzeptierte die Menschen und was sie ihr erzählten, und das ohne Vorbehalt. Sie nahm sie sozusagen für bare Münze. Es überraschte mich oft, wie leicht sie sich – meiner Ansicht nach – täuschen ließ. Napoleons Bemerkung, daß niemand in den Augen seines Kammerdieners ein Held sei, sei wahr, sagt Hegel, jedoch nicht, weil der Held kein Held, sondern weil der Kammerdiener ein Kammerdiener ist. Für Iris war jeder, mit dem sie zusammentraf, sozusagen ein Held, bis es eindeutige Anzeichen oder Beweise fürs Gegenteil gab. Ich kenne niemanden, der von Natur aus unkritischer oder weniger kritiksüchtig war. Ihr privates Urteil – wenn sie denn eins fällte – behielt sie für sich und sprach es niemals in der Öffentlichkeit aus.

Das ist in akademischen und intellektuellen Kreisen eine solche Seltenheit, daß, wie ich vermute, viele von

Natur aus lebhaftere und klatschhaftere Leute die Unterhaltung mit ihr ziemlich langweilig fanden, auch wenn sie nach wie vor die größte Hochachtung vor ihr hatten. Religiöse Menschen – wie ihre Studentinnen – fanden sie auf Anhieb und ganz instinktiv sympathisch. Aber sie schien nie mit ihnen über Religion oder den Glauben gesprochen zu haben. In gewisser Weise hing das «Spirituelle», wie man es wohl nennen muß, in der Luft, und sein Vorhandensein wurde als selbstverständlich betrachtet. So sagte sie mir einmal lächelnd nach einem Zusammentreffen mit W. H. Auden, mit dem sie, seit er immer einen Teil des Jahres in Oxford verbrachte, häufiger zusammenkam (zum ersten Mal hatte sie ihn anläßlich eines Vortrages in ihrer Schule gesehen): «Er spricht gerne übers Beten.» Ich fragte, ob sie beide sich darüber ausgetauscht hätten, wie man beten solle. «Aber nein», meinte Iris, «wir beten ja beide nicht. Aber er macht Scherze darüber, wie er beten würde, wenn er es täte.»

Obwohl Iris eine Kennerin der platonischen Philosophie war und diese für die Atmosphäre in vielen ihrer Romane eine so wichtige Rolle spielt, hatte sie, soweit ich sehen konnte, für ihr Leben keine Bedeutung, genausowenig wie irgendeine der etablierten Religionen. Das traf sogar auf den Buddhismus zu, von dem sie eine Menge wußte, vor allem dank ihrer guten Freunde Peter Conradi und James O'Neill, die beide praktizierende Buddhisten sind. Ich vermute, daß der Ausdruck «praktizierend» hier irrelevant ist, genauso, wie es unpassend wäre, von einem «frommen» oder «ernsthaften» Buddhisten zu reden. (Ich mußte manchmal denken, daß es genauso wäre, wenn man in dieser Weise von Iris als Schriftstellerin sprechen wollte. Sie als «praktizierende» oder sogar als «ernsthafte» Schriftstellerin zu bezeichnen wäre ganz fehl am Platz. Der Vergleich mit Shakespeare drängt sich einmal mehr auf: Inwiefern war er ein «ernsthafter» Dramatiker?). Ich glaube nicht, daß Iris jemals angefangen hätte zu meditieren, so wie es Peter und Jim taten. Ihr Verhältnis zu den Dingen war ein anderes, ganz eigenes. Aber sie verliebte sich auf der Stelle – und das ist jetzt schon ein paar Jahre her – in deren Waliser Schäferhund Cloudy, ein wunderschönes Tier mit grauweißem Fell und blauen Augen. Er erscheint in ihrem vorletzten Roman, *The Green Knight*, als der Hund Anax. Iris ist und war eine *anima naturaliter Christiana*, war religiös ohne Religion. Sie hat aus der Kunst nie eine Religion gemacht, und doch haben für sie ganz sicher Gemälde eine größere Bedeutung gehabt als jede andere Hervorbringung des Geistes, Literatur und Philosophie nicht ausgeschlossen. Ich erwähnte schon Piero della Francesca und unsere Begegnung mit seiner *Auferstehung Christi* in Borgo San Sepolcro – und durch Zufall sollten wir dann fünf oder sechs Jahre nach unseren Flitterwochen während eines Aufenthaltes in Kanada dem Maler Alex Colville begegnen, der von der Kunst Pieros sehr stark beeinflußt ist. Es war das erste Mal, daß wir die Neue Welt zusammen besuchten (Iris hatte etwa ein Jahr nach unserer Heirat ein einmonatiges Forschungsstipendium für Yale bekommen und war allein und widerstrebend hingefahren, hatte aber, als sie erst einmal dort war, den Aufenthalt genossen). Bis vor kurzem war es dank einer strengen gesetzlichen Einschränkung der Visaerteilung an ehemalige Mitglieder der Kommunistischen Partei immer ein Problem, in die Vereinigten Staaten zu reisen. Iris war als Studentin in Oxford «Junge Kommunistin» gewesen, vor dem Ausbruch des Krieges aber aus der Partei wieder ausgetreten. Ihre Gewissenhaftigkeit erlaubte es ihr jedoch nicht, diesen Tatbestand bei der Ausfüllung der Visaanträge schlicht zu vergessen, wie es viele ihrer politischen Freunde in Oxford zu tun pflegten. Deshalb wurden ihr immer nur einzelne Besuche zu strikt akademischen Zwecken gestattet.

Das erwies sich als sehr hinderlich, als wir in Kanada waren, wo es keinerlei Beschränkungen gab. Unsere Gastgeber von der McMaster University wollten mit uns gerne die Albright-Knox Art Gallery in Buffalo besuchen und uns die Niagara-Fälle von der amerikanischen Seite aus zeigen. Auf diese Vergnügungen mußte Iris nun verzichten, weil wir die Heimreise über Chicago geplant hatten, wo sie zu einem philosophischen Thema sprechen sollte. Außerdem wollte sie gern das Art Institute of Chicago besuchen (während ihres Aufenthaltes in Yale war es ihr schon gelungen, sich die National Gallery in Washington, D.C., anzusehen). Die Reise nach Chicago war jedoch nur möglich, wenn sie ihr kostbares Visum für einen Besuch in den Staaten nicht bei der Fahrt nach Buffalo «verbrauchte». So bestand sie schließlich darauf, daß wir anderen diesen Ausflug machten – und blieb bis zu unserer Rückkehr allein auf der kanadischen Seite zurück. Am folgenden Tag gab es eine gewisse Entschädigung für sie, als wir nämlich zum Shakespeare Festival nach Stratford fuhren, wo ich etwas zu den Stücken, die aufgeführt wurden, sagen sollte. Wir machten bei dieser Gelegenheit einen Abstecher an den Lake Huron, wo wir uns in Wellen stürzten, die jenen am Meer unheimlich ähnlich waren, denen aber jeglicher Salzgeschmack fehlte.

Stratford war weniger Shakespeares wegen denkwürdig, als wegen einer Aufführung von Gilbert und Sullivans *Der Mikado* – der besten, die man sich vorstellen kann. Aber die größte Offenbarung unseres Aufenthalts in Kanada waren die Bilder von Alex Colville. Dieser stille, zurückgezogen in St. John's in New Brunswick lebende Künstler malte zu jener Zeit nur ein oder zwei Bilder im Jahr. Seine Kunst ist, was die Details angeht, von peinlichster Genauigkeit, da er sich selbst mit den letzten Feinheiten der Gestaltung noch die allergrößte Mühe gibt, und diese Präzision kontrastiert mit der statuenhaften Kompaktheit seiner menschlichen Figuren, die so wuchtig und rätselhaft sind wie jene Pieros, dabei aber völlig den alltäglichen Tätigkeiten des modernen Lebens hingegeben. Iris war von ihnen gefesselt. Sie und Coleville verstanden sich auf Anhieb, und er zeigte ihr alle seine mitgebrachten Mappen – er hatte zur Teilnahme an einem dieser Symposien zum Thema «Die Zukunft der Kunst» überredet werden können, die für so viele Schriftsteller und Akademiker eine behagliche Routineangelegenheit sind. Die Veranstaltung war nett, aber ereignislos, so wie diese Konferenzen halt sind – und erst die Anwesenheit Colvilles und die Leichtigkeit, mit der wir ins Gespräch kamen, machte sie plötzlich für Iris und mich zu etwas Besonderem. Es war fast so, als hätten wir unerwarteterweise in eines seiner Bilder Aufnahme gefunden – in das, auf dem ein Mann nackt und nachdenklich vor einem Kühlschrank steht und im schummrigen Licht, das aus dem Inneren leuchtet, seinen Inhalt betrachtet. Oder in das einer Frau, die – in ihrer wuchtigen Unergründlichkeit den Frauengestalten auf Pieros Gemälden vergleichbar – ihren Kindern die Autotür aufhält, damit diese einsteigen.

Wir hätten Alex Colville gerne öfter gesehen und gesprochen, aber leider kommt er nicht oft nach Europa. Bei einer dieser seltenen Gelegenheiten konnten wir uns in London treffen – er war auf dem Weg nach Den Haag, um eine winzige beschädigte Ecke seines dort hängenden Bildes *Stop for Cows* auszubessern. Die Farbe wies in dieser Ecke ganz kleine Kratzer auf, die beim Hängen entstanden waren, und das Museum hatte sich bereit erklärt, die Kosten dafür zu übernehmen, daß Alex aus Kanada herüberkam und den Schaden behob. Sie müssen viel von dem Bild gehalten haben, und das ganz zu Recht. Ein stämmiges, pausbäckiges Mädchen mit rundem Gesäß hebt, sich einem unsichtbaren Autofahrer zuwendend, majestätisch einen Arm. Vor ihr sieht man die gewaltigen Hinterteile und Schwänze schwarzbunter Kühe, und ein hoher Himmel läßt vermuten, daß das Meer nicht weit ist. In gewisser Weise ist das Bild beruhigend holländisch und stark, ja humorvoll körperlich. Aber zugleich ist alles auch von einer magischen Fremdheit, die in totalem Gegensatz zu der äußerlichen Erscheinung steht. Wie

Colville das macht und wie er Bilder so planen oder sich vorstellen kann, daß sie diese Wirkung bekommen, bleibt ein Geheimnis – eines, das Iris, wie ich weiß, sofort vertraut war und sie zutiefst ansprach. Sie pflegte früher stundenlang dazusitzen und sich ihren Band mit Colville-Reproduktionen anzusehen. Jetzt, wo sie sich nicht mehr zu konzentrieren vermag, ist auch ihr Interesse an Gemälden erloschen, aber wenn ich das Album mit den Colvilles hervorhole und vor sie hinlege, zeigt sie für kurze Zeit etwas von der früheren Aufmerksamkeit.

Der Reiz Colvilles lag für sie zum Teil zweifellos darin, daß er ganz und gar nicht modisch war. Kein anderer moderner Maler ist so unbeeinflußt von herrschenden Modeströmungen, so gleichgültig gegenüber dem, was in der Welt der Kunst gerade neu ist. Wie in den Wald-Aquarellen unseres alten Freundes Reynolds Stone, zeigt sich auch in den Bildern Colvilles keinerlei Drang, es in der Gesellschaft – in der schicken Gesellschaft der In-Group – zu etwas bringen zu wollen. Den hatte Iris auch nie. Sie hatte nie ein Gespür für das, was einem sozialen oder künstlerischen Erfolg dienlich ist. Wenn sich etwas an der gesellschaftlichen «Szenerie» ihrer Romane kritisieren läßt, dann vielleicht nicht so sehr, daß ihre Sicht der Gesellschaft unschuldig ist, sondern daß sie die Gesellschaft gar nicht als etwas Reales wahrnimmt. Ihrer Welt fehlt es an echter Welthaltigkeit. Die Art und Weise, wie sie die Menschen und deren Verhalten in ihren Romanen darstellt, kann ebenso klug wie scharfsinnig sein, aber trotzdem findet sich in ihnen keine Andeutung, daß sie die Welt durchschaut, kein Anzeichen dafür, daß sie wenigstens ihre eigene Welt sozusagen im Griff hat. Ihre Sicht der Dinge ist meilenweit von der rauhen Wirklichkeit eines Kingsley Amis' (den sie kannte und schätzte) oder von der seines brillanten Sohnes Martin entfernt.

Eine solche Weltfremdheit ist bei Autoren und Romanschriftstellern nicht häufig anzutreffen. Tolstoi blieb bis zu seinem Ende von der «High Society» unfreiwillig fasziniert. Seine Freude daran herauszubekommen, welche Tänze getanzt wurden und was die Frauen trugen, war auch noch lebendig, nachdem er schon lange – angeblich – aller Fleischeslust entsagt hatte. Unter den Schriftstellern erweisen sich im allgemeinen die über alles erhabenen Moralisten, die politisch und gesellschaftlich korrekten Autoren in ihrem Privatleben als genauso ehrgeizig wie Prousts Madame Verdurin. Gesellschaftlicher Snobismus im stark negativen, alten Sinn ist heutzutage wahrscheinlich im Schwinden begriffen, aber das Bedürfnis mitzumischen ist trotz aller Demokratisierung so groß wie eh und je. Das heutige Bedürfnis, gegen die Fuchsjagd zu sein, entspricht dem einstigen, an ihr teilzunehmen. Viele von Iris' Freunden äußerten sich kritisch, als sie zur *Dame of the British Empire* erhoben wurde. Sie waren der Ansicht, eine solche Ehrung sei aus demokratischen oder politischen Gründen nicht akzeptabel, aber ich habe den Verdacht, daß sie sie lediglich als inzwischen unmodern betrachteten – so etwas machte man heute einfach nicht mehr. Iris war es egal, ob es zeitgemäß war oder nicht. Es freute ihre Mutter und die wahren Freunde, und allein das zählte für sie.

Colville muß in Kanada glücklich gewesen sein, denn dort kümmerte sich niemand um ihn, nahm sich niemand seiner an – und doch konnte er seine Bilder auf dem internationalen Markt für, wie uns schien, hohe Summen verkaufen. «Ich bin gerne provinziell», bemerkte er einmal in seiner trockenen Art Iris gegenüber, «und Sie nehmen es mir doch nicht übel, nicht wahr, wenn ich sage, daß ich aus eben diesem Grunde Ihre Bücher geliebt habe und jetzt auch Sie liebe. Kein Streben Richtung Mayfair, wenn Sie verstehen, was ich meine.» Als er das sagte, sah er so komisch aus, daß ich lächeln mußte, und ich hänselte ihn, indem ich meinte, daß natürlich nur Provinzler in der Fisher Art Gallery ausstellten und in

Brown's Hotel residierten, was er nach eigenem Bekunden immer tat, wenn er in London war.

Iris und er waren tatsächlich die am wenigsten nach oben strebenden Menschen, die man sich vorstellen kann. Beide hatten keinerlei soziales Bewußtsein und zeigten nicht die geringste Neigung, etwas aus sich zu machen. Colvilles Anspielung auf seinen Provinzialismus war ein ungewöhnlicher Anfall von Selbstironie, ausgelöst bei der erwähnten Konferenz durch einen smarten New Yorker und seine noch viel smartere Frau, die beide Kunstkritiker waren und sich bei der vormittäglichen Diskussionsveranstaltung als die tonangebenden Autoritäten aufgespielt hatten. Nach dem Ende der Konferenz raunte uns Colville verschwörerisch zu, er kriege «ein bißchen einen Knastkoller», weshalb wir uns am Abend nach Hamilton mitnehmen ließen und dort in einer Bar ein paar Drinks zu uns nahmen.

Und doch habe ich nie erlebt, daß Iris einen anderen Menschen wegen seiner Ansprüche oder der Art seines Betragens abgelehnt hätte. J.B. Priestley gab in ihrer Gegenwart immer ganz abscheulich an, woran sie, gütig wie sie war, ihren Spaß hatte, ohne Gleiches mit Gleichem zu vergelten, wenn er ebenso listig wie plump versuchte, sie über Plato oder Religion, Politik oder Feminismus auszuholen. Er nannte sie «Schatz», was ihr ebenfalls Spaß machte, und zeigte sich angesichts der durchdachten und vernünftigen Antworten, die sie ihm gab, überaus irritiert. Hätte er eine Generation früher gelebt, so schnitt er auf, also zu einer Zeit, wo erfolgreichen Schriftstellern ihr Einkommen noch nicht weggesteuert worden sei, dann hätte er eine Antarktis-Expedition finanziert oder in Oxford oder Cambridge ein Forschungsinstitut gegründet. «Cambridge hätte dir das nicht gedankt», bemerkte seine Frau, Jacquetta Hawkes, daraufhin trocken. «Das kann ich dir sagen, Jack.»

Sie waren ein einnehmendes, sehr gegensätzliches Paar, und ihre glückliche Beziehung erinnerte mich immer an die Königin Titania und Zettel im *Sommernachtstraum*. Iris mochte die beiden sehr. Ich kam mit Jack gut zurecht und begegnete Jacquetta mit so etwas wie ehrfürchtiger Scheu, denn sie ließ mich immer an den Ausspruch eines alten Professors denken, daß sie einen in Oxford anlächeln und einem dabei den Dolch in den Rücken stoßen, während sie einem in Cambridge vielleicht einen Gefallen tun, dies aber mit mißbilligendem Gesichtsausdruck. Jacquetta mißbilligte einen nicht gerade, aber ihr Lächeln war, obwohl freundlich, immer auch ein bißchen frostig. Ihr Vater war ein bedeutender Cambridger Biologe gewesen, und sie hatte die Angewohnheit, einem unerwartet und mit einer Art wissenschaftlicher Ruhe vertrauliche Mitteilungen zu machen. So erzählte sie mir, sie sei einmal in Cambridge aus einem Fenster gesprungen, um einen aufgeblasenen Freund zu beeindrucken, und habe sich dabei den Uterus ernstlich verletzt. «Sie haben Charme», ließ sie mich ein andermal wissen, und das so, als wäre es etwas, was einem selbst die besten Freunde nicht sagen würden. Mich beunruhigte das sehr, aber sie machte es dadurch wett, daß sie bei einer anderen Gelegenheit in gleichermaßen kühlem Ton anmerkte, daß Iris die einzige Frau sei, gegenüber der sie, was Jack betreffe, keine Eifersucht empfinde. Da klang die Titania auf einmal recht verletzlich und menschlich.

Hinter Jacks großen Tönen verbarg sich die gleiche Verletzbarkeit. Er erkundigte sich einmal mit versonnenem Blick bei mir, ob ich jemanden von der *British Academy* kenne – wie er dort Mitglied werden könne? Ich hatte keine Ahnung, aber er muß gedacht haben, daß ich als Akademiker einfach Bescheid wissen müßte. Er gestand auch, daß er früher alles dafür gegeben hätte, wie Evelyn Waugh in der Welt der oberen Zehntausend verkehren zu können. Auf seltsame Weise klang es bei ihm so, als wäre eine solche Zugehörigkeit gleichbedeutend mit den richtigen Ansichten über England, die Politik oder den Feminismus. Mit denen komme er schon zurecht und finde auch Beachtung, aber um wirklich beachtet zu werden, müßte man halt doch auch den oberen Zehntausend angehören. Solche Bemerkungen fand ich interessant, aber ich verspürte dabei auch ein gewisses Unbehagen – und Iris, glaube ich, ebenfalls, obwohl sie das nie erkennen ließ. Ihre Art, mit Jack umzugehen, bestand darin, daß sie ihm Fragen zu seinem Leben und seinen Ansichten stellte. Er war nur allzu froh, sich darüber auslassen zu können. Iris verstand es sehr gut, etwas von anderen zu erfahren, ohne etwas von sich preiszugeben. Ein Zeitungsreporter beklagte sich einmal nach einem Interview mit Iris, daß sie jetzt alles über ihn, er jedoch nichts über sie erfahren habe. Iris' Zuneigung zu Jack war fast wie die einer Tochter zu ihrem Vater, und als er starb, war das für sie ein großer Verlust.

Diese Zuneigung zu Jack war langsam gewachsen, aber sie konnte Freundschaften auch auf der Stelle schließen. Und in gewissem Sinne kann sie das immer noch. Vor kurzem rief ein Mönch aus einem irischen Kloster bei ihr an. Er gehörte schon lange zu ihren Bewunderern und hatte ihr auch geschrieben – eine Korrespondenz, die ich dann hatte übernehmen müssen. Er fragte an, ob er kurz vorbeischauen dürfe. Er käme von Limerick, um einen anderen Mönch aus einem Kloster, einer Schwestergründung, abzuholen. Er war riesengroß, trug einen dunklen Anzug, trat weltmännisch auf in jener undefinierbaren Art vieler Mönche, die sich geben, als bewegten sie sich immer in einer ganz entschieden eleganten Welt (ich mußte an Tolstoi, Jack Priestley und Evelyn Waugh denken!). Er sagte, die Duchess of Abercorn lasse uns grüßen – sie war wohl einmal anläßlich eines Puschkin-Festivals mit mir zusammengetroffen.

All das war im Augenblick etwas verwirrend, aber als sich der baumlange Mönch und Iris dann zusammensetzten, veränderte sich alles sofort. Sie «unterhielten» sich höchst angeregt – Iris begann Sätze oder beendete welche, und er schien immer zu wissen, was sie sagen wollte, und füllte die Lücken, wenn ihr die Worte fehlten, mit einem seinem Beruf eigenen Übermaß an liebevoller Zuwendung. Und dabei sah sein Gesicht tatsächlich verklärt aus, und ihres ein paar Augenblicke später ebenfalls. Sie waren bald bei seiner Kindheit, bei der Frage, warum er Mönch geworden war, und vor allem bei seinen Plänen, im Kloster Glenstal Abbey regelmäßige Diskussionen über ihr Werk zu veranstalten. Er versicherte uns, daß von zweien ihrer Romane, *The Book and the Brotherhood* sowie *The Good Apprentice*, gesagt werden könne, sie hätten zu der noch nicht so lange zurückliegenden Gründung des Klosters und zu der Art des Zusammenlebens in ihm angeregt. Zum ersten Mal blickte Iris verständnislos drein. Vielleicht hatte sie Anzeichen einer typisch irischen Übertreibung entdeckt, vielleicht war sie aber auch nur wegen der Titel ihrer Romane verwirrt. Was waren das für Bücher? Und von wem waren sie? Sie fragte jedoch nicht nach, sondern fragte nur zum dritten- oder viertenmal, wo er wohne, wo er geboren sei und ob er Dublin kenne.

Verklärungen sind nicht von Dauer. Bald erschien seine Begeisterung nicht mehr ungewöhnlicher als die der meisten religiösen Menschen. Iris' Angeregtheit ging allmählich in ihren verlorenen Blick über – sie schien jetzt verwirrt zu sein von der Anwesenheit dieses großen, gutaussehenden Mönchs in seinem so unpassenden Straßenanzug. In derlei Dingen erfahren und wohl wissend, daß die gute Zeit ablief, erhob er sich schnell, segnete Iris und war schon aus dem Haus. Der kleine Lieferwagen, in dem er die ganze Strecke von Limerick nach Holyhead und weiter durch Wales bis nach Oxford gefahren war, stand wartend am Straßenrand. Ich erwähnte, daß wir auch einmal in so einem Gefährt durch Irland gefahren waren, aber das interessierte ihn nicht. Ich hatte das Gefühl, daß er mich richtig taxiert hatte, nicht so sehr, weil er ein kluger Mann war, sondern weil ihn die Erfahrung einiges über die Dummheit der Intellektuellen und ihre Begriffsstutzigkeit in Dingen, die wirklich von Belang waren, gelehrt hatte. Er wollte jetzt los, um seinen Benediktinerkollegen abzuholen, und es war boshaft gemeint, als ich zum Abschied sagte, ich hätte gehört, die Benediktiner wären der gelehrteste Orden von allen. «Wer's glaubt!» erwiderte er mit einem lauten Lachen und einem verachtungsvollen Blick, den ich mir, wie ich wohl wußte, redlich verdient hatte.

Im Haus hatte Iris schon ihre Lebhaftigkeit wiedergewonnen und war von Freude über den Besuch erfüllt. Sie hatte zwar begriffen, daß der Gast Ire gewesen war, aber nicht sehr viel mehr. Ich versuchte, sie an die Zeit vor ein paar Jahren zu erinnern, als sie in Maynooth, dem großen katholischen Seminar vor den Toren Dublins, Vorlesungen gehalten hatte. Das war zu der Zeit gewesen, als die Unruhen in Nordirland ihren Höhepunkt erreicht hatten, und ihr Gastgeber hatte einmal auf die in Haft genommenen IRA-Mitglieder angespielt – die «Männer hinter dem Draht», wie man sie in Irland nannte. Er hatte die rhetorische Frage gestellt: «Sind wir nicht alle bei den Männern hinter dem Draht?», und seine Brüder im Herrn hatten zustimmend mit dem Kopf genickt. Iris hatte vor Wut geschäumt. Sie erzählte mir später, daß sie kaum noch in der Lage gewesen sei, sich zu beherrschen und sich ihre Höflichkeit und ihr Lächeln zu bewahren. Ich bin sicher, daß die Priester nichts von der Leidenschaft ahnten, die sie da unwillentlich entfacht hatten, zumal sie wohl in ihrer verbindlichen Art angenommen hatten, daß Iris – wie alle Londoner Intellektuellen – die zur Zeit korrekte Ansicht in puncto irische Einheit teilte. Das tat sie aber nicht. Es war dies das einzige politische Thema, bei dem der presbyterianische Atavismus ihrer nordirischen Vorfahren vollständig die Oberhand gewann.

Ich zog sie manchmal auf, indem ich sie an den Fehler erinnerte, den eine Dame beim Tippen ihrer Essays gemacht hatte. Hinsichtlich der Schreibkunst der Autorin etwas im Zweifel, hatte sie überall im Text das Wort *reason* («Vernunft») durch den Namen Pearson ersetzt, weil sie wohl der Meinung gewesen war, es handele sich um irgendeinen Philosophen, auf den Iris des öfteren Bezug genommen habe. Dieser Pearson gab Anlaß zu manchem Scherz und wurde in unserer privaten Sprache zu einer vertrauten Gestalt. Aber Pearson hatte, was Iris anging, nicht das geringste zu melden, wenn sie und ihre Freunde über die Zukunft Nordirlands diskutierten. Wenn sie konnte, dann schwieg sie, aber am Ende explodierte sie dann häufiger doch. Einmal, als ich bei einer solchen Gelegenheit versuchte, in witziger Weise auf Pearson anzuspielen, brachte sie mich zum Schweigen, indem sie mich in scharfem Ton an Humes Diktum erinnerte, die Vernunft sei die Dienerin der Leidenschaften und solle auch nichts anderes sein. Das war eine Auffassung, die sie sonst nicht vertrat.

Iris' Handschrift war im allgemeinen gut leserlich, ja, es war eine hervorragende, charakteristische Schrift, die der keines anderen Menschen glich. Wenn ich ihr in Steeple Aston morgens eine Tasse Kaffee brachte, blieb ich manchmal stehen und sah zu, wie ihre Feder über das Manuskriptpapier hinglitt. Manchmal allerdings glitt sie sehr schnell, und dann war ihre Schrift für die Schreibkraft schwer zu entziffern. Um das Abtippen ihrer Manuskripte kümmerte sich stets Norah Smallwood vom Verlag Chatto & Windus, eine bewundernswerte Verlegerin, die in dem Ruf stand, knauserig zu sein, die Iris aber immer mit mütterlicher Festigkeit und Freundlichkeit behandelte. Norah hatte keine Kinder und ging mit ihren jungen, weiblichen Angestellten recht tyrannisch um, es sei denn, sie waren in Schwierigkeiten oder brachen wegen ihrer Strenge in Tränen aus.

Iris war immer glücklich, wenn sich die Gelegenheit zu einem Schwätzchen ergab, und es machte ihr nichts aus, wenn man sie bei der Arbeit störte. Wenn dagegen ich im Bett saß und versuchte, irgend etwas zu tippen, fand ich immer, daß sich Störungen äußerst verhängnisvoll auf den jeweiligen syntaktischen Bau auswirkten, den ich gerade in meinem Kopf aufzutürmen bemüht war. Wenn er wie ein Kartenhaus zusammenfiel, hatte ich große Schwierigkeiten, von vorne zu beginnen oder mich daran zu erinnern, was ich eigentlich hatte sagen wollen. Iris nahm es mir jedoch in ihrer Gutherzigkeit nie übel, daß ich sie unfreundlich anknurrte, wenn sie den Kopf zur Tür hereinsteckte und mir irgendeine Frage zur Tagesplanung stellte. Sie murmelte dann etwas Besänftigendes und zog sich mit einem Lächeln zurück. Heute denke ich oft an diese Szenen, wenn sie mir ängstlich durch das Haus nachläuft, oder wenn ich von einem Buch aufblicke und sehe, wie sie von der Tür her zu mir herüberstarrt.

Als ich einmal neben ihr stand und ihr beim Schreiben zusah, bemerkte ich, wie draußen ein Fuchs über den Rasen schnürte, und machte Iris auf ihn aufmerksam, weil sie immer froh war, dieses Geschöpf zu sehen – auch wenn unsere Füchse eine uns wohlbekannte Familie waren, die in einem Winkel des verwilderten Gartens wohnte, so wie die Ratten früher in unserem Haus gewohnt hatten. Die Katzen unseres Nachbarn waren gleichfalls regelmäßige Besucher unseres Grundstücks. Eine der Katzen überquerte den Rasen, und wenig später vernahmen wir lautes Gekreisch und Gefauche. Ein Fuchs umtanzte die Katze, die sich im Kreis drehte, um ihren Widersacher im Auge zu behalten, und dabei diese Geräusche von sich gab. Es war unmöglich zu sagen, ob der Fuchs von Anfang an die Absicht gehabt hatte, die Katze zu attackieren, ja sie vielleicht sogar zu fressen, oder ob das alles nur ein Spiel war – eine Vermutung, die nahelag, wenn man sah, wie der Fuchs zwischen seinen Sprüngen und Manövern immer wieder innehielt und sich mit der Schnauze zwischen den Vorderpfoten niederlegte. Schließlich schien er des Spiels – wenn es denn eines war – überdrüssig, denn er trottete davon und überließ die Katze sich selbst. Während die Auseinandersetzung zwischen den beiden im Gange war, konnte ich Iris nur mit allergrößter Mühe davon abhalten, nach unten zu rasen und dazwischenzugehen – so wie die sabinischen Frauen zwischen ihre kampfbereiten römischen Männer und die auf ihre Befreiung bedachte sabinische Verwandtschaft gegangen waren. Ich war fasziniert und wollte unbedingt sehen, wie die Sache ausgehen würde – Iris zum Trotz, die immer wieder besorgt sagte: «Komm, wir müssen sie trennen ... unbedingt.»

Sie war von Natur aus friedliebend und verabscheute den Gedanken, daß sich Tiere oder Menschen gegenseitig etwas antaten. Als bei einer Jagd ein Fuchs auf dem benachbarten Feld zur Strecke gebracht worden war, wurde sie sofort sehr zornig und machte einem höflichen und zugleich verwirrten Jägersmann wutentbrannt Vorhaltungen, der mit apologetischer Miene im Sattel saß und erwiderte: «Oh, das tut mir aber leid, Miss Murdoch, ich hatte gedacht, Sie wären eine Anhängerin.» Das stimmte durchaus, aber es bestand doch ein Unterschied zwischen einer unbestimmt positiven Einstellung zur Jagd und der Nachricht, daß einer «ihrer» Füchse (wie sie annehmen mußte) in ihrer nächsten Nähe erlegt worden war, zumal sie diesen Fuchs durchaus als Jungtier gekannt haben konnte. Wenn wir ganz leise in diese abgelegene Ecke unseres Gartens bei der Feldsteinmauer gingen, wo Brombeer- und Holundersträucher wucherten und auf geheimnisvolle Weise Erdhügel aufgeworfen worden waren, dann bekamen wir oft ein kleines Gesicht mit kurzsichtigen, blaßblauen Augen zu sehen, die zu uns herüberspähten. Die Fähe zog dort jedes Jahr fünf oder sechs Junge groß.

Für Iris gehörten die Füchse zum Haushalt. Für mich waren sie – wie die Ratten – ein Zeichen dafür, daß uns Haus und Garten nicht gehörten, daß wir dort nur geduldet waren. Darüber machte sich Iris überhaupt keine Gedanken. Sie war oft fort, besuchte ihre Mutter und ihre Freunde in London. An Besitztümern hing sie kaum – sie sagte mir einmal, daß deren Existenz ihr so wenig wichtig sei wie die eigene. Ich verstand wohl, was sie meinte, aber es entsprach nicht ganz der Wahrheit. Sie wachte nämlich eifersüchtig über die Dinge, die ihr gehörten, also etwa die Steine, Rosen und Bilder, obwohl es ihr nicht in den Sinn kam, sie zu pflegen und zu inspizieren, sie sauberzumachen (wie echte Hausfrauen Silber reinigen oder Porzellan) und ihnen ihre liebende Aufmerksamkeit zu schenken. Sie durften lediglich nie weggegeben oder von ihrem angestammten Platz entfernt werden, das war alles. Deshalb sah das Haus immer vernachlässigt aus – wie auch die kleine Wohnung, die wir später in South Kensington erwarben, als wir jemanden gefunden hatten, der zu Iris' Mutter in ihre Londoner Wohnung zog und sich um sie kümmerte.

Ich fühlte mich in dieser Londoner Wohnung genausowenig zu Hause wie in Steeple Aston, obwohl ich mich dort seltsamerweise an den Tagen sehr viel leichter «einkuhlen» konnte, an denen Iris nicht da war. Als sie 1980 oder um diese Zeit ihre Reise nach China machte (sie war Mitglied einer ziemlich hochrangigen Delegation und traf auch mit Teng Hsiao-ping, dem kommunistischen Führer, zusammen), unternahm ich ernsthafte Anstrengungen, das Haus gründlich sauberzumachen. Es waren gerade Ferien, das heißt, ich mußte nicht in Oxford unterrichten, und so arbeitete ich vormittags über Shakespeare, während die Nachmittage dem Putzen und Aufräumen gewidmet waren. Ich entwickelte dabei eine regelrechte Junggesellenroutine, und das um so freudiger, als ich ja wußte, daß dieser Zustand nicht andauern würde.

Iris war bei ihrer Heimkehr sehr beeindruckt – und auch gerührt. Ich glaube, sie spürte mit einem kleinen Stich, daß dies der Zustand war, den ich immer hatte haben wollen. Was nicht stimmt: Ich hatte keine Ahnung, was ich in dieser oder irgendeiner anderen Hinsicht haben wollte, wenn nur sie da war. Und ihre Unfähigkeit, sich mit sich selbst oder Orten zu identifizieren, hinderten mich daran, mich dort zu Hause zu fühlen – außer wenn sie nicht da war. Ihre Romane und ihr forgesetztes Erfinden, das war, wo sie von Tag zu Tag und von Monat zu Monat lebte. Und so kehrte nach meinem reinlichen Zwischenspiel als Hausmann und Junggeselle die eheliche, gemütliche Demoralisierung schnell wieder zurück.

Nichtsdestoweniger liebte sie das Haus auf ihre Art – und das weit mehr als ich. Ungeachtet ihrer Weigerung, dorthin zurückzukehren (ein Besuch, an dem mich die Faszination der Rückschau gereizt und ich eine morbide Freude gehabt hätte), war Cedar Lodge immer ihr Camelot, wo sie die ursprüngliche, beruhigende Zukunft im Kopf gehabt hatte – ihre Vorstellung von den einbrechenden Dachsen und wie sie mir bei meiner abendlichen Heimkehr entgegenkommen und davon berichten würde. Vielleicht war dies ihre einzige Vision eines Lebens als Ehefrau, und sie wollte diese Vision, nachdem sie mit dem Verkauf des Hauses verflogen und vergangen war, nie wieder sehen – und das Haus auch nicht. Ich neckte sie einmal damit, daß ich sagte, die Einbrecher seien eigentlich nicht die Dachse, sondern die Füchse gewesen, aber sie meinte, das sei keineswegs dasselbe. Seltsamerweise sah ich einmal wirklich einen Dachs in unserem Garten, allerdings auf eine ganz und gar nicht überzeugende Art und Weise. Es war ein struppiges, älteres Tier, jedoch zweifelsfrei ein Dachs, der nur ein einziges Mal an mir vorbeischlurfte, als ich in dem hohen Gras saß, wobei er aussah, als habe er sich verirrt und wolle keine Aufmerksamkeit erregen, solange er sich noch zu orientieren versuche. Im allgemeinen sind Dachse reine Nachttiere.

Ich erzählte Iris davon, aber sie zeigte kein echtes Interesse. Ich nehme an, für sie zählte nur die platonische Idee, nicht das reale Lebewesen. Als die UFOs in Mode kamen, behauptete sie sofort, von deren Existenz überzeugt zu sein. Ebenso überzeugt war sie, daß das Ungeheuer von Loch Ness tatsächlich vorhanden war – dieses Fabelwesen, das von der britischen Presse so innig geliebt wird (und wahrscheinlich von ihr erfunden worden ist). Besagtes Ungeheuer lebt angeblich in den unauslotbaren Tiefen des Sees und taucht hin und wieder einmal auf, um von ortsansässigen Jagdbegleitern und vom Glück begünstigten Touristen erspäht zu werden. Als wir einmal John und Patsy Grigg – in den Highlands lebende Freunde – besuchten, war Iris nicht davon abzubringen, stundenlang im Heidekraut oberhalb des Sees zu sitzen und hoffnungsvoll auf diesen hinunterzublicken. Ich glaube nicht, daß sie je enttäuscht war, wenn sich dort nichts tat.

Ich habe mich schon als Kind für U-Boote und Flugzeuge begeistert, ohne mich später echt dafür zu interessieren, und Iris abonnierte für mich eine Zeitschriften-Serie über die beiden Weltkriege, in der die verschiedenen Typen genauestens dargestellt wurden. Sie selber wollte sich die Hefte nie anschauen, aber sie sah mich gerne in meinen «Flugzeugbüchern», wie wir sie nannten, blättern und hörte auch gerne zu, wenn ich ihr etwas darüber erzählte. Sie ihrerseits war zu dieser Zeit von den Abenteuern Tintins, des kecken belgischen Reporterjungen, begeistert, erfunden von Hergé, dessen Comic-Geschichten mit einer die Zeit glänzend einfangenden Detailgenauigkeit illustriert sind, welche an einige der alten flämischen Meister erinnert. Iris lernte die Geschichten durch jenen griechischen Freund kennen, der ihr zu ihrem legendären Stifado verholfen hatte. Wir wurden beide auf der Stelle süchtig – teilweise, glaube ich, wegen der französischen Dialoge, die außerordentlich witzig und treffend sind, was die englische Übersetzung nicht leisten kann. Ich habe meine Kenntnisse des Französischen durch die Tintin-Bücher stark erweitern können – im wesentlichen durch Aussprüche, die inzwischen obsolet sind, die wir jedoch bei passender Gelegenheit zu zitieren pflegten. Da gibt es zum Beispiel eine Szene, wo die Schurken einen Taucher anheuern, der eine Haftmine am Schiff des Helden anbringen soll. Gerade, als er dies tun will, wird von oben der Anker heruntergelassen, der ihn am Kopf trifft, so daß Taucher und Mine in der Tiefe versinken. «*Fichu métier*!» spricht der Taucher mit philosophischer Gelassenheit in seine Taucherglocke – eine Bemerkung, die in ihrer Prägnanz so unübersetzbar ist wie Lyrik.

Iris schrieb Hergé einen Fan-Brief, und er bedankte sich dafür, wobei er auch erwähnte, daß er sich zu einer Signierstunde in Hamleys Spielwarenladen – etwa in der Mitte der Regent Street und heute nicht mehr vorhanden – aufhalten werde. Wir waren an dem genannten Tag dort, und Iris konnte sich lange mit dem großen Mann unterhalten, ihm von ihrer Zeit in Brüssel unmittelbar nach dem Krieg und der Tätigkeit für die Hilfsorganisation UNRRA erzählen. Sie sprach sonst nie über diese Erlebnisse. Hergé war ein hochgewachsener, schlacksiger Mann mit sandfarbenem Haar, der, wie wir uns hinterher einig waren, an den Führer einer Pfadfindergruppe erinnerte. Er sprach ein ausgezeichnetes Englisch. Ihre Begeisterung für den kleinen Reporter Tintin und seinen älteren, in Maßen trinkfreudigen Freund Captain Haddock hatte Iris annehmen lassen, daß ihr Urheber wahrscheinlich homosexuell sei. Ich glaube, sie hoffte es sogar, denn sie hatte, was Schwule anging, eine seltsam romantische Ader, wobei sie manchmal in ihrer Einschätzung dessen, wer was war, zu einer gewissen Naivität neigte. Ich meldete, was den Autor der Tintin-Bücher betraf, meine Zweifel an, und kürzlich las ich in der Zeitung einen Artikel, bei dem es sich, glaube ich, um einen Nachruf handelte und in dem von einer langen und glücklichen Ehe die Rede war und angedeutet wurde, daß er auch so etwas wie ein Schürzenjäger gewesen sei.

Ich erinnere mich so gut an den Tag, an dem wir Hergé kennenlernten, weil es auch der Tag war, an dem wir uns ein Grammophon kauften. Wir hatten natürlich keinen

Fernseher, und selbst ein Radio schafften wir uns erst Jahre später an. Unsere erste Langspielplatte waren Mussorgskis *Bilder einer Ausstellung*. Das Stück war für uns ganz neu, und ich kann es nie im Radio (der Plattenspieler und die Platte sind längst nicht mehr da) hören, ohne mich daran zu erinnern, wie ich es mit Iris zusammen an jenem Abend zum ersten Mal begeistert gehört habe und wie «Das große Tor von Kiew» in wunderbarer Harmonie mit den Spaghetti, die wir aßen, und dem Rotwein erscholl. Essen und Musik stehen auf diese Weise in einer engen Beziehung zueinander. Später entwickelten wir eine Vorliebe für Alben mit Liedern, vor allem schottischen und irischen, ferner für die frühen Beatles, und wir pflegten zusammen einen von uns ersonnenen Pop-Song zu schmettern, dessen Text wer weiß wie entstanden war. In seiner ersten Fassung lautete er ungefähr so:

Waterbird, waterbird, I love you
Waterbird, waterbird, hoo hoo hoo.

Wasservogel, Wasservogel, geliebter du,
Wasservogel, Wasservogel, hu hu hu.

Ich glaube, die Zeilen waren von dem leise gluckenden Ruf der Bläßhühner auf unserem Teich inspiriert worden. Iris verbesserte den Song später und nahm ihn in einen ihrer Romane auf.

Als wir uns ein Radio gekauft hatten, pflegten wir *The Archers* zu hören, eine Dauerserie, die um zwanzig vor zwei, also zu unserer Mittagszeit, gesendet wurde. Wir legten dann unsere Bücher aus der Hand und hörten zu. Danach unterhielten wir uns über die Charaktere und ihre Abenteuer, beziehungsweise den Mangel an solchen. Mir gefielen vor allem die Liebesgeschichten, während Iris besonders die Schurken mochte, die immer mit BBC-Akzent sprachen, wohingegen die ehrlichen Leute an verschiedenen ländlichen Dialekten zu erkennen waren. Es gibt die *Archers* immer noch, aber ich habe jetzt, wo Iris die Sendung nicht mehr mit mir zusammen hören und nicht mehr verstehen kann, wer die einzelnen Leute sind und was sie gerade vorhaben, das Interesse daran verloren. Der Höhepunkt in Iris' Radio-Leben liegt lange zurück und fällt in die Zeit, als der *Home Service*, wie er damals genannt wurde, zwischen fünf und sechs Uhr nachmittags längere Geschichten in Fortsetzungen zu senden pflegte. Ihre Lieblingsgeschichte, deren Heldin die schlanke, dunkelhaarige, junge Mary McCaskabell war, hieß *Dark House of Fear*. Vielleicht erinnerte sie der Name der Heldin an Nordirland, jedenfalls saß sie Abend für Abend da und war von der sich entwickelnden, schaurigen Geschichte völlig gefesselt. Es machte mir großen Spaß, sie beim Zuhören zu beobachten.

Ich war immer fasziniert von der Art und Weise, wie Iris' schöpferischer Geist zu arbeiten schien. Er scherte sich nie viel um die «hohe» Literatur (auch wenn Iris noch so gern Autoren wie Dickens, Dostojewski, Kafka und so weiter las), sondern «klinkte» sich in unerwartet schlichte und geradlinige, eher volkstümliche Geschichten ein. Aus diesen konnte ihr unbewußt schaffender Geist immer etwas machen. Ihre Quelle waren dabei nie Bücher, sondern zumeist Radiosendungen. Das erinnerte mich an Dostojewskis Interesse an reißerischen Zeitungsberichten, die dann oft Eingang in seine Romane fanden.

7

Irgendwie ließ uns – jedenfalls kam es mir so vor – das Haus selbst wissen, daß es an der Zeit sei, Abschied von ihm zu nehmen. Das geschah vor fast fünfzehn Jahren. Unser ehrgeizigstes Projekt hatte darin bestanden, eine Innenwand herauszunehmen und die unteren Stufen der dunklen, engen Treppe zu drehen, so daß jetzt aus einer Halle ein breiter und ganz offenkundig zu geräumiger Treppenaufgang hinaufführte. Der junge Mr. Palmer und seine Helfer hatten gefährlich auf schwankenden Leitern gestanden und einen riesigen Stahlträger auf den neu hochgemauerten Stützpfeilern in Position gebracht. Dank irgendeiner grundlegenden Fehlberechnung war dieser Deckenträger aus Walzstahl zwar durchaus stabil, aber in der Länge etwas knapp bemessen, so daß sein eines Ende nur so gerade auf dem Pfeiler auflag. Nachdem er mit Mörtel und Farbe verhüllt worden war, warf ich, wenn ich die Treppe hinunterging, immer wieder einmal einen besorgten Blick darauf und fragte mich, ob er wohl auf uns herabstürzen würde wie weiland der von Samson zum Einsturz gebrachte Tempel der Philister.

Der Stahlträger ist immer noch da, und das Haus steht noch, weshalb ich annehme, daß die beruhigenden Worte des jungen Mr. Palmer damals berechtigt waren. Gleichwohl hatte ich das Gefühl, daß sich der ehrwürdige Geist von Cedar Lodge dieser radikalen Umbaumaßnahme widersetzte. Vor allem wirkte das Haus nicht, wie wir es gehofft und erwartet hatten, geräumiger und zugleich kompakter, sondern lediglich kälter. Der große, weite Raum der neuen Halle erwies sich natürlich als schwerer zu heizen. Unsere Nachfolger haben noch drastischere Veränderungen vorgenommen und das alte Haus mit einigem Kostenaufwand zu einer Villa umgebaut, die sogar in der Zeitschrift *Home & Garden* vorgestellt worden ist. Aber Häuser können – wie Menschen – ihren alten Charakter verlieren, ohne einen neuen zu gewinnen. Iris' instinktiver Entschluß, das Haus nie wieder zu besuchen, ist wahrscheinlich berechtigt.

Ich wollte ihr so gern zu einem kleinen Schwimmbecken verhelfen, in welchem sie zu jeder Jahreszeit schwimmen oder zumindest herumplanschen konnte. Aus diesem Grunde entwarf ich zusammen mit dem jungen Mr. Palmer den Plan, ein solches Becken in das baufällige Gewächshaus einzubauen. Als es fertig war, maß das Becken nur ein paar wenige Meter im Quadrat, war aber fast anderthalb Meter tief, so daß in jeder Richtung ein paar Züge möglich waren. Die Dachkonstruktion war sehr einfach und bestand aus Polystyrol, und das Becken wurde nur einmal gefüllt und etwaiger Wasserverlust dann durch Regenwasser vom Dach ausgeglichen. Das Wasser wurde auf diese Weise braun und klar und roch richtig nach Fluß. Die Betonwände des Beckens fühlten sich herrlich seidig und glitschig an. Das Regenwasser hatte eine Weichheit, wie man sie sonst in Swimmingpools nicht findet, und blieb erstaunlich sauber, so daß sich der Zusatz irgendwelcher Chemikalien erübrigte. Ich setzte ein paar kleine Fische hinein, Schleien und Karpfen, die sich in der dunklen Tiefe durchaus wohlzufühlen schienen. Umgeben von zartem Grün, wie es in aufgelassenen Gewächshäusern sprießt, war ein Aufenthalt in diesem Planschbecken, das einige unserer Freunde «Iris' Suhle» nannten, im Hochsommer höchst angenehm.

Ich hatte aber den Ehrgeiz, es das ganze Jahr hindurch benutzbar zu machen, und deshalb ersann ich ein Verfahren, das für jeden Elektriker ein Alptraum gewesen wäre, hätte ich einen solchen hinzugezogen. Das Gewächshaus war für ein paar alte elektrische Heizrohre verkabelt worden, und da alles noch in einigermaßen gutem Zustand zu sein schien, installierte ich zwei Heizschlangen, wie sie in Boilern Verwendung finden. Sie lagen auf dem Boden des Beckens, und wenn man sie einschaltete, schickten sie eine Wolke von Luftbläschen durch das braune Wasser nach oben. Vorsichtshalber brachte ich ein Schild neben dem Pool an, auf dem – unterstützt von einem Totenschädel und zwei gekreuzten Knochen – der Hinweis stand, daß der Strom abzuschalten sei, bevor man ins Wasser gehe. Aber diese elementare Vorsichtsmaßregel war eigentlich kaum erforderlich, denn schließlich bringt man sich ja auch nicht per Stromschlag um, wenn man den Finger in einen elektrischen Wasserkessel steckt, und die Heizschlangen sind ja dafür gebaut, daß sie unter Wasser funktionieren. Jedoch hätte die Verkabelung Schwierigkeiten machen können, und mir war der Gedanke keineswegs angenehm, Iris, die sich in seliger Unschuld keinerlei Gefahr bewußt war, ohnmächtig im Wasser treibend vorzufinden. Deshalb war ich darauf bedacht, immer dann zugegen zu sein, wenn das Schwimmbecken in beheiztem Zustand benutzt wurde.

Wie so vielen brillanten und originellen Ideen war auch dieser kein lang anhaltender Erfolg beschieden. Die Sache funktionierte zwar ausgezeichnet, aber Iris' Arthritis wurde immer schlimmer (heute ist sie unerklärlicherweise wieder viel besser), und ein Gang durch die Kälte selbst zu dem nun beheizten Pool verlor zunehmend an Reiz. Jedenfalls sollte dies mein letzter Versuch sein, Cedar Lodge Innovationen oder Verbesserungen aufzuzwingen. Danach sank ich in den Quietismus zurück, und dem Haus schien das nur recht zu sein. Iris hatte immer um meinetwillen Freude bekundet, wenn ich irgend etwas geplant hatte, war jedoch selbst nie sonderlich daran interessiert gewesen. Das Haus und der Garten fanden in keines ihrer Bücher Eingang. Vielleicht war sie auf ihre ganz eigene Weise zu eng damit verbunden, war ihr alles zu nahe, um Bestandteil ihres imaginativen Lebens zu werden.

Das Gras auf den ehemaligen Rasenflächen wurde immer länger und buschiger – ich unternahm jetzt keinen Versuch mehr, es zu mähen. Die Buchsbaumhecken, bei unserem Einzug fein säuberlich gestutzt, waren zu gigantischer Breite und Höhe gediehen und verdeckten fast die ganze Vorderfront des Hauses, die nach Norden lag und an sich schon eher düster war – die Südseite, von der aus man in den Garten gelangte, war sehr viel sonniger und hübscher. Den Dingen ihren Lauf zu lassen war ein Grundsatz, dem wir früher fast unbewußt gefolgt waren, der sich jetzt jedoch als bestimmende Kraft durchsetzte. Das Haus schien mit Wohlwollen und ohne Hast oder Bedauern auf seinen nächsten Bewohner zu warten. Irgendwie hatte es immer deutlich zu verstehen gegeben, daß wir nicht die Art von Leuten waren, die darin wohnen sollte. Wir stammten nicht aus der Gegend, ja noch nicht einmal vom Land, und wir gehörten auch nicht zu der neuen Rasse von unternehmungslustigen Pendlern, die vom Dorf aus zu ihren Arbeitsstellen in London oder Birmingham fuhren und dann an den Wochenenden zurückkehrten, um verbessernd und verschönernd in Haus und Garten zu wirken.

Es gab aber immer noch viele schöne Augenblicke. Irgendwo beim Teich zog ein Eisvogelpaar seine Jungen auf, und eines Tages traf ich dort zwischen den Weiden auf kleine Erscheinungen in leuchtendem Türkis und Rot, die hohe, durchdringende Schreie ausstießen. Sie mußten gerade erst aus der mit Fischgräten ausgekleideten Höhle, in der sie aus dem Ei geschlüpft waren, gekommen sein, denn sie konnten noch kaum fliegen. Ein anderes Mal – an einem Tag im Februar, der so warm und feucht war, als wäre es Sommer – beobachteten wir Buntspechte, die eine Höhle für ihr Nest bohrten. Der Baum, den sie bearbeiteten, stand nur wenige Meter vom Wohnzimmerfenster entfernt.

Und doch schien trotz all dieser glücklichen Zerstreuungen der Augenblick gekommen zu sein. Ich mußte an

Maria von Schottland denken, wie sie unmittelbar vor ihrer Hinrichtung zu ihren Hofdamen sagt, es sei nun Zeit zu gehen. Die anachronistische Phantasie könnte sie sich vorstellen, wie sie den in einem schwarzen Ärmel steckenden Arm hebt und auf die Uhr am Handgelenk schaut. Wir dürfen Königin Elisabeth und ihren Henker nicht warten lassen! Auch für uns war es Zeit zu gehen, nur wußten wir nicht, wohin. Sollten wir uns ein anderes Haus auf dem Land suchen? Das erschien uns sinnlos – nichts konnte so gut sein wie das, was wir hatten. Also nach Oxford? Ja, das schien die auf der Hand liegende Lösung zu sein. Ich hatte dort noch meine Stelle, und Iris war intensiv mit dem beschäftigt, was sich am Ende als das umfangreichste, schwierigste Projekt herausstellen sollte, das sie je in Angriff genommen hatte, nämlich die Gifford-Vorlesungen, welche sie vor der Theologisch-Philosophischen Fakultät der Universität Edinburgh halten sollte. Diese Vorlesungen nahm sie später in ihr Buch *Metaphysics as a Guide to Morals* auf.

Rückblickend will es scheinen, als wären wir zu jener Zeit zu Gutsbesitzern geworden, die nie auf ihrem Besitz anwesend sind – wie die Rentiers im *Kirschgarten*, die ihre Tage in deutschen Bädern verbringen, während sie ein echtes, tiefes Heimweh nach ihren Besitzungen in Rußland haben. Cedar Lodge war noch immer unser Zuhause, aber wir schienen immer seltener dort zu sein. Fast ohne es zu wissen, verbrachten wir mehr und mehr Zeit bei gastlichen Freunden, die ihrerseits davon auszugehen schienen, daß wir auf Dauer zu Obdachlosen geworden waren, welche jetzt eher ein Dach über dem Kopf als ein zweites Zuhause brauchten. Auf diese Weise verbrachten wir Wochen in Cranborne bei meinem alten Tutor und Kollegen David Cecil, dessen Frau Rachel, der ich meinen ersten Roman gewidmet hatte, vor kurzem gestorben war. Nachmittags zum Tee besuchte ihn häufig Janet Stone, inzwischen verwitwet, die in Salisbury dicht bei der Kathedrale in einer alten Gasse am Fluß ein kleines Häuschen bewohnte. Von ihrem winzigen Garten aus konnten wir im Schatten der alten Steinbrücke, über die die Straße von der Küste herauf und an der Kathedrale vorbei zur Salisbury Plain führte, im Fluß baden. Die Kathedrale hat mich nie sonderlich beeindruckt, aber ich mußte bei ihrem Anblick immer an Thomas Hardy und seine in Salisbury spielende Erzählung *On the Western Circuit* denken, an die ich dann auch noch durch traurigere Umstände erinnert werden sollte, nämlich durch Iris' Erkrankung.

Von Janet Stones Wohnzimmerfenster aus, das auf den Fluß hinausging, fütterten wir die geschäftige Bevölkerung des Avon, bestehend aus Bläßhühnern, Stockenten und Schwänen. Oder Janet stand dort und sah uns beim Baden zu, wobei ihr ernstes, hübsches Gesicht immer den Ausdruck stiller Traurigkeit zeigte. Sie war nie über den plötzlichen Tod ihres Mannes Reynolds hinweggekommen – und auch nicht, glaube ich, über den Wegzug aus Litton Cheney, aus dem zauberhaften Pfarrhaus am Fuße der Hügel von Dorset, in dem die beiden jahrelang gelebt hatten. Eine wunderbare Gastgeberin und darüber hinaus eine hervorragende Fotografin, schien sie wie geschaffen dafür zu sein, umgeben von Menschen zu leben, um die sie sich kümmern und die sie unterhalten konnte. Die Witwenschaft bekam ihr ganz und gar nicht. Sie liebte Besucher, und sie brachte Iris einen Gobelinstich bei, eine einfache Fertigkeit, deren Ausübung jedoch die Alzheimersche Krankheit schon bald unmöglich machte. Als Janet schließlich ganz still in ihrem großen Himmelbett starb, sah sie aus wie das steinerne Abbild einer mittelalterlichen Heiligen, das ausgestreckt auf deren Sarg liegt.

Wir waren auch wieder dazu übergegangen, ins Ausland zu reisen, allerdings nicht mehr allein, wie wir es früher getan hatten, als wir noch jünger gewesen waren, sondern unter den Fittichen von zwei guten Freunden, Borys und Audi Villers, denen einer von Iris' Romanen gewidmet ist. Audi, die aus Norwegen stammte (Borys war russisch-jüdisch-polnischer Herkunft), war einmal Reiseleiterin gewesen. Sie litt schwer unter Asthma, weshalb sich die beiden ein reizendes kleines Häuschen im Inneren von Lanzarote, einer der Kanarischen Inseln, gebaut hatten, wo die vulkanische Luft (jedenfalls kommt sie einem so vor) besonders sauber und trocken ist. Dieses hochgelegene Haus ist von schwarzen Bergen und Lavafeldern umgeben, auf denen zartester Knoblauch und die mildesten Zwiebeln der Welt wachsen. Das erscheint gänzlich unerklärlich, denn es regnet nie, und die einzige sonstige Vegetation besteht aus dem einen oder anderen verkümmert aussehenden Feigenbaum oder einer Palme hier und da. Lanzarote ist sehr schön, solange man die Strände meidet, die nicht nur schwarz von der Lava, sondern auch von deutschen und britischen Touristen sind. Audi pflegte uns zum Schwimmen in den kleinen Hafen mitzunehmen, von wo aus der Dampfer zur benachbarten Insel fuhr. Die Fischpopulation in diesem Hafen war beachtlich. Ein besonders schöner, purpurroter Fisch, der manchmal in der dunkelblauen Tiefe dahergeschwommen kam, war mein Verderben. Als ich seiner durch meine Schnorchelmaske ansichtig wurde, schluckte ich vor lauter Aufregung Wasser und spuckte dies dann versehentlich zusammen mit meiner unteren Zahnprothese wieder aus. Für den Rest dieses Inselaufenthalts mußte ich auf den Genuß von köstlichen knusprigen Tapas und Schalentieren verzichten. Selbst eine milde kanarische Zwiebel war zuviel für mich. So, als versuchte man, mit einer Schere zu schneiden, die nur noch aus einer Hälfte bestand. Es war Ironie des Schicksals, daß mein Zahnarzt gerade auf den Kanarischen Inseln Urlaub machte, als wir nach Hause kamen, aber nach seiner Rückkehr erfreute er mich mit beherzigenswerten Geschichten. Wenn man Prothesenträger sei, müsse man auf seinen Hund achtgeben, sagte er etwa – der Airedale eines seiner Patienten habe einmal die seines Herrchens gefunden und aufgefressen. Er versuchte auch, mich durch den Hinweis auf die Unvergänglichkeit von Acrylzähnen aufzuheitern – sie seien das letzte, was in einem Krematorium dahingehe. Meine makellosen Zähne würden bis in alle Ewigkeit fünf Faden tief auf dem Grunde des Hafenbeckens liegen.

Aber es gibt auch Lektionen, die sind sozusagen zu unwahrscheinlich, um sie zu lernen. Ich hatte die Sache mit den Zähnen schon wieder vergessen, als ich einmal Jahre später im Comer See schwamm (wir waren Gäste irgendeiner akademischen Konferenz). Bei dieser Gelegenheit gelang es mir nämlich, den oben geschilderten Unfall zu wiederholen. Diesmal war mein Unglück ein Schwarm Flußbarsche, die adrett gestreift zwischen den Seegräsern umherschwammen. Die italienischen Dres. phil. waren entzückt von meinem in ihren Augen wohl spezifisch englischen Mißgeschick. Und nachdem die Kellnerin im Speisesaal des Landhauses von dem «Unfall» gehört hatte, trällerte sie voller Freude wie eine Opernsopranistin: «*Niente al dente per il professore inglese!*» Nur Iris blieb voller aufrichtigen Mitgefühls und gab ihr Bestes, indem sie mit Hilfe meiner Schnorchelmaske die seichten Gewässer, wo meine Zähne verschwunden waren, wie eine gründelnde Ente absuchte. Ohne Erfolg, versteht sich.

Borys und Audi liebten Italien und nahmen uns oft mit. Da sie ebenfalls große Gemälde-Liebhaber waren, sahen wir einmal auch Pieros *Auferstehung* wieder und erweiterten unser Wissen über Fresken und abgelegene Kirchen, die oft nicht mehr als nur ein einziges Meisterwerk in ihren Mauern beherbergen. Audi hatte einmal mit ihrer Schar eine Gesellschaftsreise nach Capri und zur Halbinsel Amalfi unternommen und beschloß nun in einem dieser späteren Jahre, die genannten Orte erneut zu besuchen. Mein Gefühl sagte mir, daß es besser sei, solche malerischen Orte zu meiden, aber Audi sagte: «Warte nur ab», wobei sie so strahlend lächelte wie die

Göttin Freya – und sie behielt wie immer recht. Iris verliebte sich vor allem in Sorrento – ich glaube, die alte Seeseite des Ortes erinnerte sie an Dublin, an den Hafen Kingstown ihrer Kindheit und an die Salzwasser-Badeanstalt, wo ihr ihr Vater das Schwimmen beigebracht hatte.

Die Badenden draußen unter unserem Hotelfenster waren alle von der Sonne gebräunt, aber an unserem ersten Morgen dort erschien plötzlich eine hochgewachsene Frau (sie muß gut über ein Meter achtzig groß gewesen sein) mit schwarzem Haar und sehr heller Haut. Sie trug einen tiefroten Bikini und sah ungemein würdevoll aus, aber auch ein wenig unheimlich – wie die Todesgöttin selbst, die gekommen war, ein Opfer einzufordern. Ich war fasziniert und machte Iris auf sie aufmerksam, die der weniger romantischen Ansicht war, daß es sich bei der Dame wohl um eine Drogenhändlerin handele. Ich wußte aus Erfahrung, daß es keinen Zweck hatte, Iris' Eingebungen nachhelfen zu wollen, deren Auslöser selten oder nie Vorkommnisse des wirklichen Lebens waren, aber ich hoffte gleichwohl, daß sich die Szene unten vor unserem Fenster eines Tages in den Plot eines ihrer Romane verwandeln würde. Zu meiner Überraschung deutete sie jedoch mit einem Kopfnicken auf die Frau und sagte: «Warum schreibst du nicht mal eine Geschichte über sie?»

Borys und Audi hatten von ihrem Balkon aus die Frau ebenfalls bemerkt, die nun unsere Phantasie beschäftigte und uns beim Frühstück einiges zum Lachen gab. Das war im Jahr 1992. Von allen ermutigt, ersann ich ein mögliches Szenarium, aus dem dann später der Roman *Alice* wurde – der erste, den ich nach fast vierzig Jahren wieder zu schreiben versuchte. Aus *Alice* entwickelte sich eine Fortsetzung, *The Queer Captain*, und schließlich noch der dritte Roman der Trilogie, nämlich *George's Lair*.

Obwohl sich bei Iris die Alzheimer-Symptome erst zwei oder drei Jahre später eindeutig zeigten, habe ich mir manchmal die Frage gestellt, ob sie damals schon gewußt hatte, daß ihre eigene Karriere als Romanschriftstellerin bald beendet sein würde. Hatte sie mich deshalb ermutigt, wieder anzufangen? Sorrento war trotz all seines Charmes irgendwie ein trauriger Ort. Dieser gemeinsame Urlaub sollte nämlich auch Borys' letzter sein. Er starb ein paar Monate später, und für Audi war das ein schrecklicher Verlust. Sie blieb auf Lanzarote wohnen, und wir sahen sie nach wie vor sehr oft.

Einer ihrer Ferienpläne, die sie ausgeheckt hatte, wurde für mich erneut zu einer Quelle der Inspiration. Sie nahm uns nach Den Haag zur großen Vermeer-Ausstellung mit. Der Besucherandrang machte es einem schwer, die Bilder wirklich anzuschauen, aber *Das Mädchen mit dem roten Hut* war als Poster zu kaufen und auf den Eintrittskarten abgedruckt. Wie von selbst ergab sich eine Geschichte dazu. Ich erzählte sie Audi und Iris, als wir in einem seltsamen kleinen Restaurant saßen, welches dann ebenfalls in der Geschichte eine Rolle spielte.

Mein Roman *The Red Hat* endet an einem Schauplatz, den wir gut kannten. Stephen und Natasha Spender hatten in der Provence die Ruine eines alten Bauernhauses gekauft, und Natasha hatte es im Laufe der Jahre mit viel Geschick wieder aufgebaut. Es lag sehr abgelegen in der Nähe von St.Rémy in den Alpilles, und am Anfang gab es dort kein Wasser. Iris und mir machte es großen Spaß, es in Kanistern vom Brunnen des nächstgelegenen Dorfes zu holen. In der drückenden Julihitze sprangen wir gern in das eiskalte Wasser eines alten Bewässerungskanals, der sich zwischen den steilen Berghängen hindurchwand und schnell an dichtem Schilf, Rosmarinbüscheln und Zypressen vorbeiströmte, die aufgegebene, offensichtlich schon ziemlich verwilderte Aprikosen- und Olivenhaine säumten. Im Juni sangen dort die Nachtigallen, ja, selbst noch im Juli. Eine packende Episode in Iris' Roman *Nuns and Soldiers* geht auf unsere Entdeckung eines Tunnels in einem der maquisbedeckten Berghänge zurück. Wir konnten am anderen Ende Licht sehen und wagten uns hindurch. Der Held des Romans erlebt dann ein aufregenderes Abenteuer in einem unterirdischen Flüßchen, aber der verwunschene Ort, die überwältigende Mittagshitze und das graue Gebirgswasser, das auf seinem geheimnisvollen Weg durch das verlassene Land dahinrauscht – all das war genauso, wie Iris es beschrieben hat.

Einmal kam ein Wünschelrutengänger, um auf dem kleinen Grundstück der Spenders nach Wasser zu suchen. Er war ein zuvorkommender Mann und gab über seine Tätigkeit bereitwillig Auskunft. Für uns war es schon ein wenig unheimlich, seine Weidenrute in beiden Händen zu halten und zu spüren, wie sie sich bewegte und zitterte. Iris stand minutenlang völlig reglos und wie gebannt da, bis ihr der Wünschelrutengänger die Rute schließlich mit einem höflichen «S'il vous plaît, Madame» aus der Hand nahm. Er fand am Ende Wasser, allerdings war es sehr weit unten – der Brunnen, der schließlich gebaut wurde, war über dreißig Meter tief. Dieser Brunnen löste das Problem der häuslichen Wasserversorgung, aber Iris und ich bedauerten ein wenig, daß wir nicht mehr zum Brunnen auf dem Dorfplatz gehen mußten (das war eine Arbeit gewesen, die wir zusammen hatten erledigen können – wie Jack und Jill), und auch nicht mehr mittags zum eiskalten Kanal, um uns dort zu waschen.

An den Abenden in Mas St. Jerome pflegten wir Scrabble zu spielen – Stephen und Natasha sind große Experten darin. Draußen in der warmen Nacht gaben Laubfrösche ihr leises, einschläferndes Quakkonzert. Stephens Gesicht zeigte, wenn er mit viel Geduld unwahrscheinliche Wörter aufs Scrabblebrett brachte, ein unschuldig verschlagenes Lächeln, das reizend anzuschauen war. Einmal, als ich meine sieben Buchstaben aufnahm, setzte ich sie in dem Wort *bunfish* zusammen, und ich versuchte diesen nicht existenten Fisch als tatsächlich vorhandenes Meerestier auszugeben, wovon sich die anderen allerdings nicht überzeugen ließen. Immerhin fand das Wort Eingang in unseren persönlichen Sprachgebrauch – und in den der Spenders ebenfalls. Wir bezeichneten damit den Versuch, mit etwas durchzukommen.

Als wir nach einem Urlaub bei den Spenders wieder in Oxford waren, fuhren wir ein bißchen umher und hielten nach «ZU VERKAUFEN»-Schildern Ausschau. Mir gefiel inzwischen der Gedanke, ein kleines Haus zu beziehen, sehr. Iris dagegen bedauerte, daß es keine großen Häuser mehr zu geben schien, jedenfalls keine, die zum Verkauf standen. In einem Anfall von Anhänglichkeit beschlossen wir schließlich erleichtert, die ganze Idee aufzugeben und nach Cedar Lodge zurückzukehren. Wir fanden das Haus irgendwie in einem Zustand der Erwartung vor – allerdings nicht in Erwartung unserer Rückkehr. Es wartete vielmehr darauf, daß wir endlich fortziehen und all den Schmutz und das Gerümpel, alles, was sich im Laufe unseres langen Aufenthaltes angesammelt hatte, mit uns nehmen würden. Es erfüllte mich mit einem leichten Gefühl des Grauens, und Iris und ich sahen einander an. Inzwischen vermenschlichten wir alles viel zu sehr – das Haus war letztendlich nur ein Haus und konnte uns nicht herumkommandieren.

Und doch tat es das. Oder so schien es uns. Als Iris einmal in London war, suchte ich in Oxford nach meinen Vorlesungen und Seminaren einen Immobilienmakler auf, der mir eine Liste mit mehreren in Frage kommenden Häusern in die Hand drückte. Ich machte mich zu dem ersten auf, das an einer langen, geraden Straße in Summertown, einem grünen Vorort im Norden der Stadt, lag. Da stand es, ein hübsches, kleines Eckhaus aus Backstein. Ich erwärmte mich auf der Stelle dafür. Ich fühlte, wir würden dieses Haus wirklich besitzen, müßten nicht mehr nur als geduldete Gäste in einem Haus leben, das immer schon Schlupfwinkel und Eigentum anderer Geschöpfe gewesen war.

Ich sparte mir die Mühe, mir die anderen Objekte anzusehen, deren Beschreibungen mir der Makler mitgegeben hatte, und fuhr auf schnellstem Weg zu ihm zurück. Ich war von dem fieberhaften Wunsch beseelt, das kleine Haus zu kaufen, bevor es mir ein anderer wegschnappen konnte. Ich wußte, daß Häuser in dieser Gegend Oxfords sehr gesucht waren. Also bat ich den Makler fast inständig, das Haus sogleich bezahlen zu dürfen. Er machte mich darauf aufmerksam, daß er zunächst einmal den Besitzer kontaktieren müsse, war aber immerhin so freundlich, eine Anzahlung zu akzeptieren. Ich glaube, ein so naiver Käufer wie ich war ihm noch nie begegnet, und er machte sich meine Begeisterung schlau zunutze, indem er behauptete, daß es sehr viele Interessenten gebe, von denen einige nur noch auf eine Kreditzusage warteten, um ihren Anspruch auf die Nummer 52 der Hartley Road geltend machen zu können. Der Gedanke an diese zielstrebigen und entschlossenen Käufer versetzte mich in einen Zustand höchster Erregung.

Früh am folgenden Morgen – Iris war noch in London – fuhr ich hin, um mir das Haus anzusehen. Die Besitzer waren schon zur Arbeit fort. Die Tochter, die noch beim Frühstück saß und bald zur Schule mußte, schien der Zweck meines Besuches zu verblüffen, aber sie hatte nichts dagegen, daß ich mich im Haus umsah. Sie selbst kam mir wie eine entzückende Verkörperung einer städtischen Idylle vor. Die sauberen, sonnenhellen, kleinen Räume verströmten einen frischen, süßen Duft. Ein Kanarienvogel sang in seinem Käfig, und eine Katze lag schlafend auf der Anrichte. Eine völlig neue Form des Daseins – ursprünglich, unerprobt, in unserem ehelichen Leben noch nie vorgekommen – schien sich uns da bescheiden, aber verführerisch anzubieten. Ich war sicher, daß der Dichter John Betjeman, der die Freuden des Vorstadtlebens besungen hat, dieses Haus und seine Bewohner gutgeheißen hätte. Ich sah mich selbst, wie ich lesend am Gaskamin saß, während Iris oben arbeitete.

Gleich würden wir zu den Geschäften des Ortes bummeln, um ein paar einfache Sachen für unser Abendessen zu besorgen. In Steeple Aston gab es keine Läden, die der Rede wert gewesen wären – und außerhalb unseres verwilderten Gartens eigentlich auch sonst nichts, wohin man hätte bummeln können.

Iris nahm alles wunderbar gefaßt auf. Ich glaube, ihr war sofort klar, daß es keinen Zweck haben würde, in meinem berauschten Zustand mit mir zu diskutieren. Die Macht eines neuen Tagtraumes hatte mich überwältigt. Und es war nicht einmal – wie das sonst so in der Phantasiewelt zu sein pflegt – ein sonderlich ehrgeiziger Traum. Er entsprach vielmehr wie nie zuvor einem Lebensgefühl, das offenkundig schon viele Jahre lang in mir geschlummert hatte. Ich glaube, Iris erkannte das auch und fühlte sich deshalb sogar ein wenig schuldig. Obwohl ihr Gesicht ganz kurz einen Ausdruck der Verzweiflung annahm, als sie mein Traumhaus erblickte, stürzte sie sich doch in diesen Traum wie eine römische Matrone, die ihre Hand ins Feuer hält. Sie tat so, als ob ihre Begeisterung der meinen gleichkäme.

Ich sah natürlich, daß es nicht so war. Aber ich blieb störrisch – warum sollte ich nicht auch einmal störrisch sein? Und doch verflüchtigte sich der Traum bereits, noch ehe das neue Haus ge- und das alte verkauft war. Mir wurde klar, uns wurde klar, was für einen Fehler wir da begingen, aber es schien auch, als ob ein solcher Fehler unvermeidbar, als ob er das einzige wäre, was wir als Gegenleistung für all die Jahre (mehr als dreißig), die wir zusammen auf dem Land im glücklichen Schatten von Iris' eigenem, ursprünglichem Traum gelebt hatten, tun könnten. Ihre Dachse waren endlich sozusagen ans Ziel gelangt. Das alte Haus befand sich in einem fürchterlichen Zustand, und wir beließen es darin, das heißt nach wie vor angefüllt mit allem möglichen Gerümpel. Aber eine ganze Menge des Gerümpels (einschließlich all der staubigen, alten Steine) mußte auch in das neue Haus mitgenommen werden. Die arme Iris war mir so weit entgegengekommen, daß ich nicht einmal versuchen konnte, das zu verhindern.

Nummer 52 Hartley Road war eine vorhersehbare Katastrophe, aber ich hielt dem Haus weiterhin verbissen die Treue, und das selbst dann noch, als die Kinder um uns herum den ganzen Tag schrien und die Einbrecher der Gegend uns nachts Routinebesuche abstatteten. Wir hielten drei Jahre lang durch, sehnten uns fort und fanden schließlich ein ruhigeres, geeigneteres kleines Haus, das eine Kollegin von mir 1989 zum Verkauf anbot. Seltsamerweise hat Iris einige ihrer besten Arbeiten in der Hartley Road verfaßt, unter ihnen auch die Gifford-Vorlesungen. Sie hat dort Tag für Tag mit der größten Willensanspannung geschrieben – und das um so entschlossener vor allem deshalb, weil ihr das Haus, wie ich sehr wohl wußte, nicht entsprach. Unnötig anzufügen, daß wir nie zusammen zu den Geschäften gebummelt sind. Und ich habe auch nie (soweit ich mich erinnern kann) mit einem Buch gemütlich vor dem Kamin gesessen, als «das Bild eines Menschen, der liest», wie Keats es in einem Brief vergnügt formuliert hat.

Die Kollegin, die uns ihr Haus verkaufte (sie lehrte Wirtschaftsgeschichte), fragte bei uns an, ob wir Mrs. Schostakowitsch an zwei Tagen in der Woche haben wollten. Sie könne als Raumpflegerin sehr empfohlen werden und sei mit dem Haus vertraut. Mrs. Schostakowitsch, die mit einem ehemaligen Soldaten der polnischen Exilarmee dieses Namens verheiratet war, entpuppte sich als freundliche, ziemlich herrschsüchtige Irin, die uns schon nach den ersten Sekunden unseres Zusammentreffens durchschaut hatte: Wir waren keine ernstzunehmenden Hausbewohner. Sie könne am Montag anfangen, beschied sie uns, wobei auf keineswegs unfreundliche Weise impliziert war, daß wir am Ende dieses Tages im Hinblick auf unsere häuslichen Pflichten Bescheid wissen würden. Wir reagierten memmenhaft, dankten Mrs. Schostakowitsch überschwenglich und ließen meine Kollegin dann wissen, daß wir unsere eigenen Arrangements zu treffen gedächten. Wir hatten nicht gemeinsam dreiunddreißig Jahre häuslichen Lebens hinter uns gebracht, um uns von einer Putzfrau schikanieren zu lassen, die unser Haus bald als ihr Eigentum ansehen würde.

Unsere eigenen Arrangements waren schnell getroffen, und wir stießen beide einen Seufzer größter Erleichterung darüber aus, daß wir der irischen Haustyrannin entronnen waren. Zur Zeit unseres Einzuges im August 1989 noch blitzsauber, wurde Nummer 7 Norbury Road schon bald Mitglied des schäbigen, aber – wie ich im stillen hoffte – auch nicht gerade durchschnittlichen Klubs unserer früheren Behausungen. Das ganze vermischte Gerümpel traf ein, dazu die Bücher, die in unseren Diensten ergrauten Sessel, mit dem Staub von vier Jahrzehnten imprägniert. Vielleicht hieß das Haus sie ja mit heimlicher Erleichterung willkommen. An den Wänden waren kleine, helle Flecken und Spuren von Klebeband zu sehen, Hinterlassenschaft der Poster und Zeichnungen, die der kleine Junge meiner Kollegin aufgehängt und die Mrs. Schostakowitsch verschont hatte. Als ich unsere eigenen Bilder aufhängte, machte ich mich daran, einiges davon zu entfernen, aber Iris hinderte mich schon bald daran. Diese Spuren, meinte sie, gehörten zum Haus, wie es unsere eigenen Dinge demnächst auch tun würden.

Der Vorgarten der Nummer 7 hat kaum mehr aufzuweisen als zwei große Bäume, die die Vorderfront des Hauses fast ganz verdecken. Iris hatte sich auf der Stelle in sie verliebt. Als das Haus im Jahr 1925 gebaut wurde, müssen sie als recht ungewöhnliche Miniaturzierde gedacht gewesen sein. Damals scheint niemand gewußt zu haben, daß dieser neue Import, *Metasequoia glyptostroboides*, der chinesische Rotholzbaum, eine ernstzunehmende Halbkonifere ist, die dreißig Meter hoch werden kann (obwohl sie nicht ganz die Höhe und den Umfang ihres majestätischen Vetters, des echten Mammutbaums, erreicht). Wenn der Wind jetzt einmal heftiger weht, dann regnet es pausenlos geschmeidige, rötliche Zweige und größere Äste herab, und es entsteht so etwas wie eine schattenhafte Tannenburg. Eine Besucherin aus Rußland, die gekommen war, um Iris im Zusammenhang mit einer wissenschaftlichen Arbeit über ihre Romane zu befragen, betrachtete sich diesen Gartenbereich mit einigem Respekt. «Dikij sad», murmelte sie, was «Ein wilder Garten» heißt. Ich glaube, sie hielt ganz instinktiv und wie alle guten Russen Ausschau nach Waldpilzen, die ihre Köpfe durch das Gewirr der braunen Nadeln schoben.

Der Garten hinter dem Haus steht ebenfalls voller Bäume, darunter auch drei knorrige, alte japanische Kirschbäume, die im Sommer eine tiefe Laube aus dichtem Blattwerk bilden, das im Frühling amethystfarben leuchtet (mit weißen, der Anemone ähnlichen Blüten) und sich im Sommer und Herbst dunkelrot verfärbt. Unter ihnen sprießen im Mai Unmengen von Glokkenblausternen und Wilder Möhre, so daß der kleine Garten in den endlosen Zauberwald aus dem *Sommernachtstraum* überzugehen scheint. Nach unserem Einzug stellte ich für Iris einen Gartenstuhl aus schwerem Teakholz hinaus, und zum ersten Mal begann sie, an schönen Tagen draußen zu schreiben. Ich denke heute, daß dies ein Zeichen dafür war, daß sich die Dinge zu verlangsamen anfingen. Wenn ich durch das Fenster hinausschaute und sah, wie sie still dort saß, die Feder müßig in der Hand, war mir nicht ganz wohl. Von Vorahnungen kann man kaum sprechen, denn Iris genoß den Garten (tut es auch heute noch) auf eine Art und Weise, wie sie es in Steeple Aston nie getan zu haben schien. Dort hatte sie ihn keines Blickes gewürdigt, solange ein Werk im Entstehen war. An der rückseitigen Hauswand steht ein schöner Feigenbaum, dessen Blätter groß genug sind, um daraus biblische Lendenschurze herzustellen. Der Gärtner des College hat mir einmal gesagt, man dürfe einen Feigenbaum nie düngen, denn sonst brächte er zwar eine Unmenge Blätter, aber keine Früchte hervor. Ich hatte dem unseren gewissenhaft Knochenmehl verabreicht – bis er im Sommer so dicht belaubt war, daß man durchs Fenster nichts mehr sehen konnte. Unser Wohnzimmer verbarg nun seinen Staub und Schmutz im Dämmerlicht und wurde zu einer schattigen, tiefgrünen Laube. Nach den weisen Worten des Gärtners stellte ich die Knochenmehl-Behandlung sofort ein, und im folgenden Jahr trug der Baum reichlich Feigen. Amseln, die so zutraulich waren wie Katzen, saßen im Zustand der Überfressenheit zwischen den Früchten und pickten gelegentlich interesselos daran herum. Sie ließen uns mehr als genug übrig. Die Blätter blieben allerdings riesig, das Wohnzimmer so schattig wie zuvor.

Am Fuße des Feigenbaums stellte ich die Bronzebüste von Iris auf, welche die Schwiegertochter Tolkiens 1963 angefertigt hatte. Die Vögel zeigten keinerlei Respekt vor ihr, aber Iris' heiter-gelassenen Gesichtszügen konnte das nichts anhaben. Faith Tolkien hat auch einen großartigen Kopf ihres Schwiegervaters geschaffen, der ihn wie den Herrn der Ringe höchstselbst aussehen läßt und der wohlwollend auf einem Sockel in der Bücherei des Englischen Seminars der Universität Oxford vor sich hin brütet.

8

Im Jahr 1994 waren wir von der University of the Negev in Israel eingeladen worden, an einer internationalen Zusammenkunft teilzunehmen, deren Sinn es war, glaube ich, die Volljährigkeit dieser Universität zu feiern. Ich sollte einen Vortrag zum Thema «Aspekte des Romans» oder «Der Roman heute» halten – eine jener angenehm unbestimmten Themen, die weder dem Vortragenden noch den Zuhörern viel abverlangen. Iris bat darum, keinen Vortrag halten zu müssen, und begründete ihren Wunsch damit, daß sie lieber in einer Diskussion Fragen zu ihren Romanen und philosophischen Arbeiten beantworten wolle. Sie hatte so etwas schon oft gemacht, und es war immer ein Erfolg gewesen, denn sie sah sich nie als Alleinunterhalterin, sondern verstand sich darauf, alles, was ein Fragesteller vortrug, ernst zu nehmen und dann das darin enthaltene Potential in freundlicher Weise zu untersuchen, was für die Zuhörer ebenso schmeichelhaft wie lohnend war.

Diesmal ging jedoch alles schief. Der Diskussionsleiter war Iris durchaus wohlgesonnen, zeigte jedoch angesichts ihrer Unfähigkeit, die Worte zu finden, die sie suchte, bald Verwirrung und Unbehagen. Ihre Vortragsweise war schon immer langsam, nachdenklich und ein bißchen zögerlich gewesen, und am Anfang war ich nicht beunruhigt, weil ich dachte, sie werde sich bestimmt in ein paar Minuten fangen, wenn sie nur erst ein Gefühl für die Versammlung bekommen hatte. Es war schwer zu sagen, inwieweit sie selbst sich ihrer Schwierigkeiten bewußt war, aber die Sache bekam bald etwas Paralysierendes, für den Zuhörer ebenso wie für sie. Das Publikum war höflich, aber Lebhaftigkeit und Neugier schwanden aus den Gesichtern – alle blickten zunehmend besorgt und peinlich berührt drein. Die Israelis sind ja in ihren Reaktionen sehr direkt, und ein paar Leute standen einfach auf und verließen den Konferenzraum.

Ich dachte, Iris würde mir hinterher sagen, wie schrecklich alles gewesen sei und daß sie sich der Sache aus irgendeinem Grund nicht gewachsen gefühlt habe, aber das geschah nicht. Sie schien das alles gar nicht bemerkt zu haben und den Vorfall mit einem Achselzucken abzutun, ebenso meine behutsame Besorgtheit – ich wollte bei ihr auf keinen Fall den Eindruck erwecken, daß es zu einer Katastrophe gekommen war. Der Diskussionsleiter und ein paar andere Zuhörer kamen nach der Veranstaltung zu ihr, und sie unterhielt sich mit ihnen und lachte so, wie sie es immer tat. Einer befragte sie zu ihrem letzten Roman, zu *The Green Knight*, und hatte auch ein Exemplar dabei, das er sie zu signieren bat. Das war der Augenblick, in dem mir wieder einfiel, wie überrascht ich gewesen war, als sie mir vor einigen Monaten einmal gesagt hatte, daß ihr der Roman, an dem sie gerade schrieb (und der im folgenden Jahr unter dem Titel *Jackson's Dilemma* erscheinen sollte), Schwierigkeiten bereite. Früher hatte sie schon öfter einmal – gefragt oder ungefragt – darüber geklagt, daß sie steckengeblieben sei, mit dem jeweiligen Roman nicht weiterkomme, er in jedem Falle überhaupt nichts tauge. Ich hatte dann immer Besänftigendes von mir gegeben, denn ich wußte ja, daß es vorbeigehen und sie in ein paar Tagen plötzlich – während wir am Küchentisch saßen und etwas aßen oder tranken – nach Bleistift und Papier greifen würde, um sich etwas zu notieren. Wenn ich dann gefragt hatte: «Besser?», hatte sie geantwortet: «Ich glaube, ja.»

Aber bei diesem letzten Buch war es ganz anders. «Es ist dieser Mann Jackson», hatte sie eines Tages mit einer Art besorgter Distanz zu mir gesagt. «Ich kann nicht dahinterkommen, wer er ist oder was er macht.» Das interessierte mich, denn sie sprach fast nie über die Charaktere der Romane, an denen sie gerade schrieb. «Vielleicht stellt sich ja heraus, daß er eine Frau ist», scherzte ich. Iris nahm meine Witze immer mit Nachsicht auf, selbst wenn sie schwach waren, aber in diesem Fall blickte sie ernst drein, ja todernst und verwirrt. «Ich glaube, er ist noch gar nicht geboren», sagte sie.

In der Ehe hört man auf, achtsam zu sein, weil die Achtsamkeit etwas Automatisches geworden ist, weil ihr Objekt einen zwar fesselt, zugleich aber auch als fraglos gegeben hingenommen wird. Die Rätselhaftigkeit ihrer Bemerkung erschien mir damals ganz normal. «Mach dir keine Sorgen – ich nehme an, daß er in den nächsten Tagen zur Welt kommen wird», sagte ich geistesabwesend, aber ihr Blick blieb besorgt und beunruhigt. «Ich werde es nicht schaffen und überhaupt nie wieder einen Roman schreiben», sagte sie, wobei der Tonfall noch immer ruhig und distanziert war. Sie hatte solche Dinge schon oft gesagt, obwohl nicht ganz in dieser Art. Ich hatte immer gewußt, daß die Stimmung vorübergehen würde, und diese, obwohl seltsamer, würde es auch – etwas anderes konnte ich mir gar nicht vorstellen. Aber plötzlich, als ich blinzelnd im trockenen, staubigen Sonnenlicht des Negev stand, wurde mir zum ersten Mal klar, daß etwas ernstlich nicht in Ordnung sein könnte.

Es «wurde mir klar», dies aber ohne ein Gefühl der Beunruhigung, weil ich irgendwie sicher war, daß alles so weitergehen würde wie bisher. In gewisser Weise hatte ich auch recht. Wenn der Alzheimer-Kranke das Gefühl für Zeit verliert, scheint die Zeit ihre Dimension zu verlieren. Jedenfalls für den Partner. Wissend, daß Iris immer die gleiche bleiben würde, war ich der Meinung, daß diese winzige, beunruhigende Exzentrizität, die ich bemerkt hatte, als wir über Jackson sprachen, schon immer dagewesen sein mußte und unabänderlich immer dasein würde. Nichts, was Iris tun, und nichts, was ihr widerfahren konnte, vermochte sie in irgendeiner Weise zu verändern. Als wir dort im Negev in der Sonne standen, vergaß ich die ganze Geschichte einfach wieder. Das Unheimliche der einsetzenden Alzheimerschen Krankheit ist auch das Beruhigende daran. Ein Teil von mir wußte, daß ich mir, was die Zukunft anging, ernsthafte Sorgen machen sollte – und der andere Teil wußte, daß weder Zukunft noch Vergangenheit von Belang waren. Die eingeschränkteste Perspektive, noch eingeschränkter sogar als jene, die der Reverend Smith empfahl…

Nichtsdestoweniger kehrte die Unruhe mit aller Gewalt zurück, als der überaus liebenswürdige israelische Schriftsteller Amos Oz am nächsten Tag kam, um sich mit mir zu unterhalten. Er verlor kein Wort über Iris, aber die Art und Weise, wie er mich ansah, machte mir schlagartig bewußt, daß er alles wußte, sozusagen. Vielleicht auf Grund der Tatsache, daß er ein Schriftstellerkollege war, vielleicht aber auch, weil er ein sehr kluger, genau hinschauender und kenntnisreicher Mann war. Er erwähnte beiläufig, daß er nicht weit entfernt in der Wüste Negev wohne und sich über einen Besuch von uns sehr freuen würde. Jederzeit, so lange, wie wir wollten, es mache keinerlei Umstände. Ich konnte nicht erkennen, ob diese Einladung lediglich reiner Freundlichkeit entsprang, ob er sie wirklich ernst meinte, ob er einsam war, ob er an Iris Gefallen gefunden hatte oder ob er eine Schriftstellerkollegin, die gleichsam vom Kurs abgekommen war oder abkommen würde, eingehender studieren wollte. Der Ausdruck seines gutgeschnittenen, jungenhaften Gesichts, das mich ein wenig an Lawrence von Arabien erinnerte, erschien mir viel zu natürlich und unabhängig, um die Annahme zuzulassen, daß eines dieser Motive im Spiel sein könnte. Ich glaube, es war für ihn etwas ganz Selbstverständliches, einen solchen Vorschlag zu machen und ihn auch ernst zu meinen. Ich habe manches Mal gewünscht, wir hätten seiner Einladung folgen können, aber jetzt ist es wohl – selbst bei einem so engelhaften Mann – viel zu spät, um auf sie zurückzukommen. Ich habe seine Romane stets mit Freude gelesen. Oz ist vielleicht, wenn ich heute zurückschaue, wirklich eine Art Engel in der Wüste gewesen, ein Engel wie jener, der dem Jakob erschienen ist.

Das war im Frühjahr 1994. Jerusalem, die «Stadt des Lichts, des Kupfers und des Goldes», sah unendlich schön aus. Der Zufall wollte es, daß wir im Herbst eine weitere «exotische» Einladung erhielten – als ob sie alle ausgerechnet jetzt (aus den verschiedensten Gründen waren wir seit Jahren nicht mehr beruflich im Ausland gewesen) kommen mußten, wo Iris' Fähigkeit, ihnen zu entsprechen und ihre Sache gut zu machen, nachzulassen begann. Diesmal waren wir eingeladen, an einer feierlichen Preisverleihung während der *South-East Asian Writers' Conference* in Bangkok teilzunehmen. Alles ging gut. Vielleicht waren die Autoren aus Thailand, Singapur, Malaysia und von den Philippinen nicht gut genug auf ihre europäischen Kollegen eingestimmt, um es zu bemerken, wenn eine Schriftstellerin wie Iris (sie war im übrigen die einzige Autorin aus dem Westen) in Schwierigkeiten war und an etwas litt, was sich allmählich sowohl zu einer Rede- als auch zu einer Schreibhemmung auswuchs.

Autoren halten normalerweise nicht hinter dem Berg, wenn es darum geht, über sich, ihre Projekte und Arbeitsmethoden zu sprechen, und Iris' diesbezügliche Zurückhaltung vermittelte dieser redseligen asiatischen Versammlung vielleicht den Eindruck schicklicher Bescheidenheit. Vielleicht waren alle auch nur viel zu höflich, um etwas zu bemerken. Selbst als der Kronprinz die Preise überreichte und wir alle eine kleine Rede halten mußten, entledigte sich Iris dieser Aufgabe gut. Ich hatte mit ihr geprobt und ihr in Großbuchstaben aufgeschrieben, was sie sagen könnte. Alle an der Zeremonie beteiligten Autoren waren aufgefordert, beim Betreten des Podiums dem Kronprinzen eine ihrer Arbeiten gleichsam als Muster zu überreichen. Iris übergab ihm eine Penguin-Ausgabe von *Unter dem Netz*. Der Prinz nahm das

Buch entgegen und reichte es, ohne sich umzusehen, nach hinten weiter. Ein dort kauernder Hofbeamter nahm es ihm ab und gab es sofort an einen anderen Höfling hinter sich weiter, so als spielten Rugbyspieler den Ball nicht nach vorn, sondern nach hinten. Das Buch erreichte schließlich das Ende des «Gedränges» (um beim Rugby zu bleiben) und verschwand durch eine Tür. Ich fragte mich, was wohl letztlich mit all diesen Büchern passieren würde – ob man sie in der Königlichen Bibliothek aufzubewahren oder in aller Stille auf irgendeinem entlegenen Hof zu verbrennen gedachte.

Ich war während unseres Aufenthaltes in Bangkok um so beruhigter, als uns ein äußerst netter Landsmann, der bei der *South China Times* arbeitete, aufsuchte, wann immer es ihm seine Pflichten erlaubten, da wiederum er selbst Iris' Gesellschaft und Konversation tröstlich zu finden schien. Er erzählte uns, daß er sich dort draußen manchmal ungeheuer einsam und deprimiert fühle. Das konnte nicht überraschen. Auch auf uns lastete bereits eine Art fernöstlicher Melancholie, die nicht allein dem Monsun zuzuschreiben war, denn der monoton herabrauschende Regen und die weiche, niederdrückende Wärme hatten auch etwas Schönes an sich, jedenfalls eine Zeitlang. Der breite Fluß schwappte an der Frontseite des Hotels über wie Tee über den Rand einer Untertasse, und wir standen oft und sahen zu, fasziniert von den riesigen Ästen, die, von grünen Kletterpflanzen umrankt, mit hoher Geschwindigkeit und in Augenhöhe vorbeitrieben. Die Leute in den schmalen Booten zeigten sich davon unbeeindruckt. Diese Boote flitzten überall auf dem Fluß umher, angetrieben von einer Art Schneebesen an starken Motoren, die dröhnten, als brauste ein Schnellzug durch die Klongs. Und es war nicht zuletzt auch deshalb eine Erleichterung, dort im Regen zu stehen, weil die Klimaanlagen in den Hotelzimmern eine Eiseskälte verbreiteten. Unsere Suite, im prunkvollen Kolonialstil eingerichtet, rühmte sich, Somerset Maughams bevorzugter Aufenthaltsort auf seinen Reisen durch den Fernen Osten gewesen zu sein, und es war, als durchdringe seine kühle Gegenwart noch alle Räume.

Das Jackson-Manuskript war endlich fertig geworden. Iris sah schwarz für den Roman, aber das tat sie bei jedem, den sie abgeschlossen hatte, und ich war nicht übermäßig beunruhigt. Zum ersten Mal fragte ich sie, ob sie schon Ideen zu einem neuen Buch habe. Die hätte sie, sagte sie, aber sie wollten sich nicht zusammenfügen. Sie versuche, etwas am Schwanz zu packen, aber es entziehe sich ihr immer wieder. Sie klang resigniert. Jetzt wider alle Hoffnung plagte und bedrängte ich sie nun jeden Tag: «Na, klappt es? Tut sich etwas? Du mußt es weiter versuchen.» Wenn ich das zu lange fortsetzte, fing sie an zu weinen, und dann hörte ich schnell auf und versuchte, sie zu trösten. Nach unserer Reise in den Fernen Osten verfolgte mich noch lange das sardonische Gesicht Somerset Maughams, das uns von den an allen Wänden unserer Hotelzimmer hängenden, signierten Fotografien angelächelt hatte – vor allem in jenen Augenblicken, in denen ich Iris versicherte, daß jeder Schriftsteller irgendwann einmal an einer Schreibhemmung leide. Maugham schien dann mit verächtlicher Miene zu sagen: Ich hatte nie eine!

Und Iris hatte auch keine. Das wurde nur zu bald deutlich. Die Alzheimersche Krankheit ist eigentlich so etwas wie ein heimtückischer Nebel, kaum wahrnehmbar, bis alles um einen herum darin verschwunden ist. Danach vermag man nicht mehr zu glauben, daß eine Welt außerhalb des Nebels existiert. Zunächst suchten wir unseren freundlichen, geplagten Hausarzt auf, der Iris fragte, wer der Premierminister sei. Sie hatte keine Ahnung, meinte aber lächelnd, daß das doch sicher nicht von Belang sei. Er arrangierte daraufhin einen Termin bei einem Facharzt für Geriatrie, der in einem großen Krankenhaus arbeitete. Es folgten Untersuchungen des Gehirns, und nachdem ein Artikel über die augenblicklichen Probleme dieser berühmten Romanschriftstellerin erschienen war, bekundeten die Wissenschaftler der Forschungsstelle des Medical Council in Cambridge ein besonderes Interesse an ihr. Sie führten eine Reihe ermüdender Tests zu Gedächtnisleistung und Sprachbeherrschung durch, denen Iris sich höflich unterzog, wobei sie allem Anschein nach freundlich auf alles einging, auch gern mit ihnen zusammenarbeitete. *Jackson's Dilemma* erschien und wurde von der Kritik außerordentlich positiv beurteilt. Ich las Iris die Rezensionen vor, etwas, was ich noch nie getan hatte, weil sie nie bereit gewesen war, sie anzuhören. Jetzt hörte sie zwar höflich zu, verstand jedoch nichts.

Die Ironie dieses Tatbestandes machte ihr nicht zu schaffen, ja, wurde ihr nicht einmal bewußt. Ich sagte ihr auch nicht, daß neben den Rezensionen eine Reihe von Briefen eingetroffen waren, in denen auf kleine Fehler und Ungereimtheiten in *Jackson's Dilemma* hingewiesen wurde. Es war deutlich, daß diese Beobachtungen zumeist von Fans stammten, die liebevoll konstatierten, daß die Autorin, die sie so sehr bewunderten, zuweilen unaufmerksam sein konnte. Unterdessen erkundigte ich mich in meiner Besorgtheit bei weiteren Ärzten nach Möglichkeiten, Iris' Zustand durch eine medikamentöse Behandlung zu verbessern. Ein alter Freund und Fan, ein schwedischer Autismus-Spezialist, schickte ein paar Tabletten, die wir ausprobieren sollten – es war ein mildes, die geistige Tätigkeit stimulierendes Mittel. Die neuen, noch im Erprobungsstadium befindlichen Medikamente wurden nicht empfohlen, und das war zweifellos gut so, denn inzwischen hat sich herausgestellt, daß ihre Wirkung zeitlich zu begrenzt ist und daß sie in dieser kurzen Zeit ihrer möglichen Wirksamkeit den Patienten eher in einen Zustand der Verwirrung oder gar der Angst versetzen können. Der freundliche Nebel lichtet sich plötzlich, und unmittelbar vor einem tut sich ein Abgrund auf.

Wenn man über das Einsetzen der Alzheimerschen Krankheit schreibt, fällt es schwer, sich an eine Abfolge von Ereignissen zu erinnern – also daran, was wann geschehen ist und in welcher Folge. Der Zustand scheint Teil des Berichts zu werden, scheint Wiederholungen und bohrendes Fragen zu produzieren und sich selbst gleichsam nachzuahmen. Ich sprach darüber mit Peter Conradi, Iris' zukünftigem Biographen, der uns bereits mit seiner Freundschaft, Hilfe und Ermutigung zu einer wertvollen Stütze geworden war. Er und sein Freund und Partner Jim O'Neill sind alte Freunde von Iris, welche die beiden früher oft in Clapham besucht hat. Peter ist ein leidenschaftlicher Bewunderer ihrer Bücher und kennt sie in- und auswendig. Noch wichtiger ist, daß er Iris und die Atmosphäre, in der sie lebt und sich bewegt, sehr mag. Er kennt ihre Gedanken und geht mit großem Einfühlungsvermögen auf Iris ein. Dasselbe gilt für Jim, dessen Gespür für das Wesen der Freundin ihr in einmaliger Weise ein großer Trost ist. Auch er ist mit ihrem Romanwerk vertraut und ein kluger, praktisch denkender Kritiker.

Iris liebte Cloudy, den blauäugigen Schäferhund der beiden, und sie hatte sich immer unglaublich gern mit diesem außerordentlich ergebenen, ihr wohltuenden Paar über Bücher, Philosophie und den Buddhismus unterhalten. Wie bereits erwähnt, sind beide praktizierende Buddhisten, und sie hatten eine gewisse Routine entwickelt, Meditation, Zurückgezogenheit und Gastfreundschaft für die zu Besuch weilenden Würdenträger aus Tibet und Bhutan mit ihrem normalen Arbeitsleben in Einklang zu bringen. Jim ist Psychotherapeut und Peter Professor für Literaturwissenschaft. In jetzt schon weit zurückliegenden Zeiten pflegte Iris oft ganz erfüllt von ihrem Besuch bei ihnen und von dem, was sie ihr über ihr walisisches Ferienhaus, eine umgebaute Schule, berichtet hatten, nach Steeple Aston oder in die Hartley Road zurückzukehren. Sie erzählten ihr von dem Teich, den sie in der Wiese unterhalb des Hauses angelegt hatten, und von den Eisvögeln und Ottern, die dort zu Besuch kamen.

Immer wieder hatten sie uns gedrängt, sie zu besuchen und länger zu bleiben, aber als wir es dann endlich schafften, brauchte Iris schon all die Hilfe, die ihr diese beiden großartigen Menschen gewähren konnten. *Jackson's Dilemma* erschien 1995, und in den achtzehn darauf folgenden Monaten verschlechterte sich Iris' Zustand stetig. Wie jemand, der weiß, daß er es irgendwann nicht mehr aufschieben kann, in die Kälte hinauszugehen, schrecke ich immer noch vor dem Gedanken an eine professionelle Betreuung zurück, das heißt vor dem Gedanken an Helfer, an die freundlichen Leute von *Age Concern* und selbst an die Bemühungen wohlmeinender Freunde. All das muß sein, aber laßt es uns so lange aufschieben, wie es geht. Iris wird unruhig, und es ist ihr peinlich, wenn sie das Gefühl gewinnt, ein Besucher wolle ihr Gesellschaft leisten oder sich um sie kümmern, sollte ich einmal abwesend sein müssen. Genaugenommen bin ich fast nie abwesend, und Helfer werden im Augenblick noch nicht gebraucht. Wir haben das Glück, auch weiterhin so leben zu können, wie wir es immer getan haben.

Peter und Jim machen uns das noch leichter. Ihnen sind der Schmutz im Teppich und die Flecken auf den Gläsern egal, obwohl sie ihr eigenes Haus – wie auch das Ferienhaus in Wales – blitzsauber halten. Sie holen uns so oft wie möglich ab und fahren mit uns dorthin.

When life fails
What's the good of going to Wales?

Wenn das Leben scheitert,
Was soll man dann in Wales?

Manchmal deklamieren wir hinten auf dem Rücksitz fröhlich Audens Zeilen. Es ist nur ein Scherz, denn wir wissen es ja besser. Und das tut, wie es scheint, auch Cloudy, die ihre Schnauze zu einem Lächeln öffnet und deren blaue Augen erwartungsvoll glänzen.

JETZT

9

1. Januar 1997

Hat Margaret Thatcher, bei deren Erwähnung Cloudy jedesmal anfängt zu bellen, nicht immer gesagt, daß es so etwas wie «die Gesellschaft» nicht gebe? Sie hat das Wort natürlich nicht in Anführungsstriche gesetzt, denn sie wußte ja, was sie meinte. Vielleicht wäre ihre Behauptung nicht ganz so offensichtlich falsch gewesen, wenn sie gesagt hätte, daß es so etwas wie «das Volk» nicht gebe, ein Wort, das heutzutage nur dann so etwas wie eine Bedeutung erhält, wenn es – zufällig oder absichtlich – in einem bestimmten Kontext erscheint. Aber «das Volk» ist etwas Fiktives, das von Politikern im Interesse einer demokratischen Gefühlsduselei beschworen wird, wohingegen «die Gesellschaft» immer noch ein neutral beschreibendes Wort ist, das in jedem Kontext einen Sinn ergibt. Der einzige sinnvolle Kontext, in dem man Volk noch gebrauchen kann, ist «das gemeine Volk» im Sinne von «ganz normale, gewöhnliche Menschen», ebenfalls emotional gefärbte Ausdrücke, die der Erzbischof von Canterbury gerade in seiner Neujahrsansprache im Fernsehen benutzt hat. Jeder «gewöhnliche» Mensch ist in der Tat ungewöhnlich – und das auf ganz unterschiedliche und oft groteske Art und Weise.

Ich dachte über diese Fragen nach, während ich Iris nach der Fernsehpredigt des Erzbischofs ihren Drink zurechtmachte. Es ist wichtig, es immer zur selben Zeit zu tun. Sie bekommt ihn gegen zwölf Uhr mittags oder kurz vorher. Der Drink selbst ist ein bißchen geschummelt: ein Tropfen Weißwein, ein Spritzer Angostura, Orangeade, ein gut Teil Wasser. Iris mag ihn, und er übt eine beruhigende Wirkung auf sie aus, so daß sie danach längere Zeit vor dem Fernseher sitzen bleibt. Sonst kann es passieren, daß sie aufsteht, ihm den Rükken zukehrt und ununterbrochen mit ihren kleinen *objets trouvés* herumspielt, mit Zweigen und Steinen, Erdbröckchen, kleinen Stückchen Silberpapier, sogar mit toten Regenwürmern, die sie auf unseren kurzen Spaziergängen vom Bürgersteig gerettet hat. Auch gießt sie fortwährend unsere Topfpflanzen am Fenster (manchmal mit ihrem Drink), die inzwischen unter ihrer Behandlung verkümmern. Aber nie versorgt sie sie mit einem richtigen Drink, in dem Alkohol ist. Sehr vernünftig von ihr – ihre alte Vorliebe für Pubs wirkt sich da positiv aus.

20. Februar 1997

Teletubbys. Sie sind Bestandteil des morgendlichen Rituals, das ich einzuhalten versuche. Ich muß ein bißchen darauf bestehen, weil die Krankheit in ein Stadium getreten zu sein scheint, in dem geregelte Abläufe abgelehnt werden. Vielleicht wissen wir alle instinktiv, daß sie einen bei Verstand erhalten.

Kurz nach zehn, als Teil des Kinderprogramms der BBC 2, erscheinen die Teletubbys auf dem Bildschirm. Eine der wenigen Sachen, die wir wirklich zusammen anschauen können, und mit dem gleichen Spaß. «Da sind die Kaninchen!» sage ich ganz aufgeregt. Was diese außergewöhnliche Sendung unter anderem so reizvoll macht, ist die Quasi-Realität der Landschaft: ein Stück sonnige Wiese – echt aussehend – gesprenkelt mit künstlichen Blumen, zwischen denen die echten Kaninchen umherhoppeln. Der Himmel sieht auch echt aus – genau das richtige Blau mit kleinen, weißen Wolken. Die Teletubbys haben ihr unterirdisches Haus, säuberlich mit Gras gedeckt. Daraus ragt ein Periskop hervor. Am Himmel erscheint ein echtes Babygesicht, bei dem ich immer das Gesicht verziehe. Aber Iris erwidert jedesmal sein strahlendes Lächeln.

Dann kommen diese Geschöpfe hervor, vier an der

Zahl, in verschiedenfarbigen Spielhöschen. Wie werden sie animiert? Was verbirgt sich in ihren pummeligen Stoffkörpern? Die Art, wie sie herumtrippeln und lächeln, ist auf fast obszöne Weise genauso natürlich, wie es ihre Männerstimmen sind. Twiggy oder so ähnlich, Winky, Pu… Sie trippeln herum und machen eigentlich nicht viel, aber solange sie da sind, sieht Iris glücklich, ja fast konzentriert aus.

Diese Art von Kindlichkeit ist selbst wie eine virtuelle Realität. Früher war sie echter, spontaner. Es fing an, kurz bevor wir heirateten, und zwar mit einer Grußkarte, auf der ein noch recht dummes Kätzchen seine Nase erstaunt durch eine Tür steckt. Darunter stand sehr passend «Ginger». Als Iris mir die Karte schickte, hatte sie eine Sprechblase in das Bild gezeichnet und hineingeschrieben: «Komme schon». So wurde sie Ginger und später Gunga.

«Verfolgt von Gunga», so wird der erste Teil meiner Autobiographie heißen, habe ich neulich im Scherz zu ihr gesagt. Sie lacht dann und mag es gern, wenn man so mit ihr spricht, aber ich glaube nicht, daß sie den Namen wiedererkennt.

Irgend etwas bei den Teletubbys erinnert mich daran, daß wir uns die Glockenblausterne in Wytham Wood ansehen sollten. Seit wir in Oxford wohnen und herausgefunden haben, daß es in der Gegend etwas so Schönes gibt, sind wir jedes Jahr dort hingefahren. Wenn die Sonne scheint, haben sie etwas von der schönen Zweifelhaftigkeit des Teletubbylandes. Sind sie wirklich echt? Gibt es sie wirklich? Sie wachsen in einem entfernten, dichten Teil des Waldes unter dunklen Nadelbäumen. Der Grund senkt sich dort, und bevor die Dunkelheit sie verschlingt, leuchten sie in ihrem intensivsten Blau. Sie verschwinden wie in einem unbekannten Land, dort, wo ein unendlicher, dunkelblauer See anfängt. Aus der Nähe sehen sie viel gewöhnlicher aus – mit einem Stich ins Graue, Violette.

Wir stehen und betrachten sie. Im letzten Mai schien Iris sie zum ersten Mal überhaupt nicht wahrzunehmen.

Unterwegs gibt es echte Bäume. Zwei riesige Bergahorne, überwältigend wie eine Kathedrale. Aber Iris hat jetzt große Angst vor Bäumen, und ich führe sie schnell vorbei. Wir sollten lieber nicht wieder herkommen, dachte ich.

Als wir ins Auto stiegen, sagte ich, um sie zu beruhigen: «Sind bald wieder im Teletubbyland.» Aber ich glaube nicht, daß sie noch wußte, was Teletubbys waren. Ich wäre ganz froh, wenn ich sie auch vergessen könnte.

Sich des Geistes eines anderen Menschen bewußt zu sein. Für mich etwas ganz Neues. Normalerweise nimmt man ihn bei andern als selbstverständlich hin. Manchmal frage ich mich, ob Iris im stillen denkt: Wie komme ich hier raus? Was soll ich tun? Hat nichts das Spiel ihres Geistes, wenn sie schrieb, dachte, in ihrem Geist lebte, ersetzt? Ich hoffe inbrünstig, daß es nicht der Fall ist.

1. März 1997

Als wir Iris' Mutter in die psychiatrische Klinik bringen mußten, sagten wir ihr nicht, wohin es ging. Ich hatte ihr ein Beruhigungsmittel gegeben, aber die Fahrt kam mir endlos vor. Als die Schwester sie fortführte, drehte sie sich mit einem verlorenen, vorwurfsvollen Gesichtsausdruck nach uns um.

Iris' Gesicht zeigt den gleichen Ausdruck, wenn ich sie einmal auf eine Stunde in der Obhut einer Freundin allein lasse.

Wie damals in der Schule. Als man dort zurückgelassen wurde. Wahrscheinlich wären einem solche Augenblicke heute nicht so schmerzlich in Erinnerung, wenn sie nicht eine Wiederholung jener frühen persönlichen Erfahrungen wären.

Als man mich zur Schule brachte, wußte ich, wohin ich fuhr. Aber als ich dort allein zurückbleiben mußte, tat das weh – so wie der Gesichtsausdruck von Iris oder

der ihrer Mutter. Und so holten wir diese nach ein paar Wochen auch wieder aus der Heilanstalt fort. Später mußte sie erneut hin. Es war also tatsächlich wie Schule.

Assoziationen, die dieser Blick auslöst. Zum Beispiel muß ich dabei an den ersten kleinen Jungen denken, den ich in der Schule kennenlernte, nachdem man mich dort zurückgelassen hatte. Er war verhutzelt wie ein kleiner alter Mann und hatte eine blasse, lepröse Haut. Ich schrak vor ihm zurück, und das um so mehr, als er äußerst freundlich, ja zutraulich war. Er sagte: «Soll ich dir mal sagen, was mein Vater mir erzählt hat? Mein Vater hat gemeint, es sei das Wichtigste auf der ganzen Welt. Er hat gesagt: ‹Zwischen Männern und Frauen besteht nicht der geringste Unterschied. Absolut gar keiner.›»

Ich betrachtete den kleinen Jungen mit Entsetzen und Angst. All das schien Teil dieser alptraumartigen neuen Welt, die sich Schule nannte, zu sein. Damals schienen seine Worte mir das Schlimmste zu sein, was ich je gehört hatte oder wahrscheinlich je hören würde.

Lange Rezension in der *London Review* über Iris' Aufsatzsammlung *Existentialists and Mystics*. Der Rezensent stellte besonders den Gegensatz zwischen Iris' Ansichten zum Roman – die Wichtigkeit freier, unabhängiger Individuen, die Erschaffung von Charakteren usw. – und ihrer schriftstellerischen Praxis heraus, in der sie, statt ihren Charakteren «ein freies, realisiertes Leben» zu geben, «sie so unfrei macht wie verhätschelte Zuchthäusler». Das hat mich auch immer interessiert. Einerseits hat der Rezensent eindeutig recht, aber in anderer Hinsicht – und das ist ein wichtiger Aspekt – ist diese Beobachtung auch wieder irrelevant. Denn Iris erschafft in ihren Romanen eine freie Welt, die absolut überzeugend wirkt, ist sie doch wie keine andere und ausschließlich die ihre. Und das ist es, was einzig und allein zählt, das ist der Grund, warum diese ihre Welt auf die unterschiedlichsten Menschen einen so unwiderstehlichen Reiz ausübt.

Von «Freiheit» im Roman zu sprechen, bei dem einzig und allein der Autor die Freiheit hat, zu tun und zu lassen, was er will, ist eine Fiktion. Puschkin und nach ihm Tolstoi betonten gerne, ihre Figuren hätten sich selbständig gemacht und sie seien überrascht gewesen, was jene getan hätten und was mit ihnen geschehen sei. Um es noch einmal zu sagen: Es ist etwas Wahres daran, aber es verhält sich nicht wirklich so. Es ist eine von den Romanschriftstellern selbst stammende, durch Wiederholung zum Klischee gewordene Vorstellung. Worauf es ankommt, ist, daß die erschaffene Welt sowohl überzeugend als auch einzigartig ist, und was das angeht, sind Puschkin und Tolstoi natürlich Meister. Und Iris auf ihre Weise auch.

Ich erinnere mich noch an die Zeit, als ich – vor vielen Jahren – an einer Untersuchung über Tolstoi arbeitete und Iris und ich endlos über die komplizierten Fragen diskutierten, die sich bei großen Romanautoren immer stellen. Ich behauptete damals, daß Tolstois größte und am wenigsten ins Auge fallende Stärke oder «Freiheit» in der geschickten Art lag, mit der er bei der Erschaffung einer Romanfigur viele unterschiedliche Methoden miteinander kombinierte. Eben noch benehmen sich die Figuren so, als täten sie es bewußt, wie «Menschen in einem Roman», im nächsten Augenblick sind sie plötzlich wie Leute, die wir kennen, und verhalten sich so inkonsequent wie Menschen im richtigen Leben. Sie scheinen als erschaffene Charaktere ganz sie selbst zu sein, aber im nächsten Augenblick verhalten sie sich genauso, wie wir es vielleicht täten, so daß sich einem die unheimliche und beunruhigende Frage aufdrängt: Woher weiß dieser Autor, wie ich bin?

Tolstois Charaktere sind sowohl absolut individuell als auch absolut allgemein. An dieser Stelle meiner Erörterung (wenn man es denn so nennen kann) blickte Iris immer nachdenklich drein. Als Philosophin war ihr das alles zu unscharf, und ich dachte dann, daß philosophisches Denken und das schlichte, undifferenzierte Durcheinander, in dem sich freie Charaktere und freie Schöpfung bewegen müssen, wirklich inkompatibel sind. Tolstoi, so fand ich, war überhaupt kein klar denkender Mensch. Er nahm ganz einfach eine Sache auf und ließ eine andere fallen. Platon hätte sich nichts daraus gemacht und aus Tolstoi auch nichts – oder aus dem Roman überhaupt.

Deine Charaktere, pflegte ich zu Iris zu sagen, haben Aspekte des Zufälligen, weil du weißt, daß es im Leben von Zufälligkeiten nur so wimmelt, und deshalb dürfen sie im Roman nicht fehlen. Aber in einigen Romanen erscheint das Unvorhergesehene nicht aus diesem Grund, sondern ist einfach bloß herrlich und trägt seinen Sinn in sich selbst. Es ist immer komisch – wie der Hund in *Die beiden Veroneser.*

«Kommt darin ein Hund vor?» fragte sie.

«Ich glaube ja. Ich hoffe es jedenfalls, aber vielleicht irre ich mich auch im Stück. Egal, du verstehst, was ich meine?»

Iris verstand immer, selbst wenn es Nachsicht war, was ich meinte, obwohl es ihr nicht notwendigerweise etwas bedeutete. Wir liebten diese Unterhaltungen – für gewöhnlich beim Essen oder beim Wein. Sie dauerten nur ein paar Augenblicke oder Minuten, und im Hintergrund spielte das Grammophon. Das alles hatte auch etwas Komisches. Aber ich war überrascht, wieviel von dem, was wir gesprächsweise kurz berührt hatten, klarer und pointierter in den Aufsätzen auftaucht, die, von Peter Conradi vorzüglich ediert, unter dem Titel *Existentialists and Mystics* erschienen sind. Peter hat mich auf vieles in dieser Sammlung hingewiesen, was, wie er sagte, mit vielem in *The Characters of Love* und *Tolstoy and the Novel* übereinstimmte. Das war mir vorher gar nicht aufgefallen, weil jene Gespräche zwischen Iris und mir – jetzt nicht mehr – einfach ein Teil von uns beiden sind. Wie das allerdings möglich ist, wo doch unsere Art zu denken so verschieden war (die ihre klar, die meine konfus), bleibt ein Rätsel.

Wir können immer noch so miteinander reden wie früher, aber es ist unverständlich geworden – für beide Seiten. Ich kann nicht mehr so antworten wie früher, sondern nur noch so, wie sie jetzt mit mir spricht: mit Scherzen oder Unsinn, worüber sie noch immer lachen kann. Und so sind wir auch jetzt noch einer ein Teil des anderen.

30. März 1997

Der schreckliche Wunsch, gelegentlich fast ein Zwang, dem anderen zu zeigen, wie schlecht die Dinge stehen. Ihn zu zwingen, dieses Wissen mit einem zu teilen, meine Isolation – so wie ich es empfinde – zu durchbrechen.

Ich mache eine schroffe Bemerkung darüber, wie trostlos unsere Aussichten sind. Iris sieht erleichtert und intelligent aus. Sie sagt: «Aber ich liebe dich doch.»

Wir aßen gerade zu Mittag (Toast, Käse, Rote Rüben und grünen Salat) und das Radio lief, als mich Iris mit der Frage überraschte: «Warum sagt er immerzu ‹Bildung›?» Sie klang ängstlich. Angst und Unruhe sind so sehr Teil ihrer Sprache wie die ewige Frage: «Wann gehen wir?» Aber beim Mittag- und Abendessen geht es für gewöhnlich recht friedlich zu, da ich versuche, alles so beruhigend gleichförmig wie möglich zu halten. Jetzt hat sie jedoch etwas im Radio aufgestört. Minister sagen dauernd «Bildung». Das Wort sollte beruhigend wirken, auch wenn es vergleichsweise wenig bedeutet.

Mir kommt der Gedanke, daß Iris befürchtet, es könnte jetzt vielleicht etwas anderes bedeuten und sie habe es nicht mitbekommen. In gewisser Hinsicht stimmt das natürlich. Es bezieht sich auf Fertigkeiten im Hinblick auf Computer und dergleichen, Sachen, von denen wir keine Ahnung haben. Aber ich glaube eher, daß es die

Häufigkeit ist, mit der dieses Wort in der politischen Rede auftaucht, die sie ängstigt.

Ich versuche etwas in dem Sinne zu sagen, daß Bildung ganz wichtig sei und daß jeder genug davon abkriegen müsse. Iris sieht immer noch beunruhigt aus. «Lesen sie Bücher?» Ich frage mich, ob Bildung heutzutage immer noch in erster Linie lesen bedeutet wie früher, als sie in der Schule und im College war. Die Klarheit ihrer Sätze beunruhigt mich. Für gewöhnlich verlieren sie sich im Unbestimmten, fahren sich fest – fangen woanders wieder an. Nur Angstfragen kommen an ihr Ende, und dies scheint eine zu sein. Mir fällt ein, daß mir der freundliche Facharzt im Krankenhaus erklärt hatte, daß ein anderes, ihr von außen nahegelegtes Wort sozusagen die Fehlerquelle im Schaltkreis beseitigen und ihre Angst vor einem bestimmten Wort vorübergehend aufheben könne. «Es geht ums Lernen, nehme ich an. Wie wir es früher getan haben. Um die Gelehrsamkeit», sage ich. Ihr Gesicht hellt sich wirklich ein wenig auf. Gelehrsamkeit ist kein Wort, das man heute noch oft hört. *Bildung* ist an seine Stelle getreten. Aber *Gelehrsamkeit* ist oder war der genauere Ausdruck.

When land is sold and money spent,
Then learning is most excellent.

Wenn das Land verkauft und das Geld ausgegeben ist,
dann ist Gelehrsamkeit etwas Vorzügliches.

Dieser alte Vers kommt mir wieder in den Sinn. Erreicht er mich über dieselbe geheimnisvolle Schaltungsanordnung, die in Iris' Fall versagt hat?

»Wann gehen wir?»
«Ich sage dir, wann wir gehen.»

Iris reagiert immer auf einen scherzhaften Ton. Aber manchmal ist es schwer, ihn durchzuhalten. Ich bin plötzlich unheimlich gereizt und brülle los, ehe ich mich bremsen kann: «Frag mich doch nicht dauernd, wann wir gehen!» Es ist noch gar nicht lange her, da wäre das als Koller registriert worden, und der Schaltkreis hätte sich sichtbar darauf eingestellt. Iris hätte mit der ihr eigenen Mischung aus Belustigung, Nachsicht und absolutem Verständnis reagiert – eine Reaktion, die inzwischen zwar nur noch ein Automatismus war, aber trotzdem unendlich willkommen. Man stellt fest, daß viele Frauen auf ihre bissigen Ehemänner in der Öffentlichkeit (und zweifellos auch privat) mit jener «sanften, strengen Gelassenheit» reagieren, die Milton Eva zuschreibt. Sie ist das Gegenteil von Verständnis. Eva war die erste, die sich hinter die Barriere kritischer Ablehnung des anderen Geschlechts zurückzog.

Das tat Iris nie. Sie wurde nie ärgerlich und wird es auch heute nicht. Aber wenn ich es früher wurde, wenn ich ärgerlich, töricht oder irritierend war, dann besänftigte sie mich auf eine ihr ganz eigene Art, indem sie mich spüren ließ, daß ich ganz besonders liebenswert und ihr nahe war.

Inzwischen verzieht sich ihr Gesicht nur zum Weinen. Ich beeile mich, sie zu trösten, und auf Trost reagiert sie immer. Wir küssen und umarmen uns jetzt viel häufiger als früher.

Oft löst etwas, was Iris jetzt sagt, oder ein Wort, das sie wiederholt, auch in mir eine mehr oder weniger verrückte, assoziative Gedankenkette aus. Ich muß an ihre Mutter in ihrem frühen Stadium der Alzheimerschen Krankheit denken, als diese noch nicht diagnostiziert oder benannt war. Sie pflegte ein Wort auf anrührende Weise zu wiederholen, als wäre es ein Talisman oder ein Omen. Wenn jemand «Fahrt» sagte oder «Baron's Court», wo sie wohnte, dann wiederholte sie das in Abständen immer wieder, und das tat sie auch, wenn jemand zufällig «Radler» oder «Schinken und Käse» sagte. Wenn man erst auf diese ungewollte Angewohnheit achtet, wird sie zu einer bewußten. Ich merke, daß mir das Wort «Gelehrsamkeit» in Abständen immer wieder in den Sinn kommt, und so spiele ich denn müßig damit herum.

Es ist vielleicht bedeutsam, daß es in gewisser Weise etwas mit Wettbewerb zu tun hat. Ein gelehrter Mann sticht unter seinen Mitmenschen hervor, ein Mann mit einer guten Schulbildung nicht notwendigerweise. Daher ist *Bildung* ein akzeptableres Wort, ist etwas, das wir alle haben können, wenn die Regierung es richtig anstellt. Früher war es normal, daß man versuchte zu glänzen, daß man ein Buch oder Bücher gelesen hatte, die andere nicht kannten, daß man im Stande war zu zitieren. Lord Birkenhead (oder irgend jemand anderes) erklärte in den Dreißigern (in Oxford, oder wo war es?), daß es immer noch «für das scharfe Schwert viele verlockende Preise» gebe. Auden übernahm diesen Ausspruch ironisch in seinem Gedicht «Oxford», also muß sich die Einstellung diesen Gedanken gegenüber bereits zu der Zeit geändert haben. Wenn heutzutage Preise verliehen werden, dann schon an alle – jedenfalls in der Theorie.

Irgendwie ist es auch eine Erleichterung, daß sich in dieser Beziehung etwas geändert hat. Die Atmosphäre, die die Gelehrsamkeit umgibt, ist immer ermüdend und kann bedrückend sein. Selbst meine geschätzte Barbara Pym, deren Romane ich so liebe, muß in ihrer Jugend gräßlich gewesen sein, und ihre ganze Clique ebenfalls, denn alle versuchten dauernd, mit klugen Bemerkungen zu blenden oder zitierten um die Wette. An sich völlig harmlos und in ihren frühen Romanen durchaus reizvoll, aber im wirklichen Leben doch ziemlich ermüdend. Gesellschaftlich betrachtet, dachten die Leute damals, daß sie sich Mühe geben müßten.

Iris bildet zu all dem einen großen Gegensatz. In jungen Jahren war sie bereits auf beeindruckende Weise gelehrt, aber ich bin sicher, sie zeigte es nicht. Vielleicht, weil das als unpassend für ernsthafte Frauen galt. Männliche Universitätslehrer jedenfalls wetteiferten miteinander, und ich weiß noch, wie wenig mir das gefiel, während ich zugleich versuchte mitzuhalten. Heutzutage sind die Unterhaltungen im Gemeinschaftsraum erfreulich wenig anstrengend. Aber bedarf die Gelehrsamkeit einer offenen Zurschaustellung (so wie ein Vogel seine Federn spreizt), um zu zeigen, wie wichtig sie noch ist oder sein sollte? Man hätte es doch wohl seltsam gefunden, wenn Premierminister Blair die Politik seiner neuen Regierung mit den Worten «Gelehrsamkeit, Gelehrsamkeit, Gelehrsamkeit!» angekündigt hätte, statt «Bildung, Bildung, Bildung!» zu sagen. Trotz ihres Wettbewerbscharakters ist Gelehrsamkeit idealerweise ein Selbstzweck, und keine Regierung möchte so etwas besonders fördern oder auch noch Geld dafür ausgeben.

15. April 1997

Stadium folgt auf Stadium. Wie viele werden es sein? Ich habe mich früher vor dem Augenblick gefürchtet, wo Iris aufwachte, denn dann schien ihr – zumindest für wenige Minuten – ihre Situation mit aller Schärfe zu Bewußtsein zu kommen. Beschwichtigende Worte, soweit das möglich war, und dann schlief sie wieder ein. Und ich saß im Bett neben ihr und las oder tippte auf meiner Maschine. Das Geräusch schien zu ihrer Beruhigung beizutragen. Iris' Gier nach Schlaf hatte etwas Verzweifeltes an sich, und doch schlief sie – und schläft sie noch immer – so leicht und morgens so lange, daß es ein großer Trost für uns beide war. Wenn sie neben mir liegt, gleicht sie einem Athleten, der den Stab dem nächsten Läufer der Staffel übergeben hat.

Das ist nicht unbedingt ein gutes Bild. Richtiger wäre, wenn ich sagte, daß es mich beruhigte, wenn sie nicht mitbekam, was ich ohne sie tat. Hätte sie ihr altes, freundliches Interesse gezeigt – ich hätte es nicht ertragen können. Wo es um unsere Arbeit ging, hatten wir uns immer in Frieden gelassen, so daß diese Form des Alleinseins inzwischen direkt willkommen war. Je einfacher und primitiver unsere Bedürfnisse und Gefühle jetzt sind (so wie die kleiner Kinder, die ihre Mutter brauchen), desto absoluter scheinen sie auch zu sein. So sehr es mich aufbringt, wenn Iris mir jetzt überallhin nachläuft, so sehr brauche ich es gleichzeitig auch. Wiche sie mir aus oder ließe sie mich «taktvoll» zufrieden, dann würde ich sie genauso ängstlich, wenn auch vielleicht nicht ganz so zwanghaft verfolgen, wie sie jetzt mich verfolgt. Wenn ich beim Einkaufen nach zehn Minuten zum Auto zurückkehre und sie bei meinem Anblick übers ganze Gesicht zu strahlen anfängt, dann empfinde ich keine besondere Freude oder Gemütsbewegung. Aber dann erinnere ich mich nachts daran, wenn ich aufwache, und ich strecke die Hand nach ihr aus. So pflegte sich das «Löwengesicht» ihrer kranken Mutter zu verwandeln, wenn diese ihre Tochter sah. Nicht daß Iris' Gesicht so ausdruckslos geworden wäre, wie es das ihrer Mutter damals war. Wenn sie so im Auto sitzt und auf mich wartet, sieht sie ganz wach und liebenswürdig aus, und Passanten lächeln sie an.

Aber gottlob scheint das Stadium der Verzweiflung beim Aufwachen vorüber zu sein. Jetzt gibt sie ein Geräusch von sich, als lache sie leise in sich hinein, und sieht mich an wie das Teletubby-Baby am blauen Himmel im Fernsehen. Keine ängstlichen Fragen. Wir wechseln ein paar der alten unsinnigen Wörter, und dann schläft sie wieder ein. In dem Maße, in dem ihr Zustand sich verschlimmert, wird er auch besser. Er scheint jede neue Verarmung zu kompensieren. Sollte dankbarer dafür sein.

Die Qual des Reisens heutzutage. Iris ist immer unheimlich gern gereist, und jetzt sehnt sie sich heftiger denn je danach. Ich habe den Aufstand des Wegfahrens schon immer verabscheut und war früher nur allzu froh, wenn ich sie bloß zum Bahnhof zu bringen und ihr nachzuwinken brauchte. Jetzt leide ich unter fieberhafter Reiseangst – Taxis, Fahrkarten, Abfahrtszeiten. Iris hat sich über all das nie Sorgen gemacht. Sie fand sich am Bahnhof ein wie eine russische Bäuerin und wartete auf den nächsten Zug.

Jetzt leiden wir beide. Obwohl Iris zwanghaft «weg» will (ganz egal wohin, irgendwohin), ist sie auf ihre Weise genauso in Panik wie ich. Im Bahnhof sagt sie einmal ums andere: «Warum hast du mir nicht gesagt, daß wir wegfahren?» Dabei hatte ich es ihr viele, viele Male gesagt. Jetzt sage ich es ihr noch einmal, ziemlich böse und in dem gleichen nörglerischen Tonfall, in dem sie ihre Frage wiederholt. Leute drehen sich nach uns um. Ich fummele in meiner Brieftasche herum, kontrolliere die Fahrscheine. Man kriegt sie so schwer auseinander, und obwohl ich sie in Panik immer wieder durchzähle, kann ich trotzdem nur eine Rückfahrkarte finden. Das ganze System ist absurd. Warum müssen sie einem vier einzelne Fahrscheine geben, wenn es zwei auch tun würden. Er ist eindeutig nicht da. Ich rase zum Fahrkartenschalter, wo gespannte Seile die Anstehenden serpentinenartig vorwärtsleiten. Der Schalterbeamte hat seinen kleinen Vorhang zugezogen und ist weggegangen. Der Kunde am anderen Fenster scheint eine Karte rund um die Welt haben zu wollen, und es eilt ihm nicht im geringsten. Er und der Fahrkartenverkäufer gehen die Möglichkeiten in aller Ruhe durch. Iris packt mich ängstlich beim Arm und will, daß wir zu einem Zug laufen, der gerade eingefahren ist. Der falsche, wie ich hoffe. Endlich ist der Schalterbeamte frei. Ich zeige ihm meine Quittung und die unvollständigen Fahrscheine. Nein, da kann er nichts tun – er hat sie mir nicht verkauft. Verzweifelt wende ich mich ab. Warum können wir nicht einfach nach Hause fahren?

Iris hat nicht begriffen, worum es geht, und drängt mich immer noch, den falschen Zug zu nehmen. In dem Augenblick tritt ein Mann zu uns und hält mir einen Fahrschein hin. Es ist der ursprüngliche Schalterbeamte, der jetzt, wo er nicht hinter seinem Fensterchen steht, seltsam nackt aussieht und kaum wiederzuerkennen ist. Er erklärt nicht, was passiert ist, sondern schenkt mir nur ein kleines, verschwörerisches Lächeln und geht schnell an seinen Arbeitsplatz zurück.

Im Zug zähle ich wieder und wieder die Fahrscheine durch. Das ältere Ehepaar uns gegenüber sieht Iris mitfühlend an. Eindeutig bin ich derjenige, der zu einem Problem geworden ist.

Völlig erschöpft und schweißgebadet. Mein Herz meldet sich auch. Und das Ganze so unwichtig. Offensichtlich habe ich ebenfalls Alzheimer und der Schalterbeamte auch. Ebenso wie Iris und vermutlich die ganze Welt.

Ob der Pfleger, ohne es zu wollen, den Alzheimer-Kranken nachahmt? Ich ganz sicher.

Während ich so erschöpft im Zug sitze, kommt mir plötzlich ein drolliger Vorfall aus der Zeit in den Sinn, als Iris mehr oder weniger beschlossen zu haben schien, mich zu heiraten. Sie mußte zu ihrer ehemaligen Schule fahren (um dort die Preise zu verteilen oder etwas in der Art) und schlug mir vor, sie zu begleiten. Nachdem das, was sie dort zu tun hatte, erledigt war, wollte sie der pensionierten Direktorin einen Besuch machen, einer berühmten, weißhaarigen alten Dame, die in einer Wohnung auf dem Schulgelände wohnte. Auf ihre freudlose Art war sie sehr nett gewesen und hatte das Schulmädchen Iris als das Juwel in ihrer Krone betrachtet. Iris stellte mich vor, und nach ein paar Minuten gelang es mir, mich davonzumachen und die beiden allein zu lassen. Als Iris herauskam, sah sie sehr amüsiert aus. «Willst du wissen, was BMB von dir hält?» fragte sie. Ich brachte eine natürliche Neugier zum Ausdruck. «Nun», meinte Iris, «sie hat bloß gesagt: ‹Er sieht nicht sehr stark aus.›»

Damals war mir das egal, ob ich stark war oder nicht. Jetzt muß ich versuchen, stark zu sein, aber ich bin sicher, der Versuch würde BMB nicht täuschen.

Nette Bekannte in unserer Straße haben zu einer Stehparty am Sonntagvormittag eingeladen. Früher habe ich die sonntagmorgendliche Ruhe geliebt, die Sonntagszeitung, ein geruhsames Frühstück, während Iris oben arbeitete, keine Gedanken darüber, was ich an dem Tag zu tun hatte. Damals hätte ich – mit Iris' Einwilligung – irgendeine Entschuldigung vorgebracht. Iris hätte zwar nichts dagegen gehabt hinzugehen, wußte jedoch, daß ich nicht mochte. Jetzt bietet eine solche Einladung eine willkommene Ablenkung. Ich sage ihr nichts davon, bis es elf Uhr ist. Hätte ich es getan, wäre sie in Panik geraten und hätte wissen wollen, warum ich es ihr nicht früher gesagt habe. Sie kann jetzt nicht mehr zwischen dem unterscheiden, was sie tun will, und dem, was geschieht.

«Fahren wir nach London?»

«Nein, wir gehen bloß die Straße rauf. Wenn wir hinkommen, weißt du schon, wer es ist. Sie sind sehr nett. Es wird dir gefallen.»

Ich weiß, daß ich recht habe, aber es ruft eine «Hosen-Grimasse» hervor, wie ich es jetzt bei mir nenne. Jeden Abend fechten wir den Kampf um die Hosen aus. Sie will mit ihnen ins Bett gehen – und mit allem anderen, was sie anhat, auch. Verglichen mit ihrer Entschlossenheit ist mein Widerstand nur halbherzig. Manchmal gewinne ich, indem ich sie mehr oder weniger runterzerre. Dann gibt Iris den Kampf auf, aber schneidet eine fürchterliche Grimasse. Es ist ein Gesichtsausdruck, der völlig neu ist und ganz anders als alles, was sich in der Vergangenheit je in ihrem Gesicht abgespielt hat. Er entnervt mich jedesmal, und sie zeigt ihn jetzt auch häufiger in anderen Situationen.

Dabei ist es mir im Prinzip ganz egal, ob sie ihre Hosen anbehält oder nicht. Unsere Angewohnheiten sind nie ausgesprochen hygienisch gewesen. Aber es ist jetzt unerhört wichtig geworden, einen festen Tagesablauf zu haben, und dazu gehört auch, zwischen Tag und Nacht zu unterscheiden. Zweimal täglich, um zehn Uhr morgens und um fünf Uhr nachmittags, machen sich Panik und Leere breit, nicht, weil wir etwas Bestimmtes tun müssen, sondern weil wir nichts zu tun haben. Die täglichen Abläufe geben nichts her. Ich kann einzig und allein versprechen, daß bald etwas kommen wird: ein Drink, das Mittagessen, das Abendbrot.

Wenn ich nicht da bin, hat Iris Angst vor anderen Menschen, und zwar in so mitleiderregendem Maße, daß ich es nicht über mich bringe, einen Pflegedienst einzuschalten, damit jemand ihr «Gesellschaft leistet», oder sie in eine Therapieeinrichtung für alte Menschen zu bringen. Alles das wird eines Tages geschehen müssen. Mittlerweile bin ich gnadenlos und mache sie für die Party zurecht, überzeugt davon, daß es ihr gefallen wird, wenn sie erst da ist, wie es in unserer Kindheit immer geheißen hat.

Und genauso ist es. Es ist eine vergnügliche Party. Ich staune wie schon so oft, wie Gäste es genießen, Gäste zu sein. Man steht jemandem gegenüber und läßt nicht locker, wobei man auf die gleiche geübte, riskante Weise Blickkontakt hält wie sein Glas und sein Schnittchen. Wie eine Seeschlacht zu Zeiten Nelsons: Schiff liegt Schiff gegenüber, Rahnock an Rahnock. Manchmal taucht aus dem Schlachtenlärm ein anderes Schiff auf. Sollte ich wohl das Ziel wechseln oder die Zahl der auf meinen augenblicklichen Opponenten abgefeuerten Breitseiten verdoppeln? Es hat etwas Unbarmherziges an sich, wie die Konzentration gefordert ist. Niemand möchte gern ziellos durch das Schlachtgetümmel treiben, mit schweigenden Kanonen, keinen Gegner im Visier…

Außergewöhnlich ist, daß Iris sozusagen ihre Kanonen bedienen und das Feuer erwidern kann wie alle anderen auch. Ich hätte sie allerdings auch nicht mitgenommen, wenn ich nicht sicher gewesen wäre, daß es so sein würde. Ihr Gesicht belebt sich – keine Spur von «Hosen-Grimasse». Sie spielt ihre Rolle so gut wie wir anderen.

Muß das nicht eine gute Therapie sein? Ich würde das gerne glauben, aber Therapie hieße ja Besserung, Gesundung. Das glückliche Abgelenktsein bleibt auf den Augenblick beschränkt. Ich schiebe mich vorsichtig an das Achterschiff (ich bin noch bei Nelson) des Gastes heran, der sich mit Iris unterhält. Er ist gewaltig bemüht, den Eindruck zu erwecken, daß er das, was er macht, gut macht – und dabei glücklich ist. Mit halbem Ohr zuhörend (während ich zugleich mein Gegenüber beschieße), verfolge ich einen lebhaften Bericht über die Verfahren, die eine Versicherung bei der Schadensregulierung anwendet. Iris hört lächelnd und aufmerksam zu – ihre Aufmerksamkeit muß schmeichelhaft sein. Dann höre ich sie sagen: «Und was machen Sie?» Das Gesicht ihr gegenüber läßt erkennen, daß sie diese Frage in den vergangenen Minuten schon mehrfach gestellt hat. Kein bißchen entmutigt, fängt der Mann wieder von vorne an.

Manche Leute würden es vielleicht wirklich als weniger anstrengend empfinden, wenn sie sich bei einer Party mit jemandem unterhalten könnten, der mehr oder weniger in Iris' Zustand ist. Ich glaube, ich gehöre zu ihnen. Einmal abgesehen davon, daß es einem das Gefühl verleiht, der Gemeinschaft einen Dienst zu erweisen, ist es – kurzfristig gesehen – nicht gar so fordernd und strapaziös wie die herkömmliche Kunst des Party-Verkehrs.

Zu mir tretend, sagt die Gastgeberin: «Ist Iris nicht wundervoll?» Sie klingt überrascht, vielleicht auch dankbar, daß es zu keinem Gequieke und Geschnatter gekommen ist. Ich spüre, wie mich ein gemeines Gefühl der Verärgerung, ja der Wut erfüllt. Menschen, die Iris bei Anlässen wie diesem hier erleben, meinen oft, daß ihr Zustand wohl nicht allzu schlimm sein kann. Vielleicht sollte ich zu unserer Gastgeberin sagen: «Was meinen Sie, wie es bei uns zu Hause zugeht?» Gottlob kann man so etwas bei Partys nicht sagen – oder man tut es nicht.

Als wir nach Hause kommen, versuche ich Iris' Interesse an der Party wachzuhalten, indem ich ihr sage, wie sich die Leute gefreut hätten, sie zu sehen. In der Rückschau scheint die Party etwas sehr Erfreuliches gewesen zu sein – ich blicke schon jetzt nostalgisch auf sie zurück. Aber Iris erinnert sich nicht mehr. Sie fängt schon wieder damit an, sich ängstlich zu erkundigen: «Wann gehen wir?» Ich frage mich, wie oft sie von dem Versicherungsmenschen hat wissen wollen, was er beruflich macht.

10. Mai 1997

Es überrascht mich immer wieder, wenn Leute, von denen man es überhaupt nicht erwartet, ein bißchen peinlich berührt dreinschauen, sobald ich eine respektlose Bemerkung über die sozialen Dienste, die Ethik der Wohlfahrt oder gar die alleinstehenden (vormals die ledigen) Mütter mache. Kann es sein, daß sich nette, will sagen anständige Leute über solche Dinge nicht lustig machen, nicht einmal aus Jux? Was Sex oder die Religion angeht, muß niemand mehr an sich halten. Die moderne Einstellung zu sozialem oder staatlichem «Mitgefühl» gleicht auf unheimliche Weise dem früheren Schweigen über Sex oder der Achtung, die man den religiösen Überzeugungen entgegenbrachte. Sie ist zudem puritanisch – die Blasphemie wird heute nicht als ein Teil des Glaubens angesehen, wie es in den älteren Religionen der Fall war.

«Nettigkeit» begleitet uns auf Schritt und Tritt und ist ja auch eine gute Sache, aber sie verändert ihren Standpunkt, auch wenn sie sich noch gefährlich an ihre Doppeldeutigkeit klammert. Iris' Roman *The Nice and the Good* bezog sie in meisterhafter Weise mit ebensoviel Humor wie Genauigkeit ein. Zeigt aber dieser Roman – und auch jeder andere von ihr – in gewisser Weise nicht auch die Zwangsläufigkeit der Unschuld, die vielleicht aus einer geborgenen und glücklichen Kindheit erwächst? Iris war – wie ihre Eltern auch – schon als Kind nett und gut gewesen. Alle drei hatten keine Religion, waren jedoch – im theologischen Sinn – natürliche Christen. Wie so viele Philosophen hat Iris kein Verständnis für das Böse, seine Alltäglichkeit und wissende Überheblichkeit. Die Bösen verachten die Guten, überzeugt davon (und nicht ganz zu Unrecht), daß sich die glücklosen Guten zwar einbilden, die Bösen zu «verstehen», sie aber eigentlich nicht wirklich kennen. Iris ersetzt bei den Charakteren ihrer Romane das alltägliche, widerliche Böse, das sie nicht fasziniert und das sie auch nicht versteht, durch das Streben nach Macht, dem ihr Interesse gilt. Um das Böse zu verstehen, muß man ihm ähnlich sein, muß man zumindest ein wenig von der wissenden Überheblichkeit und der ihr innewohnenden Dummheit besitzen. Man muß, wie Isaiah Berlin von Dostojewski gesagt hat, «ein nicht sehr netter Mensch» sein.

Einmal eine Auseinandersetzung mit Iris darüber – oder genauer, über den guten Menschen Aljoscha Karamasow. Eine dem Willen des Autors entsprungene Kopfgeburt, wohingegen Dostojewskis Untergrundmensch mühelos und absolut Gestalt annimmt. Warum? Weil Dostojewski mit seinem Untergrundmenschen so eng vertraut war wie mit sich selbst, während Aljoscha im Prinzip eine Idee ist – eine gute natürlich. Iris wandte ein, daß Romanschriftsteller sowohl Entdecker als auch natürliche Kenner des Daseins seien. Habe Dostojewski Aljoscha nicht in einem späteren Band in den Abgrund der Hölle schicken und ihn alle Sünden der Menschheit begehen lassen wollen? Nicht wirkliche Sünden, entgegnete ich, denn sie wären weder dumm noch überheblich genug gewesen. Nicht natürlich. Es wären Sünden entsprechend dem Willen des Autors, nicht in der Realität des Buches gewesen.

Ich sagte dies, weil es sich einleuchtend und intelligent ausnahm, aber ich wußte, daß meine Position von Iris' ruhiger Vernunft untergraben werden würde – genaugenommen von ihrer Nettigkeit. Ich wollte Punkte sammeln, etwas, was sie nie tat, weder in ihren Romanen noch im alltäglichen Leben. Zugleich glaube ich, daß einer der Gründe, warum wir uns ineinander verliebt haben und so gut miteinander ausgekommen sind, der ist, daß wir beide immer naiv und unschuldig waren – auf einer tiefen, versöhnenden Ebene. Einer hat es im anderen gefunden, ohne es zu sagen oder überhaupt zu wissen. Iris ist ein guter Mensch. Ich bin nicht wirklich gut, aber ich komme durch, indem ich nett bin. Ein geistreicher Mensch hat einmal von Cyril Connolly, dessen Gesichtszüge nicht gerade Freundlichkeit ausstrahlten, bemerkt, er sei nicht so nett gewesen, wie er ausgesehen habe. Iris ist genauso nett, wie sie aussieht, ja, in ihrem Fall gewinnt das schwache, aber unumgängliche kleine Wort eine fast transzendentale Bedeutung, eine andere und tiefere Bedeutung als alle seine üblichen und mehr oder minder doppeldeutigen.

Schlauheit. Habe ich heute statt «Bildung» im Kopf. Peter Conradi hat mir gesagt, daß das französische Wort dafür *déniaiserie* ist. Die Angst, naiv zu sein?

Und dieses sperrige Wort, von dem ich kaum glauben kann, daß es existiert, erinnert mich irgendwie auf proustsche Weise an einen widerlich durchtriebenen Jungen in der Schule. Habe schon seit Jahren nicht mehr an ihn gedacht, wenn überhaupt je. Eines Sonntags funkelten seine Augen bei der Lesung des Evangeliums in der Schulkapelle vor hämischer Freude. Ich war neugierig, und er nannte mir den Grund seiner Freude gern. Es war um die Geschichte der Frau gegangen, die Jesu Füße mit einer kostbaren Salbe einrieb. «Jesus war furchtbar selbstzufrieden. Als sie sagten, man hätte die Salbe lieber verkaufen und das Geld den Armen geben sollen, meinte er: ‹So ein Quatsch. Ich bin der, der zählt, geht mir doch los mit den Armen.› Damit werde ich Gottvater Clark verarschen.»

«Gottvater» Clark war der Schulseelsorger. Als ich meinem Mitschüler die Frage stellte (die ich wohl auch stellen sollte), wie er das machen wolle, erklärte er mir, daß ihm der Aufsatz, den wir im Religionsunterricht immer zur Mitte des Trimesters schreiben mußten, Gelegenheit dazu geben werde. Und er nahm diese Gelegenheit dann auch wahr, aber es gelang ihm nicht, den Geistlichen auf die Palme zu bringen. Da sich dieser mit Jungs bestens auskannte, gab er die Arbeit kommentarlos zurück und bemerkte dem geknickten Knaben gegenüber lediglich anerkennend, daß der Aufsatz «gut geschrieben» sei.

«Gottvater» Clark, ein wie ein Heiliger aussehender alter Mann mit weißem Haar, hatte einen dunkelhaarigen jungen Kaplan als Assistenten, der auf düstere Weise gut aussah und von den Schülern «Jesus» Steed genannt wurde.

Warum nur habe ich mich an alles das erinnert? Früher wäre ich in einem solchen Fall zu Iris gelaufen und hätte es ihr in der Gewißheit erzählt, daß es sie amüsieren würde. Jetzt hat das leider keinen Sinn mehr. Ich sehe ihr Gesicht vor mir, wie es aussähe, wenn ich es täte – seinen beunruhigten und verwirrten Ausdruck. Wir können immer noch Witze machen, aber nur ganz einfache. Keine Anekdoten. Erst recht keine zum Thema «Schlauheit».

Iris sagte mir einmal, sie habe keinen «Bewußtseinsstrom». Sie spreche nie mit sich selbst. Sie sage nie zu sich (ich hatte ihr erzählt, daß ich es tue): Ich mache jetzt dies, und dann muß ich das erledigen. Sainsbury – die Wolken – die Bäume sehen schön aus.

Kein banales Spiel mit inneren Worten? Sind früher alle in die Welt des Schaffens eingegangen, die in ihr lebendig war?

Man sagt, daß Menschen mit einem ausgeprägten Identitätsgefühl die schlimmsten Alzheimer-Kranken werden. Sie könnten das, was sie nach wie vor in sich formulieren, nicht mit anderen teilen. Spricht Iris in ihrem Inneren über das, was geschieht? Wie soll ich das in Erfahrung bringen? Was geblieben ist, das ist die schreckliche Erwartung. «Wann?» und «Ich möchte.»

Sagt sie immer noch in ihrem Inneren wie der Blinde in Faulkners *Soldatenlohn*: «Wann lassen sie mich hier raus?»

Flucht. Sie spricht das Wort nie aus, aber es liegt in der Luft.

Zuhause ist der schlimmste Ort. Als ob hier etwas für sie geschehen sollte, was nie geschieht. Die Angst ständig im Rücken. Sie nimmt Dinge auf, um sie abzuwehren. Hält sie in Händen wie Worte. Heftiges Verlangen, ihr ins Ohr zu brüllen: «Für mich ist es schlimmer. Noch viel schlimmer!»

Dies, nachdem der Fernseher kaputtgegangen ist. Ich vermisse ihn offenkundig mehr als Iris es tut, aber jetzt, wo er nicht da ist, nimmt ihre Unruhe zu. Das empfohlene Sedativ scheint nicht zu helfen.

Wann lassen sie *mich* hier raus?

4. Juni 1997

Alptraumhafte Erinnerung an einen Tag im heißen Sommer des vergangenen Jahres, unmittelbar vor oder nach dem einzigen Mal, als wir in der Themse geschwommen sind. Was hat den Ärger heraufbeschworen – abgesehen von der Hitze und den ein oder zwei Gläsern, die ich zum Mittagessen getrunken hatte (normalerweise versuche ich, nichts zu trinken, während Iris immer ihre Orangeade mit ein paar Tropfen Weißwein darin bekommt)? Ich muß mich ungewöhnlich niedergeschlagen gefühlt haben. Zankereien dieser Art sind unvorhersehbar, kommen wie ein Windstoß aus heiterem Himmel und legen sich genauso schnell. Dann scheint die Sonne wieder, das Wasser ist ruhig. Man kann sogar vergessen, daß es erneut dazu kommen wird. Schon bald.

Aber die Ursache? Der Grund? Es muß einen geben. Ich erinnere mich daran, daß ich einmal, als ich Tolstoi las, von seiner Schilderung des Zorns und der heftigen Gemütsbewegung beeindruckt war – eine Schilderung, die der Theorie von William James, dem Philosophen und Bruder des Romanciers, entspricht. Nach James (wenn ich mich richtig erinnere) sind Zorn, Angst oder Mitleid jeweils ihre eigene Ursache. Ich glaube nicht, daß das viel aussagt, aber bei Tolstoi gewinnt dieser Gedanke eine außergewöhnliche Anschaulichkeit – so etwa, wenn Karenin unbewußt die Bewegung der winzigen, runzligen Fingerchen von Annas Baby mit seinen eigenen Fingern und seinem Gesicht nachvollzieht. Das Mitleid, ja, die Liebe, die er für dieses Kind eines anderen Mannes, das seine Frau zur Welt gebracht hat, empfindet, existiert nur als etwas rein Physisches.

War es in meinem Fall so, daß der Geruch, den Iris in der dumpfen Mittagshitze ausströmte, mich an den Geruch ihrer Mutter erinnerte, den sie hatte, als sie schon ältlich war und nicht mehr ganz beieinander? So daß ich nicht Liebe und Mitleid, sondern Widerwillen und Ekel empfand? Gerüche können, wie Proust wußte, ganz sicher mit Freude und Entspannung verbunden sein und damit identifiziert werden. Oder mit ihrem jeweiligen Gegenteil? Iris reagiert nicht auf schwache Gerüche, während ich einen sehr ausgeprägten Geruchssinn habe. Vielleicht trennt uns das. Ich mag fast alle Gerüche, die man wahrnehmen kann, ohne sie erschnuppern zu müssen oder von ihnen abgestoßen zu werden. Unsere Häuser haben alle ihren jeweils eigenen Geruch gehabt, weder einen angenehmen noch einen unangenehmen im naheliegenden Sinn, aber einen charakteristischen – der des Hauses in der Hartley Road war ironischerweise besonders einprägsam und reizvoll.

Den Geruch in der Wohnung von Iris' Mutter empfand ich, obwohl er nur sehr schwach war, als ganz entsetzlich. Ich mußte mir einen Ruck geben, um die Wohnung zu betreten, während Jack, der die alte Dame ziemlich lange betreute, den Geruch nie wahrzunehmen schien. Und Iris auch nicht. Ein Hauch dieses Geruchs umweht jetzt gelegentlich Iris – es ist ein Familiengeruch und eine peinigende Erinnerung an die Sterblichkeit. Aber das war nicht der Grund für den erwähnten Krach, obwohl – wenn William James auch nur annähernd recht hat – physische Ursachen viel zu sehr in ihre emotionalen Auswirkungen verschlungen sind, um beide entwirren zu können.

Der Anlaß war anscheinend mein Zorn wegen der Topfpflanzen, von denen einige in unserem Wohnzimmer auf dem Fensterbrett stehen (Alpenveilchen, Grünlilien und Tigerpflanzen, wie wir eine gefleckte nannten) und an denen ich inzwischen ziemlich hing. Ich kümmerte mich um sie und goß sie regelmäßig. Unglückseligerweise hatte Iris ihre leidenschaftliche Fürsorge für ihre kleinen Gegenstände (das heißt die Sachen, die sie auf der Straße aufgelesen und ins Haus gebracht hatte) auch auf sie ausgeweitet. Sie fing an, wie ich bereits erzählt habe, die Blumen zwanghaft zu gießen. Dauernd traf ich sie mit einer Kanne in der Hand an und fand das Fensterbrett und den Fußboden darunter vom Gießwasser überschwemmt. Ich beschwor sie wiederholt, die Gießerei zu unterlassen, und machte sie darauf aufmerksam, daß die Pflanzen, vor allem die Alpenveilchen, bei dieser Behandlung schlaff würden und eingehen müßten. Sie schien das begriffen zu haben, aber bald war sie wieder mit einer Kanne oder einem Glas in der Hand da und goß die Blumen. Wie die Danaiden, jene traurigen Töchter der griechischen Mythologie, die zur Strafe dafür, daß sie ihre Männer in der Brautnacht getötet hatten, auf ewig dazu verdammt waren, Wasser in ein löchriges Faß zu schöpfen.

Damals war ich nicht verärgert, sondern fasziniert. Ich ging dazu über, ganz leise ins Wohnzimmer zu gehen und zu versuchen, Iris auf frischer Tat zu ertappen, was mir auch häufig gelang. Als einmal ihre Freundin, die Philosophin Philippa Foot (ihre Mutter war eine Tochter des früheren amerikanischen Präsidenten Grover Cleveland und im Weißen Haus zur Welt gekommen), sie besuchte, fand ich beide nachdenklich über die Pflanzen gebeugt. Iris vollzog ihr hoffnungsloses, zerstörerisches Ritual, und Philippa sah mit der ihr eigenen komisch genauen, höflichen Aufmerksamkeit zu, so als wollte sie abschätzen, welches moralische oder ethische Problem diese Aufgabe aufwerfen könnte. Das erinnert mich an Elizabeth Anscombe, ebenfalls Philosophin, die geistesabwesend ihre riesengroße Kinderschar aufzog und einmal bei einer philosophischen Tagung in dem Bemühen, irgendeine subtile linguistische Unterscheidung zu veranschaulichen, ihre Zuhörer mit dem Satz erfreute: «Wenn du diesen Teller zerschmeißt, dann kriegst du einen Blechteller.»

Ob nun das Schicksal der Topfpflanzen oder der Hauch eines Geruches schuld daran war, bleibe dahingestellt, auf jeden Fall explodierte ich an jenem Tag. Erstaunlich, wie die Wut einen in eine andere Person verwandelt – eine Person, die einen abstößt, von der man sich in dem Augenblick, in dem man zu ihr geworden ist, mit ihrer Stimme spricht, voller Ekel ungläubig abwendet. Die Wut war ganz plötzlich da, wie aus heiterem Himmel. «Ich habe dir doch gesagt, du sollst das lassen! *Ich habe dir gesagt, du sollst das lassen*!» In diesen Augenblicken der Raserei haben weder sie noch ich eine Ahnung, wovon ich rede. Aber die Person, die da spricht, drückt sich bald klarer aus. Auch kalt und tödlich. «Du bist verrückt. Bekloppt. Du weiß nichts, erinnerst dich an nichts, scherst dich um nichts.» Die Worte werden von wilden, aggressiven Gebärden begleitet. Iris zittert heftig. «Also», sagt sie, und diesem banalen Vorspiel zu einer scheinbar vernünftigen Bemerkung (in diesem Tonfall oft bei BBC-Diskussionen gehört) folgt für gewöhnlich ein nicht ernst zu nehmendes Geplapper, das die Frage nicht beantwortet. Iris' «Also» fällt zurück in Äußerungen wie «wenn er kommt» oder «muß für einen andren es jetzt tun» oder «aufhören gut zu borgen wenn». Ich ertappe mich dabei, wie ich im Spiegel den Mann anschaue, der gesprochen hat. Ein fürchterliches Gesicht, pflaumenfarben.

Während ich fortfahre, schreckliche Dinge zu tun (als träte ich ein Kind oder ein Lamm), fällt mir plötzlich der Quästor des St. Catherine's College ein, ein charmanter, gelehrter Herr, ein Finanzgenie, ein Parse, der einmal über seinen etwa zweijährigen Sohn Minoo zu mir gesagt hatte: «Er ist sehr anstrengend. Dauernd macht er Sachen kaputt. Aber man kann ihm einfach nicht böse sein.»

Der Quästor hatte dabei ausgesehen, als überraschte und interessierte ihn seine eigene Reaktion. Ich frage mich kurz, ob ich, wenn wir ein Kind gehabt hätten, je gelernt hätte, ihm nicht böse zu sein. Und ob ich dann, hätte ich es gelernt, jetzt Iris nicht böse wäre.

20. November 1997

Die Wut erscheint jetzt manchmal als eine Möglichkeit, immer noch das Eingeständnis zu verweigern, daß da etwas nicht in Ordnung ist. Wie ein ernstgemeintes Kompliment. Du bist so wie immer, Gott sei Dank (oder: zum Teufel auch), und das werde ich auch sein. Ich würde dich nie dadurch beleidigen, daß ich so tue, als wäre es anders.

Glückliche Tage bei Audi in ihrem kleinen Haus mitten auf Lanzarote. Dorthin zu gelangen ist eine Tortur, die Charterflugzeuge sind immer mit Urlaubern vollgestopft. Ich fühlte mich an die komische Werbung mit Géricaults Bild «Das Floß der Medusa» erinnert, auf dem schwer getroffene Schiffbrüchige sich in den letzten Stadien der Unterkühlung und des Verdurstens in jeder nur denkbaren Körperhaltung an die Planken klammern. Dieses Bild war auf einem Ferienprospekt abgedruckt – mit der Bildunterschrift: «Hinzukommen ist schon der halbe Spaß.» Aber Peter und Jim sind mitgekommen und kümmern sich um uns, weshalb die ganze Tortur fast schon wieder vergnüglich ist.

Rückkehr vierzehn Tage später. Ich habe eine schwere Erkältung und fühle mich unnatürlich müde, obwohl die

Reise bis zu diesem Punkt gar nicht reibungsloser hätte verlaufen können. Peter setzt uns in den Bus nach Oxford. Ich sinke dankbar auf meinen Sitz. Fast zu Hause. Der Bus fährt ruhig durch die Dunkelheit dahin, scheint den Feierabendverkehr rechts und links von sich abzuschütteln. Die wenigen Mitreisenden schlafen. Aber wir fahren noch nicht lange, da springt Iris unruhig von ihrem Sitz auf. «Wo fahren wir hin?» Sie will nicht stillsitzen, sondern rennt nach vorne und späht ängstlich auf die Straße vor uns. Es gelingt mir, sie wieder auf ihren Platz zu setzen. Ich sage: «Wir fahren nach Oxford. Nach Hause.» Sie erwidert: «Nein! Kein Zuhause. Warum so reisen? Er weiß es nicht.»

Ehe ich es verhindern kann, spricht sie erregt zum Busfahrer. Sie hat sich eine der Taschen geschnappt, der Inhalt fällt heraus und beginnt sich im Gang zu verteilen. Ich hebe alles wieder auf, dann drücke ich Iris auf einen Sitz, einer schlafenden Frau gegenüber. Ich entschuldige mich beim Fahrer, der bedenklich schweigsam bleibt. Als ich zurückkomme, ist die Frau – eine nett aussehende Person – wach und außer sich, versucht verzweifelt, die Handtasche und andere Sachen, die auf dem Sitz neben ihr lagen, wieder an sich zu bringen. Ich nehme sie Iris ab und lege sie auf den Sitz zurück, wobei ich mich erneut leise entschuldige. Iris sagt: «Tut mir leid», und schenkt der Frau ihr schönes Lächeln. Ich lotse Iris zu einem anderen Sitz und versetze ihr heimlich einen kräftigen Schlag auf den Arm, an dem ich sie festhalte.

Von Gatwick nach Oxford bei freitäglichem Feierabendverkehr, das ist eine lange Fahrt, jede Sekunde erfüllt von gequälten, eichhörnchenartigen Bewegungen und von Gemurmel. Iris packt die Lehne vor sich und starrt nach vorn. Ein Gefühl der Unruhe und des Unbehagens strudelt durch die Stille des verdunkelten Busses. Ich kann jetzt Gesichter erkennen, die wach und vorwurfsvoll starren. Als sich der Bus schließlich Oxford nähert, versuche ich, Iris auf Dinge hinzuweisen, die sie vielleicht erkennt, aber die Erregung wird noch schlimmer.

Unbeholfene Flucht vor den starrenden Blicken der Mitreisenden. Nur ein uraltes Taxi ist noch da, gefahren von einem schurkenhaft aussehenden Inder mit einer sanften, gepflegten Stimme. Auf der Hälfte der Banbury Road biegt er in die falsche Richtung ab, und ich mache ihn beunruhigt darauf aufmerksam. Er sagt: «O je, ich sollte es besser wissen, wirklich. Tut mir schrecklich leid.» Ich schiebe ihm eine Zehn-Pfund-Note durch das Drahtgitter und bekomme nur sehr wenig wieder heraus, aber das ist mir jetzt egal. Ich gebe einen Teil des Wechselgeldes als Trinkgeld zurück, und er sagt nichts. Ich öffne die Wagentür. Wir gehen durch die Pforte. Das Haus erscheint tödlich kalt. Ich bemerke, wie Iris mich auf wundervolle Weise anschaut, ganz so, wie sie es früher zu tun pflegte, wenn wir von irgendeinem anstrengenden Ausflug heimgekehrt waren. Ich ignoriere ihren Blick, eile zum Schalter der Zentralheizung. Dann kehre ich zu ihr zurück und sage mit kalter, wütender Stimme: «Du hast dich im Bus unmöglich aufgeführt. Ich habe mich für dich geschämt!»

Sie blickt erst überrascht drein, dann aber beruhigt, so als erinnerte sie sich an ein altes Stichwort. Sie würde sich einfach in freundlicher alter Art und Weise verteidigen – das heißt, sich nicht verteidigen. Sie würde es mir überlassen dahinterzukommen, wie ungezogen ich war, als wäre ich ein Kind. «Also», sagt sie – die heutige Entsprechung dessen, was vielleicht einmal ein besänftigendes «Tut mir leid» gewesen war. Ich habe die Stimme verloren, kann nichts mehr hören und ertrinke in einer Erkältung, die bedrohlicher erscheint als eine gewöhnliche – so wie das Schweigen des Busfahrers bedrohlicher war als alle Worte. Meine Brust schmerzt, wenn ich husten muß. Nach ein paar weiteren häßlichen Worten sage ich, daß ich wahrscheinlich eine Lungenentzündung hätte. Ob sie nicht bemerkt habe, daß ich krank sei? Sie blickt wieder verständnislos drein. Der Augenblick der Einsicht und der Beruhigung ist mit meinem Anfall kalter Wut, der beides ausgelöst hat, vergangen. Meine Bitte um Mitgefühl ruft Verlorenheit und Verwirrung hervor.

Was wolle sie denn machen, wenn ich sterben müßte? Wenn ich krank sei und ins Krankenhaus müsse? Wenn ich im Bett bleiben müsse – was würde aus ihr? Noch aufgebracht über die Busgeschichte, mache ich ihr diese Vorhaltungen mit zunehmender Feindseligkeit und Heftigkeit. Ich bin wütend darüber, daß meine Worte ins Leere gehen, und gleichzeitig erleichtert, denn so kann ich mich weiter meinem Zorn hingeben. Sie weiß, daß nichts von dem Gesagten je geschehen kann oder wird. Während ich sie noch anschreie, sagt sie: «Laß uns gehen. Ist ja schon gut. Bett.» Sie bringt dies völlig zusammenhängend vor. Wir quetschen uns aneinandergedrückt die Treppe hinauf, drängen uns unter dem kalten Federbett zusammen und umklammern uns, bis uns warm wird. Am Morgen geht es mir wieder sehr viel besser.

Iris hat sich, glaube ich, nie krank gefühlt und, was Erkältungen angeht, noch nie bei mir angesteckt – als ob die Alzheimersche Krankheit ein Zaubermittel gegen alle prosaischen und gewöhnlichen Leiden wäre. Jim wusch und schnitt Iris auf Lanzarote das Haar, Audi duschte und badete sie. Als sie einmal zusammen unter der Dusche standen, sagte Iris zu ihr: «Ich sehe einen Engel. Ich glaube, das bist du.» Audi hatte sich bei mir angesteckt, und der arme Engel litt unter Asthma und einer ernsthaften Erkrankung der Atemwege, weshalb sie Tetracycline nehmen mußte, das es glücklicherweise auf der Insel frei zu kaufen gab. Wie gut, denn Audi hat dort nie einen richtigen Arzt finden können, obwohl sie nun schon – mit Unterbrechungen – so viele Jahre auf der Insel lebt. Ihre Temperatur stieg auf fast 39,5°, fiel aber zu unserer Erleichterung dann schnell wieder. Ich glaube, wir waren alle irgendwie dankbar dafür, daß Iris von der ganzen Geschichte nichts mitbekommen hatte. Sie beruhigte uns dadurch, daß sie nichts von Problemen und der «Traurigkeit der Dinge» wußte.

Oder rühren Schwierigkeiten ihr Herz auf eine unsichtbare und geheimnisvolle Weise an. Audis Katzen, die sie einmal sehr liebte, begegnet sie jetzt fast mit Gleichgültigkeit. Sie streichelt sie, ohne bei der Sache zu sein. Peters und Jims Hund Cloudy, um den sie viel Wesens zu machen pflegte, scheint für sie jetzt so weit entfernt und etwas so Unpersönliches zu sein wie ein Engel. Wenn sie weint (leise und nur kurz), dann verbirgt sie ihre Tränen mit einer Schamhaftigkeit, die sie für keinen anderen Aspekt ihrer Körperlichkeit mehr empfindet.

Früher pflegte sie ganz offen zu weinen, so als wäre das Weinen eine demonstrierbare und demonstrierte Form von Wärme und Freundlichkeit. Nun weint sie, wie ich finde, so als schämte sie sich, und sie hört sofort auf, wenn sie sieht, daß ich es bemerkt habe. Das ist ein so großer Unterschied zu früher – und noch auf eine andere Weise beunruhigend. Ich habe dann das Gefühl, daß sie sich heimlich, aber uneingeschränkt dessen bewußt ist, welches Schicksal sie ereilt hat, und es vor mir verborgen halten möchte. Könnte es sein, daß sie mich davor schützen möchte? Ich kann mich erinnern, daß ich als Kind meine Mutter einmal weinend antraf und daß sie daraufhin hastig ihre Tränen trocknete und verärgert aussah. Bei Proust erleidet die Großmutter, während sie mit dem kleinen Marcel im Park spazierengeht, einen leichten Schlaganfall, und sie wendet das Gesicht von dem Jungen ab, damit er nicht sieht, wie schmerzverzerrt es ist.

Es gibt in jeder engen Beziehung so viele Zweifel, Illusionen und Verheimlichungen. Selbst in unserer augenblicklichen Situation können sie noch da sein und unerwartet einen Schock auslösen. Iris' Tränen scheinen manchmal auf eine ganze innere Welt hinzuweisen, aus der sie mich heraushalten möchte, vor der sie mich abzuschirmen entschlossen ist. Das Gefühl der Erleichterung, mit dem man feststellt, daß dem gar nicht so sein kann, hat etwas Schreckliches – und doch ist die Einbildung (wenn es denn eine ist), daß es eine solche innere Welt gibt, immer noch da, und ich kann nicht verhindern, daß sie mich von Zeit zu Zeit quält. Es gibt auch Augenblicke, in denen ich sie fast begrüße. Iris hat immer (anders ist es gar nicht denkbar) eine so unermeßlich große, reiche und vielgestaltige innere Welt ihr eigen genannt, über die nichts zu wissen mir immer ein riesiges Vergnügen bereitete. Als schaute man sich als Kind eine Karte Südamerikas an und fragte sich, wo wohl die Quellen des Amazonas sein und welche unbekannten Städte dort im Urwald verborgen liegen mochten. Haben von diesen verborgenen Orten irgendwelche in ihr überlebt?

Der Arzt zeigte mir die Aufzeichnung der kompliziertesten Gehirnuntersuchung, die man vor einem Jahr oder so bei Iris gemacht hatte, und darauf den Bereich der Atrophie. Die Ärzte waren von der Klarheit der Anzeige begeistert. Ich hatte damals gedacht (die alte, närrische, romantische Vorstellung vom Amazonas), daß die Welt in ihrem Kopf nun alle ihre unbekannten Geheimnisse, all ihr verborgenes Leben verloren haben müsse. Diese Welt war dagewesen, physisch und geographisch da. Und jetzt hatte man eindeutig festgestellt, daß sie leer war. Die graue Substanz, die ihre Geheimnisse am Leben erhalten hatte, hatte aufgehört zu funktionieren – was immer «funktionieren» dort drin bedeuten mag.

Zweimal hat Iris Peter Conradi gegenüber geäußert, sie habe jetzt das Gefühl, daß sie «ins Dunkle» reise. Das war, als er sie behutsam zu ihrer Arbeit befragt hatte. Man könnte wohl sagen, daß eine solche Bemerkung auf jene Art des inneren Wissens hindeutet, die mir vorschwebt. Es scheint sich darin eine schreckliche Einsicht in das, was vor sich geht, auszudrücken. Aber kann man auf eine solche Weise «klar» sein, ohne über das Bewußtsein zu verfügen, welches derartige Worte hervorzubringen vermag? Und wenn das Bewußtsein in der Lage bleibt, solche Worte hervorzubringen, warum dann nicht auch viele andere, gleichermaßen klare?

Wenn ich Gehirnspezialist wäre, täte ich mich schwer, an solche Zustände blitzartiger Klarheit zu glauben, die gleichsam eine ganze schweigende, aber bewußte und beobachtende Welt sichtbar werden lassen. Das wäre, als ob (um meine etwas schiefe Analogie der verborgenen Stadt im Urwald fortzusetzen) ein Blitz ihr Vorhandensein offenbarte und die Entdecker dann feststellen müßten, daß es sie doch nicht gibt. Die Wörter, die Iris einmal mit einer solchen Natürlichkeit und Brillanz verwendet hat, können nicht schweigend dort irgendwo gestapelt sein und gelegentlich ein Signal aussenden. Oder doch? Ich bemerke, daß die schaurig treffenden Aussprüche, die Iris manchmal hervorgebracht hat (wie zum Beispiel dieses «ins Dunkle reisen» oder «Ich sehe einen Engel»), offenbar auf ein wenig Hilfe seitens der Freunde zurückzuführen sind. Sie sind wie die Dinge, die ein Kind plötzlich von sich gibt – zur Freude und Belustigung der Eltern und Freunde. Dabei sind es die Eltern und Freunde gewesen, die das vom Kind Gesagte unbewußt angeregt haben. Sie müssen es gewesen sein.

Iris hat nichts von einer guten Freundin gehört, einer Romanschriftstellerin, deren sie sich einmal angenommen und die sie inspiriert, beraten und getröstet hatte. Hatte diese inzwischen berühmt gewordene Freundin sie verlassen, sie ihrem Schweigen überlassen? Hatte sie jene Worte aus Resignation oder Verbitterung gesprochen? Allein ins Dunkle reisen...

In meinem eigenen täglichen Umgang mit Iris scheinen Worte nicht erforderlich zu sein, werden anscheinend kaum noch ausgesprochen. Weil wir nicht zusammenhängend miteinander sprechen und weil wir sprechen, ohne das Gefühl zu haben, es zu tun, wird nichts Bedeutungsvolles gesagt. Die klar verständlichen Sätze, mit denen Iris manchmal aufwartet, sind für den öffentlichen Konsum bestimmt, sind sozialer Natur. Sie wirken wie letzte Worte, gesprochen, bevor alle Lichter ausgehen.

30. November 1997

Ich mochte die Sonntagmorgen schon immer, während Iris ihnen nie Beachtung schenkte. Das tut sie auch heute nicht, aber jetzt empfinde ich das Fernsehen als große Hilfe. Wenn ich so herumwerkele und bei ihr hineinschaue, bin ich erleichtert zu sehen, wie sie – ganz das brave Kind – dasitzt und aufmerksam den Gottesdienst verfolgt. Später sitzt sie immer noch dort – dem Gottesdienst ist ein Zeichentrickfilm gefolgt, in dem es um die biblische Geschichte geht, römische Soldaten und dergleichen, und von dem sie genauso gefesselt ist. Dem Himmel sei für das Sonntagmorgenfernsehen gedankt!

Es kommt vor, daß ich das ganz starke Bedürfnis verspüre, Iris an Dinge zu erinnern, die wir gemeinsam getan oder gesehen haben, und dann beschreibe ich sie ihr hoffnungsvoll und in allen Einzelheiten. Ich sage nicht: «Du erinnerst dich wahrscheinlich nicht mehr, aber ...» Ich habe jetzt vielmehr das Gefühl, daß sie einer Sache zu folgen versucht, die ich für sie erfinde. Der Frühling ist viel lebendiger, wenn man im Winter über ihn spricht, und ich erzähle ihr zum Beispiel von einer Reise nach Cascob in Wales, die wir gegen Ende des vergangenen Mai zusammen mit Peter und Jim unternommen haben. Die kleine Schule, in der einmal zwanzig oder dreißig Kinder unterrichtet worden sind, liegt auf einem Hügel am Ende eines engen, tiefen Tals. Es ist ein altes Haus mit einem einzigen, bis unter das Dach reichenden hohen Raum. Neben der Schule liegt das ehemalige Wohnhaus der Lehrerin, ein Zimmer oben, eins unten. Peter und Jim haben die zwei Gebäude miteinander verbunden und einige Veränderungen vorgenommen, aber die Grundstruktur unverändert gelassen. Vor dem Haus fällt der Hügel steil zu dem Teich mit seiner kleinen Insel in der Mitte ab, auf der Erlen und Weiden dicht beieinanderstehen und im Sommer viele Blumen blühen. Unmittelbar neben der Schule steht eine sehr alte Kirche, die auf der einen Seite fast bis in Fensterhöhe in der grünen Wiese versunken ist, so daß die Schafe hineinschauen können. Eine riesige Eibe, die sogar noch älter als die Kirche ist, bildet daneben so etwas wie einen von Schatten dunkelroten Dschungel.

Bei dem erwähnten Besuch dieses verwunschenen Ortes hatten wir schon bald eine Art regelmäßiger Beschäftigung gefunden. Direkt über der Hintertür nistete ein Rotschwänzchen-Paar. Wenn wir bewegungslos in dem kleinen Hof saßen oder durch das Fenster des ehemaligen Schulhauses blickten, konnten wir es beobachten – kleine, flammende Tiere, die für die Britischen Inseln eigentlich viel zu exotisch aussahen. Brust und Schwanz waren von einem hellen Zimtrot, Kehle und Ohrgegend tiefschwarz und die Stirn weiß. Wenn sie in der Nähe des Nestes herumflatterten und nach Beobachtern Ausschau hielten, funkelten sie wie Kolibris.

Nachdem wir die Rotschwänzchen beobachtet hatten, gingen wir, unserem Ritual folgend, zum Friedhof, wo uns ein ganz anderes Erlebnis erwartete. Jim hatte an einer der großen Eschen des an den Friedhof angrenzenden Wäldchens einen Nistkasten angebracht und uns berichtet, daß dort Trauerschnäpper nisteten. Der Trauerschnäpper ist ein kleiner Vogel, noch seltener als der Gartenrotschwanz, ein Zugvogel, der heute nur noch in die Grenzgebiete von Süd- und Mittelwales zurückkehrt. Wir stellten uns neben einen Grabstein und warteten. Lange geschah nichts. Plötzlich und völlig geräuschlos erschien schließlich ein kleines, schwarz und rein weiß gefärbtes Wesen am Einflugloch des Nistkastens. Es saß einen Augenblick reglos da und verschwand dann im Inneren. Wir sahen uns an, konnten kaum glauben, daß wir den Vogel wirklich gesehen hatten. Er erschien uns wie ein Stückchen aus der Vorzeit, gekleidet in die Farben der alten Religion. Es war fast so, als hätte der Geist der uralten Kirche in ihm Gestalt angenommen.

Danach mußten wir dann einfach zu dem Grabhügel am Rande des Wäldchens hingehen, einem Aussichtspunkt, der nur wenige Meter von dem Nistkasten an der Esche entfernt war. Die kleinen Vögel schienen uns gar nicht zu bemerken – wie Geister es auch nicht getan hätten. Die geschäftigen Bewegungen der Vögel waren von einer sanften, geisterhaften Geräuschlosigkeit. Peter und Jim meinten, sie hätten einen kleinen Gesang, aber wir hörten nie einen Ton. Obwohl wir beide Tiere zu Gesicht bekamen und Männchen und Weibchen auseinanderhalten konnten, vermochten wir nie wirklich an ihre physische Existenz zu glauben. Wie die Geister in *Macbeth* kamen sie als Schatten daher und verschwanden wieder als solche.

Ich erzähle Iris all diese Dinge im Winter, und sie hört mit einer Art gedankenverlorenem Vergnügen und mit stiller Duldsamkeit zu, als erzählte ich ihr ein Märchen. Sie glaubt mir kein Wort, hört jedoch gern zu. Ich selbst finde, daß sich diese Vogelerinnerungen sowie das gesamte, aus Sommersonnenschein und grünen Blättern bestehende Erinnerungsmuster auf subtile Weise von dem entfernen, wie es einmal wirklich gewesen war. Es ist wirklich so, als erfände ich das alles.

Ich erinnerte mich wieder daran, daß Kilvert, jener viktorianische Pfarrer, der einmal nicht weit entfernt im gleichen Teil von Wales gelebt und mit soviel Liebe über seinen Alltag, seine Spaziergänge und seine seelsorgerischen Pflichten berichtet hat, seinem Tagebuch auch anvertraute, daß das Geschriebene für ihn wirklicher sei, als was er tatsächlich an diesem Tag oder am vorigen gesehen habe und über das er gerade schreibe. Nur in der Erinnerung sind die Dinge real. Jedenfalls scheint das die Erfahrung zu sein, die er und außer ihm noch viele andere Autoren gemacht haben – romantische Seelen, die wie Wordsworth (den Kilvert verehrte) entdeckt hatten, daß sie erst im Erinnern und Schreiben ihr Leben und ihr Gefühl für alles Lebendige erschufen. Die tatsächliche Erfahrung war nichts dagegen, ein bloßer undeutlicher Fleck, der in ständiger Bewegung war, immer verschwand. Proust und D. H. Lawrence müssen es so empfunden haben, wie sehr der letztere auch darauf bestanden hatte, daß «Leben – Leben» das ein und alles sei. Wordsworth sah seine Osterglocken erst *wirklich*, als er zu Hause auf seiner Couch lag und sie mit dem inneren Auge betrachtete.

Iris' schöpferischer Genius ist anders geartet, ist, wie ich meine, umfassender. Und man kann sich auch nicht vorstellen, daß Shakespeare seine wundervolle Vision im nachhinein erschaffen hat. Es scheint eine Entdeckung der Romantiker zu sein – diese Einsicht, daß alles von der Erinnerung abhängt. Aber wie alle Verallgemeinerungen stimmt auch diese nicht ganz: Schriftsteller und Maler – Vermeer zum Beispiel – schaffen solche entschwundenen Augenblicke, dies jedoch ohne jedes große Getue.

Während ich diese Vögel für Iris erschaffe oder neu erschaffe, frage ich mich, was in ihrem Kopf vorgeht. Sieht sie in dem von mir Erzählten statt einer Erinnerung eine Erfindung, ein Märchen? Für eine Autorin mit einem Werk solchen Umfanges und solcher Tiefe scheint die Erfindungsgabe so viel wichtiger zu sein als die Erinnerung – es ist fast so, als könnte die erstere jetzt unabhängig von der letzteren weiterwirken. Und doch hängen wohl beide voneinander ab. Was erinnern wir also, wenn wir erfinden?

Die Hauptsache ist, daß sie mich gern über die Vögel sprechen hört. Sie müssen ein Teil, ein mal kommender und dann wieder verschwindender Teil von mir sein, der ständig in ihr ist. Früher existierte ich einmal außerhalb ihrer, war eine von ihr, ihrem Denken, ihren Daseins- und Schaffenskräften vollkommen getrennte Wirklichkeit. Jetzt bin ich das nicht mehr.

Jetzt habe ich das Gefühl, daß wir beide miteinander verschmolzen sind. Manchmal erschreckt mich das, aber es erscheint mir auch tröstlich, bestärkend und normal.

Habe mich an «Das Mädchen mit dem roten Hut» erinnert, an jenes Bild Vermeers, das für mich durch unseren kurzen, aber glücklichen Aufenthalt in Den Haag gespukt ist. Als wir dort waren, entwickelte ich sofort diese Idee zu einer Geschichte, die ich dann Audi und Iris – getrennt, glaube ich – vortrug. Für Audi sollte es etwas Komisches sein, eine komische Abenteuergeschichte mit düsteren Untertönen, über die wir beide lachen konnten. Könnte es sein, daß ich Iris gegenüber instinktiv versuchte, die Geschichte ein bißchen so wie etwas aus ihren Romanen klingen zu lassen? Als sei ich bestrebt, zu erinnern oder zu inspirieren oder gar die Fackel durch eine Art Nachahmung weiterzutragen? Wie dem auch gewesen sein mag, die Geschichte, die ich dann – von dem Bild inspiriert – schrieb, klingt ganz und gar nicht nach Iris, außer vielleicht für mich. Das Ergebnis glich weit eher der Version, die ich Audi vorgetragen hatte, welche dann auch so nett war zu sagen, daß ihr die Lektüre des Buches, das ein Jahr später erschien, Spaß gemacht habe.

Das Leben bringt Iris und mich nun nicht mehr «näher und näher auseinander», wie es der Dichter mit liebevoller Ambiguität ausgedrückt hat. Jeden Tag rücken wir ein Stück näher zusammen. Wir könnten auch gar nichts anderes tun. Es liegt eine gewisse komische Ironie – auf glückliche, nicht düstere Weise komisch – darin, daß nach mehr als vierzig Jahren einer als selbstverständlich betrachteten Ehe diese Ehe zu dem Schluß gelangt ist, daß sie genug davon hat und sich an dem Spiel beteiligen möchte. Entschlossen, beharrlich, unfreiwillig geht es mit unserer Ehe jetzt voran. Sie läßt uns gar keine andere Wahl, und ich bin froh darüber.

Jeden Tag kommen wir uns physisch näher, und Iris' kleiner «Mäuseschrei» (das ist er für mich), der mir von nebenan Verlassenheit signalisiert, den Wunsch, wieder an meiner Seite zu sein, kommt mir immer weniger verzweifelt und dafür einfacher, natürlicher vor. Sie segelt nicht ins Dunkle – die Reise ist zu Ende, und in der dunklen Begleitung der Krankheit ist Iris irgendwo angekommen. Und ich bin es auch.

Diese neue Ehe hat sich selbst gestaltet (in Darwins Sinn, der einmal vermutet hat, daß die Fische ihre Augen vielleicht selbst gestaltet haben), um Iris' schrecklicher Angst vor dem Getrenntsein ein Ende zu machen – jenem Für-sich-Sein, welches unsere Ehe einmal als etwas ganz und gar Selbstverständliches betrachtet hatte. Die neue Ehe bedarf unserer so absolut wie wir ihrer. In diesem Sinn ist sie immer noch eine Selbstverständlichkeit.

Ich hatte den Ausdruck, etwas als «selbstverständlich betrachten», im Kopf, weil ich gerade einen Brief von dem japanischen Psychologen Takeo Doi erhalten hatte. Da er Iris' Romane bewunderte, hatte er einmal mit ihr korrespondiert, und Iris war an seinen Ideen interessiert gewesen. Sie hatten ihre Brieffreundschaft fortgesetzt und wir drei uns dann später einmal in Tokio getroffen. Er hatte einen Artikel von mir über die Ehe gelesen, der von der *Times* in Auftrag gegeben worden war. Das Blatt hatte natürlich erwartet, daß ich über Iris' Krankheit schrieb, aber ich war auch auf unsere alte Sicht der Ehe als etwas, das man als selbstverständlich betrachtet, eingegangen und hatte die Heldin aus Iris' *Maskenspiel* (*A Severed Head*) zitiert, die sich darüber beklagt, daß es mit ihrer Ehe nicht vorangehe. Das hatte auf den ausgewiesenen Psychologen Eindruck gemacht, dessen Forschungen dem *amae* galten, jenem als selbstverständlich betrachteten Band, dem der soziale Zusammenhalt des japanischen Volkes zu verdanken ist, und er hatte für seinen Essay, den er mir jetzt zuschickte, den Titel *Als selbstverständlich betrachtet* gewählt. Japanische Ehemänner und Ehefrauen, so schrieb er, machen nicht viel Wirbel um die Ehe, wie man es im Westen tut, sondern betrachten sie als selbstverständlich. Ich bedankte mich brieflich für seinen Aufsatz und merkte an, daß die Ehe jetzt uns als selbstverständlich betrachte – eher jedenfalls als wir sie.

Wie in den alten Zeiten muß jetzt nichts getan werden. Hilflosigkeit ist alles. Und doch ist es vergnüglich, über die «neue Ehe» nachzusinnen. Läuft es auf so etwas hinaus wie *New Labour*, *New Deal* usw.? Nicht ganz. Es ist allerdings schwer, über die eigenen Regelungen nachzudenken, ohne daß sie – jedenfalls für einen selbst – zu einer privaten Form öffentlicher Beziehungen werden. Ich brauche heute Iris' Nähe so sehr wie sie die meine, aber ich habe dabei nicht das Gefühl, diese Nähe hegen zu müssen. Sie ist einfach gekommen – wie die Alzheimersche Krankheit. Am stärksten und tiefsten bin ich mir ihrer am frühen Morgen bewußt, wenn ich neben Iris im Bett sitze, auf meiner Schreibmaschine tippe, spüre, wie sie es im Halbschlaf hört, und dadurch beruhigt bin.

Früher wäre sie bereits in ihrem Arbeitszimmer gewesen, in ihrer eigenen Welt. Ich bin in der meinen, aber diese scheint jetzt auf Grund der physischen Nähe auch zu der ihren geworden zu sein. Sie murmelt, mehr oder weniger tief schlafend, vor sich hin, und ihre Hand kommt unter dem Federbett hervor. Ich lege meine darauf und streichle einen Augenblick ihre Fingernägel, wobei ich bemerke, wie lang sie sind und wie schmutzig. Ich muß sie heute vormittag mal wieder schneiden und saubermachen. Sie scheinen jeden Monat schneller zu wachsen, und ich nehme an, meine tun das ebenfalls.

14. Dezember 1997

Als ich in der Küche sitze und etwas zu lesen versuche, macht Iris an der Tür ihr Mausgeräusch. Sie hält eine auf der Straße aufgesammelte Cola-Dose, einen rostigen Schraubenschlüssel (wo, um Himmels willen, hat sie den bloß wieder her?) und einen einzelnen Schuh in den Händen.

Einzelne Schuhe liegen im Haus herum wie Ablagerungen einer plötzlichen Überschwemmung. Nirgends ein zusammengehörendes Paar. Gerümpel in allen Ecken – alte Zeitungen, staubbedeckte Flaschen. Ein Kleiderhaufen auf dem Fußboden des Zimmers, in dem sie zu schreiben pflegte. Allenthalben eingetrocknete Plastikkugelschreiber ohne Kappe, auf die man tritt, so daß sie mit knirschendem Geräusch kaputtgehen. Ein Stück Papier, auf dem in Iris' Handschrift, wie sie einmal vor Jahren war, «Liebe Penny» steht.

Gerümpel wirkt entspannend, solange der Wille fehlt, es aufräumend zu stören. Es wird uns überleben. Ich denke an den Herbst in Keats' Gedicht *Hyperion*: «Doch wo das tote Blatt hinfiel, kam es zur Ruh'.»

Eine seltsame Parallelität zwischen dem Zeug, das überall auf dem Fußboden verstreut liegt, und den Wörtern, die den ganzen Tag durch unser Haus fliegen. Wörter, die so sind wie dieser einzelne Schuh.

Der Ton ist es, der zählt. Alles ist gut bei einem Kinder-, Katzen- oder Gunga-Ausruf. «Die böse Katze. Was sollen wir mit ihr machen?» Ich streichle ihren Rücken oder ziehe sie ruckartig vor und zurück, bis sie zu lachen anfängt. Ich ahme die liebevolle Art nach, in der ihr Vater mit gespielt aufgebrachtem Belfaster Akzent zu sagen pflegte (sie hat mir das vor langer Zeit einmal erzählt): «Hast du denn völlig den Verstand verloren?» Iris' Gesichtsausdruck wird immer ganz weich, wenn ich auf diese Weise ihren Vater ins Spiel bringe. Statt zu weinen, fängt sie an zu lächeln.

Ich vertraue auf die Masche mit dem unartigen Kind, mit der sich leicht ein gewisses Maß an wilder Erregung abbauen läßt. «Du böses Geschöpf. Kannst du mich denn nicht mal für eine Minute in Ruhe lassen?» Oder ich klinge manchmal in meinen eigenen Ohren wie Hedda Gabler, wenn sie gegen ihren Liebhaber stichelt. Aber wenn ich so etwas im Tonfall unseres kindischen Geredes sage, dann strahlt Iris mich an.

Sie hat früher nie ein Interesse an Kindern bekundet. Jetzt liebt sie sie, die im Fernsehen ebenso wie die im wirklichen Leben. Das erscheint fast zu passend. Ich sage ihr, daß sie jetzt bald vier Jahre alt ist – ist das nicht wundervoll?

Die Weihnachtsvorbereitungen stehen wieder einmal an. Iris hat an Weihnachten und dem gesellschaftlichen Trubel, der damit einhergeht, immer ihre Freude gehabt. Mich bedrückt die Weihnachtszeit eher, aber ich spiele pro forma mit. Warum dem allen nicht entfliehen? Früher wäre Iris das ganz und gar nicht recht gewesen – jetzt bin ich mir da nicht mehr so sicher. In gewissem Sinn bedeutet ihr Veränderung wenig, und doch kann jeder Szenenwechsel auch bewirken, daß sie sich so erstaunt umschaut wie Dornröschen, das, als es unter den Spinnweben erwacht, aufgeschreckte Spinnen, Ratten und Mäuse davonlaufen sieht – ganz bestimmt gesehen haben muß. (Ich gehe davon aus, daß der Prinz, der sie geweckt hat, taktvoll ins Dunkel zurücktritt.)

Staunen am Rand der Angst. Das zeigt sich auf Iris' Gesicht, wenn wir einen Ort aufsuchen, den sie nicht kennt. Eine vorübergehende Erlösung von der täglich wiederkehrenden reinen Angst. Ein solcher Szenenwechsel nimmt diese Angst nur für ein paar Minuten, oft auch nur für Sekunden, dann kehrt sie mit neuer Kraft zurück. Die Ruhe der Gewohnheit empfiehlt sich weit mehr. Aber es bleibt eigentlich gar keine Wahl. Gewohnheit verlangt nach Veränderung, und die Veränderung wiederum wird durch ein gewisses Maß an Gewöhnung erträglicher – wie im Falle der Leute in Dantes Hölle, die aus dem Feuer in einen Kübel mit Eis getrieben werden und wieder zurück.

Nun ja, ganz so schlimm ist es nicht. Das Gute an Weihnachten könnte sein, daß sich in ihm die Abwechslung mit etwas Gewohntem verbindet – dem Gewohnten des Brauchtums und des Zeremoniells, dem ja zumindest das Verdienst zukommt, ein besonderer Anlaß zu sein, der nur einmal im Jahr gegeben ist. Vor Jahren beschlossen einmal unsere Freundin Brigid Brophy und ihr Mann, Weihnachten in Istanbul zu verbringen. Um, wie sie sagten, ihren Truthahn (*turkey*) einmal in der Türkei (*Turkey*) zu essen. Iris lachte damals zwar höflich, fand es aber nicht wirklich lustig. Ich bin nicht sicher, ob sie nicht sogar eher schockiert war. Weihnachten war ihr zwar nicht eigentlich heilig, aber es war für sie doch mehr als nur der Anlaß zu einem witzigen Wortspiel.

Ich glaube, zu der Zeit hatte sie etwas für die Idee der Zwangsläufigkeit übrig – daß etwas mit Notwendigkeit geschehen muß. Maria und Joseph im Stall konnten ihr Schicksal auch nicht ändern, ihm ausweichen – warum sollten wir es dann tun?

Jetzt muß ich diese instinktive Neigung zur Passivität, das Zufluchtnehmen bei gesegneten – oder zumindest altehrwürdigen – Ritualen fördern. Es hat keinen Sinn, dem allen entfliehen zu wollen – wohin denn auch? Die Krankheit ist ja immer schon da, wie der Tod in Samarra.

Deshalb werden wir wie üblich nach London fahren, meinen Bruder Michael besuchen und bei ihm essen. Wir werden all die gewohnten Dinge tun.

25. Dezember 1997

Der Weihnachtsmorgen. Und wir tun all die gewohnten Dinge. Das Gewohnte ist ein Ersatz für die Erinnerung. Iris stellt nicht die üblichen ängstlichen Fragen: «Wo sind wir? Was machen wir? Wer kommt?»

Irgend jemand oder irgend etwas kommt. Die Stille, die damit verbunden ist, stellt keinerlei Ansprüche. London ist am Weihnachtsmorgen unheimlich still. Niemand scheint unterwegs zu sein. Sollte es Kirchgänger und Glockengeläut geben, so sehen und hören wir nichts davon. Das macht die Stille und Leere noch besser.

Wir gehen verlassene Straße entlang zu den Kensington Gardens, kommen an hohen Stuckfassaden vorbei, die edwardianisch verfallen, aber immer noch schön sind. Hier auf der linken Seite hat Henry James gewohnt, ein Stück weiter auf der rechten Browning. Wir gehen an den blauen, in die weißen Wände eingelassenen Gedenktafeln vorbei. Zuvor sind wir noch an dem großen, düsteren Klinkerbau vorbeigekommen, wo T. S. Eliot viele Jahre lang eine Wohnung hatte. Seine Witwe dürfte jetzt in der Kirche sein.

Unser Weg am Weihnachtsmorgen ist immer derselbe. Wir gehen ihn schon seit Jahren. Als wir an den geisterhaften Häusern der Autoren vorüberkommen, gebe ich ein bißchen was von mir, wie ein Stadtführer. Henry James, Robert Browning, T. S. Eliot. Bei früheren Morgengängen pflegten wir zu den Fenstern ihrer Wohnungen hinaufzuschauen und uns ein bißchen über sie zu unterhalten. Jetzt nenne ich nur noch die Namen. Ob Iris sich erinnert? Sie lächelt ein wenig. Sie sind noch vertraut, die Namen, so vertraut wie diese unvergleichliche morgendliche Stille. Nur für diesen Morgen haben jene Schriftsteller – wie auch Iris – ihre Federhalter niedergelegt und geben sich der wohlverdienten Ruhe hin, freuen sich auf das Weihnachtsessen. Der Gourmet Thackeray, dessen Haus hier genau um die Ecke liegt, hat diesem Essen wohl mit besonderer Vorfreude entgegengesehen.

Dort ist schon der Park, dahinter die hübsche Fassade des Kensington Palace. Als Prinzessin Diana starb, war die ganze Grünfläche dort eine einzige Zellophanmasse, die verwelkte Blumen umhüllte. Und auch die Menschenmenge war ganz still. So still, hatten die Medien ehrfürchtig gemeint, wie es nur am Weihnachtsmorgen ist. Wie an diesem. Die Trauernden waren wie brave Kinder zur Schlafenszeit, die ihre Hände zum rituellen Gebet falten. Es war eine stille Zeremonie, so still wie unser Weihnachten. Wir wandern jetzt geistesabwesend über die Straße, durch die sonst der Verkehr braust, und dann weiter den Broad Walk hinauf.

Wir treffen dort ein paar Hunde an, unbeeindruckt von Weihnachten, aber bei der herrschenden Stille allem Anschein nach vergnügter als sonst. Irgendwo läutet jetzt eine Glocke, ein süßer, hoher Ton. Oben am Himmel bewegen sich die Flugzeuge friedlich voran, scheinen geräuschloser als sonst, ihr Grummeln schwächer, wenn es endlich ankommt. Der Weihnachtsmorgen in London ist immer ruhig, mild und sonnig. Ich kann mich nur an ein einziges Mal erinnern, wo es geregnet, ja, sogar ein bißchen geschneit hat. Ich frage Iris, ob sie sich noch an dieses Weihnachten erinnern kann. Sie lächelt. Es besteht keine Notwendigkeit, sich zu erinnern, da unser Ritual, das die Erinnerung ersetzt hat, seinen Fortgang nimmt.

Der Round Pond. Kanadagänse stehen nachdenklich da, wollen ausnahmsweise einmal nichts haben. Derselbe Weg wie immer, weiter zur Serpentine. Niemand bei der Statue Peter Pans. Nicht einmal ein japanisches Pärchen mit einem Fotoapparat. An einem Weihnachtsmorgen trafen wir hier einmal zwei Damen mittleren Alters aus Neuseeland, die uns sagten, diese Statue sei das einzige, was sie an London wirklich interessiere.

Der junge Peter Pan, die Bronzefinger fein gebogen, die Doppelflöte an den Lippen, ist von der krassen, unheimlichen Gleichgültigkeit der Jugend. Captain Hook, sein großer Widersacher, wurde angesichts dieser Pose immer nervös. Er war der Ansicht, Peter habe gute Umgangsformen, ohne es zu wissen, was natürlich die besten Umgangsformen sind. Das brachte den armen Hook schier zur Verzweiflung. Iris mußte lachen, als ich ihr das vor vielen Jahren – noch vor unserer Heirat – auseinandersetzte. Ich las ihr ein bißchen aus dem Buch vor (das Buch ist viel besser und komischer als das Weihnachtsspiel). Iris fand meine Ausführungen, wie ich mich erinnere, so amüsant, daß sie später die

Sache mit den guten Umgangsformen in einen ihrer Romane aufnahm.

Iris' Belustigung könnte auf eine stille Art und Weise auch von dem Bildhauer geteilt worden sein, der den Fuß des Sockels, auf dem die Figuren stehen, in der viktorianischen Märchen-Tradition mit Elfen, Kaninchen und Schnecken verzierte. Aber darüber postierte er die Gestalt einer sehr viel diesseitigeren jungen Frau, die entschlossen über den Sockel krabbelt, um Peter ihren Antrag zu machen, wobei sie dem Betrachter den angenehmen Anblick ihres polierten Bronzehinterteils bietet. Das Mädchen ist in einen modisch gefältelten, engsitzenden edwardianischen Rock gekleidet und sieht in jedem Fall viel zu alt für Peter aus. Könnte es sein, daß Sir George Frampton nicht nur ein hervorragender Künstler und Bildhauer war, sondern auch Sinn für Humor hatte? Es sieht ganz danach aus an solch einem stillen, sonnigen Weihnachtsmorgen, an dem im Umkreis der Statue überall echte Eichhörnchen umherhüpfen und vergeblich um Nüsse betteln, die die fetten, kleinen Tierchen an gewöhnlicheren und geschäftigeren Tagen ohne große Mühen von den Touristen bekommen.

Während wir um die Statue herumgehen und sie bewundern, erzähle ich Iris, daß meine Mutter mir als Kind versichert hat, ich könnte, wenn ich nur genau genug über die Gitter hinweg in die stillen kleinen Täler spähte, wo im Frühling die Glockenblausterne und Osterglocken sprießen, durchaus Feen oder gar Peter Pan selbst sehen. Ich hatte ihr geglaubt. Ich könnte ihr beinahe auch heute noch glauben – bei diesem ruhigen Sonnenschein im Park, der es mitten im Winter Frühling werden läßt, voller eingebildeter Blumen und Feen sowie echtem Vogelgezwitscher.

Iris hört zu, was sie selten tut, und lächelt auch. An diesem Vormittag hat es noch keine ängstlichen Bitten gegeben, keine Tränen, keine jener abgebrochenen Sätze, deren einzige Bedeutung die Angst in ihrer Stimme ist und das Verlangen, beruhigt zu werden. Irgend etwas oder irgendwer hat sie an diesem Morgen beruhigt, ihr für ein oder zwei Stunden das gegeben, was im Gebetbuch als «der Frieden, welcher höher ist als alle Vernunft» bezeichnet wird.

Vielleicht ist es das Weihnachtsritual. Es bedeutet, irgendwohin zu gehen, ist zugleich aber auch etwas Wiederkehrendes, wenn es auch nicht so häufig wiederkehrt. Es ist beides. Und jetzt nimmt es seinen Fortgang. Wir werden zu meinem Bruder zurückkehren, der den Morgengottesdienst in der Old Church in Chelsea besucht hat, in die einst Sir Thomas More zum Gottesdienst zu gehen pflegte. Wir werden Sardinen, Würstchen und Rührei essen, dazu ein oder zwei Flaschen bulgarischen Rotwein trinken, der zu allem paßt. Die Art von Festessen, die uns allen dreien gefällt, und das einzige Mal im Jahr, wo Michael ein wenig Kochen in seiner makellosen und sterilen kleinen Küche zuläßt. Die Sardinen sind für ihn das Gewohnte, die Eier und Würstchen dagegen ein echtes Zugeständnis. Ich werde sie zubereiten, Iris wird dabei neben mir stehen, und wir werden den Wein mitbringen.

Dann ein Nickerchen. Iris wird tief schlafen. Später hören wir weihnachtliche Lieder und Musikstücke. Und ich habe die Illusion (die Partner von Alzheimer-Kranken, wenn sie glücklich dran sind, in solchen Momenten haben müssen), daß das Leben immer gleichbleibt, sich nie verändert hat. Ich kann mir Iris nicht anders vorstellen. Ihr Verlust des Erinnerungsvermögens wird in gewissem Sinne zu meinem eigenen. Auf benommene Weise – zweifellos der bulgarische Rotwein – denke ich auf einmal an die weihnachtliche Geburt und auch an Wittgensteins Diktum, daß der Tod keine menschliche Erfahrung ist. Wir werden geboren, um von einem Tag zum anderen zu leben. «Blick im Leben nicht weit voraus, höchstens bis zum Mittagessen oder bis zum Tee.» Dem guten Rat des Reverend Sydney Smith kann man während dieser ritualisierten Tage am ehesten Folge leisten. Der alte, rettende, ewig gleiche Ablauf des Weihnachtsfestes, das für uns heute ein zweifach gesegnetes gewesen ist.

Nina Bawden im dtv

»Kaum jemand kann weibliche Lebenssituationen sensibler darstellen als Nina Bawden.«
The Times Literary Supplement

Griechischer Kaffee
Roman · dtv 12767
Urlaub in Griechenland: Eine Handvoll Engländer, zufällig im selben Hotel abgestiegen, hält vornehmen Abstand zum Rest der Menschheit, bleibt aber nicht von Erschütterungen verschont...

Eine Frau in meinen Jahren
Roman · dtv 8415
Eine Urlaubsreise nach Marokko wird für Elizabeth Anlaß, den eigenen Lebenslügen nachzuspüren.

Das Eishaus
Roman · dtv 12177
Ruth und Daisy sind Freundinnen fürs Leben. Die Entdeckung, daß ihr Mann eine Affäre hat, bringt Ruth jedoch völlig aus dem Gleichgewicht.

Ein Flamingo im Regen
Kriminalroman · dtv 12314
Ein Mädchen wird tot aus der Themse gefischt. In ihrer Tasche findet man Briefe, die den Schuldirektor Humphrey schwer belasten.

Schwarzer Mann
Roman · dtv 12633
Als der Afrikaner Jay nach London kommt, um eine Zeitlang bei einer befreundeten Familie zu wohnen, sorgt er ungewollt für Aufregung.

Ein Haus mit Garten
Roman · dtv 24103
Fanny Pye stellt sich auf der Straße einer Gruppe von Gewalttätern in den Weg. Sie erwacht im Krankenhaus, und ihr Leben verändert sich auf eine Weise, die ihre Familie einigermaßen in Bestürzung versetzt.

Biographien bei dtv

Michael W. Blumenthal
Die unsichtbare Mauer
Die dreihundertjährige Geschichte einer deutsch-jüdischen Familie
dtv 30788

Peter Brown
Augustinus von Hippo
dtv 30759

Pang-Mei Natasha Chang
Grüner Tee und Coca-Cola
Die Geschichte der Chinesin Yu-i, von ihr selbst erzählt
dtv 30763

Patricia Clough
Helmut Kohl
Ein Porträt der Macht
dtv premium 24122

Alain Decaux
Eduard VIII. und Wallis Simpson
Triumph der Liebe über die Politik?
Eine Windsor-Biographie
dtv 30725

Eugen Drewermann
Giordano Bruno
oder Der Spiegel des Unendlichen
dtv 30747

Manfred Flügge
Figaros Schicksal
Das Leben des Pierre-Augustin Caron de Beaumarchais
dtv 24235

Gertrud Fussenegger
Maria Theresia
dtv 30419

Françoise Giroud
Alma Mahler
oder die Kunst, geliebt zu werden
dtv 30749
Das Leben der Jenny Marx
dtv 30632
Cosima Wagner
Mit Macht und mit Liebe
dtv 30824

Hildegard Hamm-Brücher
Freiheit ist mehr als ein Wort
Eine Lebensbilanz 1921-1996
dtv 30644

Christian Graf von Krockow
Die preußischen Brüder
Prinz Heinrich und Friedrich der Große
Ein Doppelportrait
dtv 30659

Rita Ottens/Joel Rubin

Klezmer-Musik

Eine Einführung

Gemeinschaftliche Originalausgabe

dtv 30748/Bärenreiter 1400

Diesseits und jenseits des Atlantiks ertönen heute wieder die schon verloren geglaubten Klänge der Klezmer-Musik, der traditionellen Festmusik des osteuropäischen Schtetls im 19. Jahrhundert. Die Musiker spielten bei Tisch und zum Tanz auf und waren in das Ritual der jüdischen Hochzeit fest eingebunden. Aus dieser Atmosphäre stammt die unverwechselbare Stimmung dieser Musik. Die Autoren schildern die wechselvolle Geschichte der Klezmorim und ihrer Musik über einen Zeitraum von fast einem Jahrtausend, beschreiben Schauplätze, Lebens- und Musikstile und Persönlichkeiten. Sie greifen auf veröffentlichte und unveröffentlichte Quellen zurück, haben selbst Interviews mit Musikern oder deren Nachfahren geführt und liefern Notenbeispiele und eine Diskografie. Das Buch schließt mit einem kritischen Überblick über die gegenwärtige Klezmer-Szene.

dtv portrait

Herausgegeben von Martin Sulzer-Reichel

Johann Wolfgang von Goethe
Von Anja Höfer
dtv 31015

Jimi Hendrix
Von Corinne Ullrich
dtv 31037

Alfred Hitchcock
Von Enno Patalas
dtv 31020

Jesus von Nazaret
Von Dorothee Sölle und Luise Schottroff
dtv 31026

Erich Kästner
Von Isa Schikorsky
dtv 31011

Immanuel Kant
Von Wolfgang Schlüter
dtv 31014

Heinrich von Kleist
Von Peter Staengle
dtv 31009

John Lennon
Von Corinne Ullrich
dtv 31036

Gotthold Ephraim Lessing
Von Gisbert Ter-Nedden
dtv 31004

Ludwig II.
Von Martha Schad
dtv 31033

Stéphane Mallarmé
Von Hans Therre
dtv 31007

Klaus Mann
Von Armin Strohmeyr
dtv 31031

Maria Theresia
Von Edwin Dillmann
dtv 31028

Nostradamus
Von Frank Rainer Scheck
dtv 31024

Novalis
Von Winfried Freund
dtv 31043

Edgar Allan Poe
Von Frank T. Zumbach
dtv 31017